新时代高等院校法学专业系列教材

LAW

劳动争议调解仲裁法学

◎主　编　杨春平　◎副主编　徐豪君　黄　璐

重庆大学出版社

内容提要

劳动尊严，体面劳动，保护好、实现好、维护好、发展好劳动者合法权益，须靠劳动法治维系。本教材结合实际，从法律思维养成出发，围绕劳动争议的基本内容，通过重点解读《劳动法》《劳动合同法》《社会保险法》及《劳动争议调解仲裁法》的基本知识、基本规则、基本制度，培养学生基本的劳动法律思维与能力，掌握处理劳动争议基本方法，维护和实现劳动权利，以期达到依法规范劳动行为，预防劳动纠纷，破解劳动争议之目的。

图书在版编目（CIP）数据

劳动争议调解仲裁法学 / 杨春平主编. --重庆：重庆大学出版社，2021.8

新时代高等院校法学专业系列教材

ISBN 978-7-5689-2749-9

Ⅰ.①劳… Ⅱ.①杨… Ⅲ.①劳动争议—劳动法—基本知识—中国 Ⅳ.①D922.591

中国版本图书馆CIP数据核字（2021）第107399号

劳动争议调解仲裁法学

LAODONG ZHENGYI TIAOJIE ZHONGCAI FAXUE

主　编：杨春平

副主编：徐豪君　黄　璐

策划编辑：贾　曼　唐笑水

特约编辑：王廷兴

责任编辑：陈　力　　版式设计：贾　曼

责任校对：夏　宇　　责任印制：张　策

*

重庆大学出版社出版发行

出版人：饶帮华

社址：重庆市沙坪坝区大学城西路21号

邮编：401331

电话：（023）88617190　88617185（中小学）

传真：（023）88617186　88617166

网址：http://www.cqup.com.cn

邮箱：fxk@cqup.com.cn（营销中心）

全国新华书店经销

重庆俊蒲印务有限公司印刷

*

开本：787mm×1092mm　1/16　印张：20.25　字数：446 千

2021年8月第1版　　2021年8月第1次印刷

印数：1—1000

ISBN　978-7-5689-2749-9　定价：54.00元

编委会

总序

在中华民族复兴关键时刻，中国特色社会主义进入新时代之时，在宪法不断完善、民法典颁布，全面依法治国向纵深发展之时，法学教育日新月异，要更好满足人民群众需求之时，重庆大学启动了“新时代高等院校法学专业系列教材”建设，严格遵循《普通高等学校教材管理办法》，紧跟新时代需求，紧跟党和国家重大战略、学生成长发展的关键需求，侧重一个“新”字，策划出版该系列教材。

内容新。充分反映时代新发展，积极响应党和国家新要求，紧跟法律体系新进展，紧盯经济社会、科学技术的变迁，与时俱进更新教材内容。守正创新，在新视角和新要求下重述和深化对经典法学知识的理解和表述，及时更新法学知识体系；语言活泼，凝练，短小精悍；久久为功，推陈出新，不断发展。

形式新。形式多样，既包括讲义、辅导用书，也包括案例用书、习题作业等各类教学用书；既支持跨学校、跨专业团队的编写，也支持教师个人富有个性的独立写作；教辅的编写与慕课、翻转课堂等新型教学形式深度结合；拓展材料、案例、法条“互联网化”，探索运用“互联网 +”等技术手段，构建更新内容的新机制和新方法。

目标新。在详细调研“互联网新生代”新学情的基础上，将关键知识传授与学生学习的客观需求、主观动机紧密结合，尊重新生代学生的认知学习规律，抓住学生学习的“痛点”“关键点”，“以学生为中心”，精准发力，使这套系列教材成为学生们喜爱的图书。

希望这套教材能够成为符合国家要求、教师教学的好帮手，学生学习的倍增器，为中国法学教育注入一股清新有活力的“新动能”。

新时代高等院校法学专业系列教材编委会

2019 年 10 月

前 言

重庆大学在“双一流”建设中，一直贯彻在全校本科不同专业二年级后开设通识课程。各学科的专业教育旨在培养学生获得在某一知识领域的专业技能和谋生手段，而通识课程则是通过跨专业的基础性、广博性知识传授，拓宽学生视野，培养其独立综合思考与判断能力，成为有社会责任感和健全人格的人。重庆大学开设的“劳动尊严与权利保护”“劳动争议调解仲裁法”全校本科通识课程，学生选课踊跃，常常会因课程名额限制而无法选到。有的同学在选择通识课时，认为 “在通识类选修课的选择上，倾向于选择内容较具体，针对性更强的课程，以达到扩充知识面的目的”。有的同学认为：“作为土木学院的学生，我们饱受学得太‘专’的诟病，纵使熟知如何设计和建造建构筑物，但是在今后工作中，我们不可避免地会与劳动法与社会保障法，以及林林总总的人和事打交道，因此 掌握一些最基本的劳动法律思维，培养这方面的基本能力尤为重要，当然也是为了圆满完成学校规定的通识学分要求，所以选择了这门课。”还有的同学认为：“选择这门课程，一方面希望自己在劳动法律这方面的知识得到拓展，形成良好的法律思维；另一方面希望自己学到的相关劳动法律知识可以帮助身边法律思维意识淡薄的人。”

本教材主要由实体篇和程序篇组成，共计 16 章。在体例上，每章节设置以下栏目：【教学难点】【内容概要】【知识链接】【自测题】【案例分析】。本教材在编写中坚持创新思维，内容简练，文字言简意赅；本教材不仅与课堂教学相结合，与学生学习相结合；还加强了传统教学方式与现代教学手段的结合，全力将本教材打造为新形态教材。

《劳动争议调解仲裁法学》的编写，由重庆大学法学院教授杨春平任主编，重庆工商大学徐豪君、重庆大学教师发展中心副主任黄璐任副主编。编写分工如下：杨春平、马莉撰写导言；杨春平撰写第一章、第十二章；杨春平、马莉撰写第二章、第三章；杨春平、胡小露撰写第四章、第五章、第六章、第七章、第十五章；黄璐撰写第八章、第九章；杨春平、蒋雨珂撰写第十章；徐豪君撰写第十一章；杨春平、侯霞撰写第十三章、第十四章、第十六章；最后由侯霞、蒋雨珂协助杨春平统筹定稿。

在重庆大学出版社的大力支持下，重庆大学法学院组织担任通识课程的老师主持编写的新时代高等院校法学专业教辅丛书《劳动争议调解仲裁法学》教材，可以作为线上线下课程“劳动尊严与权利保护”“劳动争议调解仲裁法”的学习及参考用书。

编　者

2021 年于重庆大学法学院

目录
CONTENTS

◆第四章　其他用工的特别制度◆

◆第五章　用人单位规章制度的制定和工会组织◆

◆第六章　工作时间和休息休假制度◆

◆第七章　劳动报酬制度◆

◆第八章　特殊劳动主体的保护制度◆

◆第九章　职业卫生与安全制度◆

◆第十章　职业培训制度◆

◆第十一章 社会保险和福利制度◆

程序篇

◆第十二章 劳动争议协商和解制度◆

◆第十三章 劳动争议调解制度◆

◆第十四章 劳动争议仲裁制度◆

◆第十五章 劳动争议民事诉讼制度◆

导言

法律思维与劳动法律思维

“切实实现好、维护好、发展好劳动者合法权益”

摘自《习近平 2020 年 11 月 24 日在全国劳动模范和先进工作者表彰大会上的讲话》

在日常生活中，我们受专业知识影响，对问题的看法由于思维方式的不同可能会产生不同的见解。简单以图为例，图 0.1 所呈现的是一般人识图的思维，看到的仅仅是美丽的风景，而图 0.2 所呈现的则是懂法律的人识图的思维。

图0.1

图0.2

又例如，前几年，有的用人单位在各大高校招聘后，以“因公司战略调整”为由，针对该年选聘的毕业生，与之解除先签订的就业协议书，并向其发送电子邮件解约书的“解约门”。一位普通人看到这份解约书，可能会说“解约了，去不成了； 但用人单位要向我支付解约金”，但具有法律思维的人看到这份解约书，会思考，就业协议书、解约书是劳动合同还是民事合同？就业协议书、解约书属于民事诉讼中 8 类证据的哪一类？证明哪些法律事实？解约程序是否合规？协议有无法律效力？法律后果即法律责任由谁承担、如何承担？

对上述问题的思考，就是法律思维的体现。

一、法律思维

（一）法律思维定义及特征

法律思维是了解和掌握法律知识的人的特定思维方式，是懂得法律的人在决策过程中按照法律的逻辑，来思考、分析、解决法律问题的习惯与价值取向的思考模式，或者叫法律思维方式。法律思维具有法律、证据、程序、法理、责任 5 项特征，但对于法律思维本身的认识，具有一定的抽象性。因此，了解、建立法律思维应从其特征的 5 个方面入手，以下将结合案例逐一分析法律思维的特征。

某矿业有限责任公司诉杨某劳动合同纠纷案情简介[1]

杨某于 2011 年 10 月到某矿业公司工作。2014 年 3 月 7 日起，杨某无故未到该公司上班。2014 年 3 月 17 日，公司以杨某从 2014 年 3 月 7 日至 2014 年 3 月 13 日连续旷工 5 天，严重违反劳动纪律为由，依据《员工劳动纪律暂行规定》的规定解除了与杨某之间的劳动关系。2014 年 9 月，杨某申请仲裁，要求裁决公司与其解除劳动关系违法，同时要求公司支付赔偿金，仲裁委裁决支持了杨某的仲裁请求。其后，某矿业公司不服提起诉讼，认为其解除与杨某的劳动关系合法，不应向杨某支付违法解除劳动合同的赔偿金。

法院认为，本案中，某矿业公司并未举示充分证据证明《员工劳动纪律暂行规定》系其通过民主程序制定，亦未举示充分证据证明其已将该规定向杨某公示或者告知。同时，公司主张杨某从 2014 年 3 月 7 日至 2014 年 3 月 13 日已经连续旷工 5 天，但从其提供的“报工表”“出勤统计表”上可以看出，每逢周日和周一应该是杨某的休息日，而 2014 年 3 月 9 日、10 日分别为周日、周一，故该两天应认定为杨某的休息日，不应认定为杨某旷工。因此，2014 年 3 月 7 日至 2014 年 3 月 13 日期间，杨某仅旷工 3 天，不符合“无故连续旷工 5 天可以解除劳动合同”的规定，公司以杨某无故连续旷工 5 天为由解除劳动合同缺乏事实依据。某矿业公司解除劳动合同违法，应依据《中华人民共和国劳动合同法》（以下简称《劳动合同法》）第四十八条、第八十七条之规定，按经济补偿金标准的 2 倍向杨某支付赔偿金。

从上述案例中，法律思维的特征体现为：

1. 讲法律

法律在特别情形下是衡量案件“是”与“否”、“是”与“非”的一把金标尺，讲法律就是讲标准，而法律条文是法律基本精神和学理的表现形式或者载体。本案中，

[1] 本案例改编自重庆市第一中级人民法院（2015）渝一中法民终字第 04401 号判决书。

用人单位以劳动者严重违反规章制度为由解除劳动合同的，应举证证明规章制度系通过民主程序制定、用人单位已将规章制度向劳动者公示或者告知劳动者，其依据的规则是《中华人民共和国劳动法》（以下简称《劳动法》）第四条 和《劳动合同法》第四条，关于赔偿金是否适用，其依据的是《劳动合同法》第四十八条、第八十七条之规定等。上述正是对法律规定适用的论证，这就是讲法律。

2. 讲证据

案件事实通过证据这一媒介向外展示，没有证据，当事人主张的事实将无法说服裁判者。换句话说，讲证据就是讲事实。罗马法格言："没有证据，就没有裁判"；古罗马格言："谁要是诉讼中提出了一个积极的主张，谁就必须提供相应的证据去证明它。否则主张就不成立。"证据由谁提出？这就是证明责任的分配问题。上述案例中，针对用人单位规章制度合法性事实，用人单位应当举证证明规章制度系通过民主程序制定、用人单位已将规章制度向劳动者公示或者告知劳动者；同时还应举证证明劳动者存在严重违反规章制度的情形。负有举证责任的当事人应当举证证明，就是讲证据的体现。

3. 讲程序

程序是法治与恣意而治的分水岭。一方面，遵守程序是社会良好秩序的体现；另一方面，遵守程序是公平正义的体现。上述案例，用人单位的规章制度应当通过民主程序制定、用人单位已将规章制度向劳动者公示或者告知劳动者，这既是讲法律，亦是讲程序。程序法格言："没有经过正当的审判，任何人不能定为有罪。"换句话说，没有经过正当程序，任何人不得被剥夺自由、财产乃至生命，正当的程序是一个法治国家应有的精神，是案件公平正义的所在。按照程序的种类分类，可分为仲裁程序以及民事程序、行政程序、刑事程序，不同的程序运用的机制也各有差异。

4. 讲法理

有法谚曰：法律是"理"与"力"的结合。有"理"无"力"乃道德，有"力"无"理"乃国家强权。案件的裁判要想获得群众的认同，除以法律为中心的强制之外，还应在其过程中通过"理"证明结论的正当性，列明法律依据、提出证据、正确解释法律等，以"力"树立权威，以"理"说服众人。简言之，讲法理即讲道理。上述案例中，对于最后的判定结果的一番论述与推理都是"理"的体现。

5. 讲责任

无论是法律还是道德都坚持没有人可从自身的过错中获益。狭义上理解责任，是指行为人由于违法或者因特别的法定事由所应承担的不利后果。利用媒体以及其他渠道可以发现的是，用人单位与劳动者因违法行为产生的法律后果各种各样。法律后果即法律责任。依据责任的性质，可以将法律责任分为民事责任、行政责任和刑事责任。例如，赔偿责任，支付 2 倍的工资，支付违约金、赔偿金、劳动报酬、加班费或者经济补偿，连带赔偿责任等，法律责任表现为民事责任；由劳动行政部门责令改正、限期退还、停止、罚款、吊销劳务派遣业务经营许可证的行政处罚等，法律责任表现为行政责任；用人单位及负责人违反劳动法拒不支付劳动报酬的行为构成恶意欠薪罪的，被法院判决罚金或者有期徒刑，法律责任表现为刑事责任。本案支付赔偿金，就是民事责任。

（二）法律思维的规则

法律思维有一定的思维规则，主要有：

1. 以权利义务分析为基本逻辑线索

以权利义务的构建为基础的法律思维，实乃人与人之间形成的社会关系，即法律规定或者约定形成各种不同性质、种类、类别的权利义务（权力权限，职权职责）关系。

2. 形式合理性优先于实质合理性

形式合理性即规则、法律、程序得到普遍服从，而服从的规则、法律、程序中的内容是在大数法则（大多数人的意志）基础上制定的良好、安全及公平的条款。法律定纷止争，是通过依据、证据、程序来实现的；没有法律依据，没有证据或者证据不充分，程序违法，在现实生活中有理也解决不了法律问题。

3. 程序公正优先，兼顾实体公正

程序公正与实体公正在一般情况下是一致的，如果出现冲突，虽然理论上、伦理价值上，实体公正具有终极目的，但实体公正的实现需要依靠公正程序的过程来实现，没有程序的公正就没有实体公正。因此，实践中应优先实现程序公正，因为程序公正更具前置性、操作性、辨别性。

4. 普遍正义优先于个案正义

在实行依法治国方略的今天，社会公平正义备受人们关注，公平正义是否得以真正实现及实现的程度直接关系到法治建设的程度。法律的普遍性是维护法律公平和正义最起码的要求，确保社会的每一成员在法律面前享有平等地位的正义，即普遍正义，故普遍正义具有优先性。普遍正义不易获得，它是通过“具体法治”即个案正义实现的，维护每一个司法案件公平正义，可以有效地维护法律正义的普遍性。

5. 理由优先于结论

法律思维是最讲道理的思维，因此法律思维的核心不是结论，其实质是讲清楚享有法律权利和承担法律义务的理由。法律思维的特征之一即讲法理，讲法理就是讲道理、讲原理，无道理的裁判案件是经不起历史与人民群众检验的。不讲道理处理案件，其判定结论不足以服众，权威无法树立，真正的服判息诉、案结事了的愿望难以实现。

6. 合法性优于客观性

处理纠纷最理想的状态是处理结果既合法又客观。但事实上，很难在所有个案做到这一点，因为合法性与客观性发生矛盾是必然的，不发生矛盾是偶然的。这时，从法律思维角度考虑，合法性应放在第一位。

【知识链接】

《劳动法》

第四条　用人单位应当依法建立和完善规章制度，保障劳动者享有劳动权利和履行劳动义务。

《劳动合同法》

第四条　用人单位应当依法建立和完善劳动规章制度，保障劳动者享有劳动权利、履行劳动义务。

用人单位在制定、修改或者决定有关劳动报酬、工作时间、休息休假、劳动安全卫生、保险福利、职工培训、劳动纪律以及劳动定额管理等直接涉及劳动者切身利益的规章制度或者重大事项时，应当经职工代表大会或者全体职工讨论，提出方案和意见，与工会或者职工代表平等协商确定。

在规章制度和重大事项决定实施过程中，工会或者职工认为不适当的，有权向用人单位提出，通过协商予以修改完善。

用人单位应当将直接涉及劳动者切身利益的规章制度和重大事项决定公示，或者告知劳动者。

二、劳动法律思维

（一）劳动法律思维的概念及特征

劳动法律思维是按照劳动法、社会保险法的原理、法律原则和立法精神，分析、解决劳动关系、劳动合同、社会保险法律问题的法律思维方法或者法律思维模式。劳动法律思维以劳动者为本，以保护劳动者生存权、生命健康权为出发点，以劳动者尊严为前提，建立在劳动用人市场化和劳动关系法治化的基础上。其主要特征有：（1）建立和谐劳动关系为最大的价值目标。（2）平等关系兼隶属关系相结合。（3）侧重保护劳动者，以劳动尊严与权利的保护为任务。（4）权衡个人、集体、社会公共利益融合的社会法。（5）劳动基准法优先，约定服从法定。（6）扶助弱势群体、增进社会公益、维护社会安定。（7）普遍性、法制性和互济性相结合。（8）实体性、程序性与技术性相结合。

（二）如何形成劳动法律思维

劳动法律思维不是一朝一夕就能够获得，它需要长期的培养。而这种思维养成主要是依靠法律知识的学习、劳动法律思维能力的形成和提升，以及实践应用过程中而获得的。首先，掌握法律知识，即与劳动法、劳动合同法、社会保险法及劳动争议调解仲裁法相关的法律规定，这是基础亦是重点；其次，劳动法律思维能力的训练是关键，劳动法律思维能力主要是指通过对劳动法律现象、社会保险法律现象进行观察、比较、分析、综合、抽象、概括、判断、推理，以及运用科学的逻辑方法，准确而有条理地表达自己思维过程的能力。正如霍姆斯法官所言："法律的生命从来不是逻辑，法律的生命是经验。"法律根植于社会经验、实践中，并以规范社会关系为目的，一旦偏离这一轨道，将导致法律之效用难以发挥。最后，只有通过经验与劳动法律知识的不断积累，才能正确理解劳动法律理论知识并形成劳动法律思维能力。

实体篇

第一章

劳动争议

【教学难点】

1. 劳动争议概念的理解；
2. 劳动争议与民事争议关系；
3. 人事争议概念及种类；
4. 人事争议与劳动争议的区别；
5. 法定劳动争议分类；
6. 劳动争议学理分类意义

【内容概要】

劳动争议是影响建立和谐劳动关系最重要的社会问题，依据《劳动争议调解仲裁法》处理劳动争议是维护劳动者和用人单位合法权益的重要法律途径。

通过本章学习，使学生了解争议与民事争议，劳动争议的定义及特征，民事争议与劳动争议的区别，人事争议与劳动争议的关系，法定劳动争议分类及劳动争议学理分类等《劳动争议调解仲裁法学》的基础知识，理解劳动争议定义、范围及处理劳动争议的重要意义，为学好《劳动争议调解仲裁法学》实体篇和程序篇内容，奠定坚实的基础。

第一节 民事争议与劳动争议

一、争议与民事争议

（一）争议的概念

人类社会的产生与发展，在人类群体与个人相互之间均存在着各种矛盾、纠纷及冲突。人类社会的发展史，就是人类社会不断克服和解决矛盾、纠纷及冲突的历史，与之伴随的处理解决方法产生及发展，也是由野蛮方法不断改进为文明方法的历史。

所谓争议，就是这些矛盾、纠纷及冲突的体现。何为争议？争议是指在事物之间相互作用、相互影响的对立关系的状态基础上，表现出的抵触、争执、争斗，甚至发生激烈的争夺。从种类上讲，可以包括经济、政治、军事、文化、宗教、社会及法律等方面的争议。争议具有客观性、普遍性、绝对性，存在于事物发展的一切过程中，又贯穿于一切过程的始终。

其中法律争议（纠纷、冲突），按照实体法分类有民事争议、行政争议、刑事冲突之分。按照程序法分类有民事程序争议、行政程序争议、刑事程序冲突之分。

（二）民事争议

民事争议，亦称民事纠纷、民事冲突，是指民事主体之间的行为与社会民事秩序的不协调，对民事（含劳动、人事）、商事、经济、海事等法律规范的某种程度的违反、争执、纷争。简单讲，民事争议是指民事当事人之间民事权利与民事义务的纠纷。

根据最高人民法院《民事案件案由规定》，民事争议的种类包括：人格权纠纷；婚姻家庭、继承纠纷；物权纠纷；合同、不当得利、无因管理纠纷；知识产权与竞争纠纷；劳动争议、人事争议；海事海商纠纷；与公司证券保险票据等有关的纠纷；侵权责任纠纷；适用特殊程序案件。

可见，劳动争议、人事争议属于民事争议。

二、劳动争议的定义及特征

（一）劳动争议的定义

劳动争议是指劳动关系双方当事人因实现劳动权利和履行劳动义务而发生的纠纷。具体讲，劳动争议是指劳动关系中用人单位与劳动者之间因劳动权利和劳动义务的认定与实现所发生的争议。

（二）劳动争议的特征

1. 劳动争议的当事人特定

劳动争议的双方当事人是法律确定的，即一方为劳动者，另一方为用人单位。

2. 当事人之间存在劳动关系

劳动争议的前提，必须建立在劳动关系的基础上；劳动关系的建立，是用人单位与劳动者从用工之日起开始确立。

3. 劳动争议的内容是劳动权利与劳动义务

劳动争议的内容，包括劳动者的劳动权利与劳动义务，用人单位的劳动权利与劳动义务。

4. 劳动争议是发生在劳动过程中的

劳动争议是因实现劳动权利和履行劳动义务而发生的纠纷，从劳动关系的确立、继续、变更直至终止或者解除的全过程，均有可能发生劳动争议。

三、民事争议与劳动争议区别

劳动争议是民事争议中的一个种类，属于民事争议的范畴。但是，劳动争议与其他类型的民事争议有自己的特殊性，劳动争议与其他民事争议也存在不同，其主要区别有：

1. 主体关系性质不同

民事争议发生在不特定的平等主体之间，且最大的特点在于这些主体之间关系平等独立，双方当事人关系之间不存在隶属关系。

而劳动争议的主体是特定的，发生在用人单位和劳动者之间，且两者之间存在隶属关系，劳动关系的成立意味着劳动者需服从和接受用人单位的管理。

2. 争议内容不同

民事争议是平等主体的公民、法人、非法人及其他组织之间关于财产权与人身权的纠纷。

劳动争议主要是针对劳动关系主体之间对于劳动权利与劳动义务的纠纷，争议的内容与劳动法上的权利义务有着密切的联系。

3. 解决的争议适用的法律不同

民事争议发生的解决主要适用民法和民事诉讼法，且发生争议后，当事人一方可以直接提起诉讼，没有其他前置程序（又称必经程序）。

劳动争议依据劳动法、劳动合同法、劳动争议调解仲裁法及民事诉讼法相关规定，实行“一裁两审”制度，解决劳动争议，一般须经过劳动争议仲裁程序，若有一方当事人对劳动争议仲裁审理（包括不予受理决定或者争议裁决）不服，才能提起民事诉讼。

【知识链接】

最高人民法院《民事案件案由规定》（法〔2020〕346号）

该规定第六部分劳动争议、人事争议。十七、劳动争议：186.劳动合同纠纷：（1）确认劳动关系纠纷；（2）集体合同纠纷；（3）劳务派遣合同纠纷；（4）非全日制用工纠纷；（5）追索劳动报酬纠纷；（6）经济补偿金纠纷；（7）竞业限制纠纷。187.社会保险纠纷：（1）养老保险待遇纠纷；（2）工伤保险待遇纠纷；（3）医疗保险待遇纠纷；（4）生育保险待遇纠纷；（5）失业保险待遇纠纷；188.福利待遇纠纷。

【自测题】

基本案情：赖某自有货车一台，从事建筑材料运输，马某与赖某双方口头约定，赖某每月付给马某工资3 000元，负责吃、住。某日，运沙车在某地运送建筑材料，马某在此过程中因疏忽，导致左腿断裂。马某作为原告诉至法院，要求赖某赔偿，被告赖某辩称，本案是劳动争议，依法应先进行劳动争议仲裁。此次损害的发生是因原告严重违反操作程序所致，过错在原告方。

问题：（1）运用本节知识分析马某与赖某之间纠纷是民事争议还是劳动争议？

（2）民事争议与劳动争议有何区别？

【案例分析】

基本案情：王某与某公司签订了为期5年的劳动合同。劳动合同订立后，双方另行约定，公司向王某免费提供一套三室一厅的房屋，若王某在公司工作满5年，住房产权归王某，否则房屋由公司收回或者由王某支付房屋全款。后王某提前离职，公司表示同意。但王某没有将所住房屋退还，双方因此发生争议。经协商，王某与公司达成了购房协议。但王某一直未支付房款，为此双方发生争议。

问题：此时双方发生的争议属于劳动争议还是民事争议？

第二节 人事争议与劳动争议

一、人事争议

（一）人事争议的概念

人事争议是指国家机关、事业单位等组织与工作人员因辞职、辞退、聘任、聘用合同发生的争议。中共中央组织部、人事部、中国人民解放军总政治部联合颁发了《人事争议处理规定》，于2007年10月1日起实施。该规定所解决的“人事争议”，主要包括：国家机关、事业单位等组织与工作人员因辞职争议；辞退争议；聘任、聘用合同争议等。

（二）人事争议种类

人事争议的具体类型，主要包括：

（1）实施公务员法的机关与聘任制公务员之间、参照《中华人民共和国公务员法》管理的机关（单位）与聘任工作人员之间因履行聘任合同发生的争议。

（2）事业单位与工作人员之间因解除人事关系、履行聘用合同发生的争议。

（3）社团组织与工作人员之间因解除人事关系、履行聘用合同发生的争议。

（4）军队聘用单位与文职人员之间因履行聘用合同发生的争议。

（5）依照法律、法规规定可以仲裁的其他人事争议。

二、人事争议与劳动争议的区别

根据最高人民法院《民事案件案由规定》，人事争议与劳动争议均属于一个类型。从法学原理上来讲，人事争议与劳动争议两者之间是有不同的，其区别主要有：

1. 法律关系基础不同

人事争议是基于国家机关、机关事业单位与工作人员之间在辞职、辞退、聘任、聘用合同的人事管理关系，劳动争议是用人单位与劳动者之间的劳动关系争议。

2. 争议主体不同

人事争议主要发生在实施公务员法的机关与聘任制公务员之间、事业单位与工作人员之间、社会团体与工作人员之间、军队文职人员聘用单位与文职人员之间；劳动争议主要是发生在企业、个体经济组织、民办非企业单位等用人单位与劳动者之间。

3. 争议范围不同

人事争议主要是除名、辞退、辞职、离职等解除人事关系以及履行聘用合同发生的争议；劳动争议主要是用人单位与劳动者在劳动合同中权利义务之间的争议。

4. 适用的实体法不同

处理人事争议案件，事业单位与实行聘用制的工作人员订立、履行、变更、解除或者终止聘用合同，适用《事业单位人事条例》，若该行政法规没有规定的，则适用《劳动法》；处理劳动争议案件，适用《劳动法》《劳动合同法》。

【知识链接】

最高人民法院《民事案件案由规定》（法〔2020〕346号）

该规定第六部分劳动争议、人事争议。十八、人事争议：189. 聘用合同纠纷：190. 聘任合同纠纷；191. 辞职纠纷；192. 辞退纠纷。

《人事争议处理规定》

第二条规定，本规定适用于下列人事争议：

（一）实施公务员法的机关与聘任制公务员之间、参照《中华人民共和国公务员法》管理的机关（单位）与聘任工作人员之间因履行聘任合同发生的争议；

（二）事业单位与工作人员之间因解除人事关系、履行聘用合同发生的争议；

（三）社团组织与工作人员之间因解除人事关系、履行聘用合同发生的争议；

（四）军队聘用单位与文职人员之间因履行聘用合同发生的争议；

（五）依照法律、法规规定可以仲裁的其他人事争议。

《劳动人事争议仲裁办案规则》

第二条规定，本规则适用下列争议的仲裁：

（一）企业、个体经济组织、民办非企业单位等组织与劳动者之间，以及机关、事业单位、社会团体与其建立劳动关系的劳动者之间，因确认劳动关系，订立、履行、变更、解除和终止劳动合同，工作时间、休息休假、社会保险、福利、培训以及劳动保护，劳动报酬、工伤医疗费、经济补偿或者赔偿金等发生的争议；

（二）实施公务员法的机关与聘任制公务员之间、参照公务员法管理的机关（单位）与聘任工作人员之间因履行聘任合同发生的争议；

（三）事业单位与其建立人事关系的工作人员之间因终止人事关系以及履行聘用合同发生的争议；

（四）社会团体与其建立人事关系的工作人员之间因终止人事关系以及履行聘用合同发生的争议；

（五）军队文职人员用人单位与聘用制文职人员之间因履行聘用合同发生的争议；

（六）法律、法规规定由劳动人事争议仲裁委员会处理的其他争议。

【自测题】

下列哪些情形属于劳动争议？哪些情形属于人事争议？

（1）某公司未支付张某年休假的工资报酬发生的争议。

（2）公司未经高某同意，擅自对其调整工作岗位发生的争议。

（3）高校教师何某向所在学校（事业单位）提出辞职所发生的争议。

（4）陈某与某公司因工伤赔偿发生的争议。

（5）杨医生任职于某军医大学附属医院，因工作中出现失误，违反医院规章制度，医院决定辞退杨某。故杨某与该医院发生争议。

【案例分析】

冯某与某大学人事纠纷一案[1]

基本案情：1994 年 7 月，冯某经某市人事局分配至 A 大学工作，是具有事业单位正式编制的工作人员。冯某于 2011 年 6 月考取 B 大学博士研究生。2011 年 6 月 7 日，双方签订《定向、委托培养博士研究生合同》约定，A 大学支付冯某在攻读博士期间的一切费用，冯某在毕业后在 A 大学最低工作年限应满 8 年。2015 年冯某博士毕业后，在 A 大学处工作了 2 年。2017 年 6 月，冯某辞去 A 大学的工作， A 大学不予批准。

问题：（1）本案是人事争议还是劳动争议？

（2）它们两者之间有哪些区别？

第三节　劳动争议的分类

一、劳动争议的法定分类

按照法律规定，有以下分类：

（1）因确认劳动关系发生的争议，包括确认事实劳动关系；

（2）因订立、履行、变更、解除和终止劳动合同发生的争议；

（3）因除名、辞退和辞职、离职发生的争议；

（4）因工作时间、休息休假、社会保险、福利、培训以及劳动保护发生的争议；

［1］案例改编自（2017）甘 0105 民初 1915 号判决书。

（5）因劳动报酬、工伤医疗费、经济补偿或者赔偿金等发生的争议；

（6）法律、法规规定的其他劳动争议。

二、劳动争议的学理分类

劳动争议根据主体、性质和内容的不同，可以有不同的分类，对劳动争议分类的意义，有助于采取有针对性的措施解决和预防劳动争议。

1. 按照主体不同分类

个人劳动争议指劳动者个人与用人单位发生的劳动争议。处理适用一般程序。

集体劳动争议则分两种：一种是劳动者一方为多人，且发生争议的原因和请求是共同的。这种集体争议劳动者一方应推举代表参加法定的处理程序。另一种为团体争议，即指以工会组织为一方，代表职工与用人单位因签订和执行集体协议而产生的争议。

2. 按照劳动争议的性质不同分类

（1）权利争议。又称既定权利争议。劳动关系当事人基于劳动法律、法规的规定，或者集体合同、劳动合同的约定的权利与义务所发生的争议。

权利争议属于法律争议，包括劳动保护、休息休假、工资、社会保险、经济补偿金等，可以适用协商、调解、仲裁、诉讼方法解决。

（2）利益争议。当事人因主张有待确定的权利和义务所发生的争议，如集体合同谈判劳动保护、劳动条件、福利等利益争议。

利益视为用人单位职工的整体利益，包括完成生产任务、职工物质生活待遇、劳动条件。利益争议不属于法律问题，故又称经济争议。所谓集体合同，是指用人单位和工会双方签订的以完成生产任务、改善职工物质生活待遇和劳动条件为中心内容的书面协议。它适用于企业全体职工，发生争议可以适用协商调解的方式来解决。权利争议与利益争议由于性质不同导致解决纠纷途径也不尽相同。

3. 按照劳动争议的内容不同分类

（1）劳动合同争议。因履行劳动合同发生的争议；因用人单位开除、除名、辞退职工和职工辞职、自动离职发生的争议等；因劳动合同续签、解除、终止的争议；因约定试用期、培训、保守秘密、竞业限制、补充保险和福利待遇等的争议。

（2）劳动基准争议。因执行国家有关工资、工作时间、休息休假、社会保险、法定福利、职业资格培训、职业卫生安全、劳动保护的规定发生的争议。

【知识链接】

《中华人民共和国劳动争议调解仲裁法》

第二条 中华人民共和国境内的用人单位与劳动者发生的下列劳动争议，适用本法：

（一）因确认劳动关系发生的争议；

（二）因订立、履行、变更、解除和终止劳动合同发生的争议；

（三）因除名、辞退和辞职、离职发生的争议；

（四）因工作时间、休息休假、社会保险、福利、培训以及劳动保护发生的争议；

（五）因劳动报酬、工伤医疗费、经济补偿或者赔偿金等发生的争议；

（六）法律、法规规定的其他劳动争议。

《最高人民法院关于审理劳动争议案件适用法律问题的解释（一）》
（法释［2020］26号）

第二条　下列纠纷不属于劳动争议：

（一）劳动者请求社会保险经办机构发放社会保险金的纠纷；

（二）劳动者与用人单位因住房制度改革产生的公有住房转让纠纷；

（三）劳动者对劳动能力鉴定委员会的伤残等级鉴定结论或者对职业病诊断鉴定委员会的职业病诊断鉴定结论的异议纠纷；

（四）家庭或者个人与家政服务人员之间的纠纷；

（五）个体工匠与帮工、学徒之间的纠纷；

（六）农村承包经营户与受雇人之间的纠纷。

【自测题】

基本案情：张某是某公司的一名员工。2018年，公司因拓展业务，连法定节假日也安排了员工们加班。但在发放工资时，却并未按规定给员工们发放加班费。张某为此与公司发生争议，要求公司按法律规定支付其加班费。

问题：根据本节课所学内容，本案按照不同标准划分，分别属于哪种类型的争议？

【案例分析】

基本案情：蓝天公司与其工会协商订立集体合同，针对劳动报酬，蓝天公司提出公司职工的最低标准按照当地标准执行，职工工资每年按不低于3%的比例增长。但工会认为标准太低，并提出以当地标准的120%以上为职工最低标准且职工工资每年按不低于4%的比例增长。双方就关于最低工资标准条款争执不下，遂向劳动人事争议仲裁委员会申请仲裁。仲裁委员会经过审查做出不予受理的决定。

问题：（1）根据劳动争议主体划分，本案中的争议属于个体争议还是集体争议？（2）根据劳动争议的性质划分，该争议属于权利争议还是属于利益争议？（3）根据劳动争议的标的划分，本案中的争议属于哪一种类型的争议？

第二章

劳动关系的认定

【教学难点】

1. 劳动关系建立的标志；
2. 劳动关系与劳动法律关系之间的联系；
3. 劳动者的资格条件；
4. 用人单位的种类；
5. 劳动关系与劳务关系、雇佣关系的区别；
6. 正确理解事实劳动关系概念；
7. 事实劳动关系的认定。

【内容概要】

劳动关系的认定是劳动法的核心内容之一，认识劳动关系是学习《劳动争议调解仲裁法学》的前提。劳动者与用人单位之间只有建立了劳动关系，形成劳动权利和劳动义务关系，才得以开启劳动法的大门。

通过本章学习，使学生了解劳动关系及特征，劳动关系的建立及时间，劳动法律关系，理解劳动关系的主体即劳动者与用人单位，正确区分劳动关系与劳务关系、雇佣关系，把握书面劳动关系与事实劳动关系，都是合法的劳动关系，同样受到法律保护。

第一节　劳动关系

一、劳动关系

劳动法的核心之一即劳动关系的认定，劳动者与用人单位之间只有存在劳动关系，才得以开启劳动法的大门。因此，认识劳动关系是学习劳动争议调解仲裁法的前提。

劳动关系是指以劳动者与用人单位为主体建立的，在实现社会劳动过程中，从而产生一系列以劳动权利与劳动义务为内容的一种社会关系。

依据我国《劳动合同法》相关规定以及理论根据，可总结出劳动关系有以下特征：

1. 劳动关系是与劳动过程相联系的社会关系

劳动关系强调的是在劳动过程中人与物、劳动者的劳动力与用人单位的生产资料相结合的生产劳动过程。从而与“物与物”交换的实现过程相区别。物与物的交换，财产的流转关系是民法的调整范围。例如，农民销售自己生产的产品、作家出版作品、将劳动报酬借给其他人等，尽管上述情形和劳动活动有所联系，但这些情形与生产劳动过程没有直接的联系，因而不属于劳动法调整的劳动关系。

2. 劳动关系兼有人身关系和财产关系的性质

劳动关系具有人身关系的性质，其体现在劳动者劳动力的消耗与生命过程的高度统一。但是劳动关系也具有财产关系的性质，劳动自古以来都是人类谋生的手段，人类通过劳动获得劳动报酬换取生活资料，由此缔结的社会关系包括财产关系。

3. 劳动关系兼有平等关系和隶属关系的特征

劳动者与用人单位在进行双向选择的过程就是双方协商的过程，当事人经过对劳动合同中一系列权利义务内容的协商，达成一致意见，以合同形式确立劳动关系。平等的劳动关系还要求劳动主体，即劳动者与用人单位，两者的法律地位平等，平等行使权利、履行义务，合法权益受到平等保护，平等的承担责任。劳动关系一旦确立，劳动者即成为用人单位中的一员，劳动者在劳动过程中将接受用人单位的管理，受其单位内部规章制度的制约，这又体现出劳动关系具有隶属性质。

二、劳动关系的建立

（一）建立劳动关系的时间

依据《劳动合同法》第七条规定：“用人单位自用工之日起即与劳动者建立劳动关系。用人单位应当建立职工名册备查。”法律明确规定建立劳动关系是以劳动者实际提供劳动，用人单位实际用工为标准，不论双方是否签订了书面劳动合同，都将受到劳动法律、法规的同等保护。另外需要注意的是：书面合同签订在前，实际用工在后的，劳动关系自实际提供劳动之日起建立；实际用工之日在前，签订书面劳动合同在后，劳动关系于书面劳动合同订立之前建立。

（二）建立劳动关系，应遵守的义务

1. 建立劳动关系，应当订立书面劳动合同

为解决现实中书面劳动合同签订率偏低、当事人举证困难的问题，《劳动合同法》第十条规定，建立劳动关系，应当订立书面劳动合同。已经建立劳动关系，未同时订立书面劳动合同的，应当自用工之日起一个月内订立书面劳动合同

2. 建立劳动关系，用人单位与劳动者应遵守告知义务

用人单位的告知义务。用人单位招用劳动者时，应当如实告知劳动者工作内容、工作条件、职业危害、安全生产状况、劳动报酬，以及劳动者要求了解的其他情况。第一，告知应是如实告知，不能提供虚假信息。《劳动合同法》第二十六条规定，提供虚假信息，构成欺诈的，可能会导致劳动合同无效或者部分无效的法律后果。第二，告知的时间应是在订立劳动合同前，招用劳动者时，而不能在其后才告知。第三，用人单位在招工时不应选择性告知，故意或者隐瞒一些不利于劳动者的情况。

劳动者的说明义务。用人单位在招用劳动者的过程中，有权了解劳动者的基本情况，此时劳动者应当如实向用人单位说明，若构成欺诈可能影响合同效力。用人单位有权了解劳动者的一些与劳动合同直接相关的情形，例如，知识技能、学历、职业资格、家庭住址、家庭成员等信息。但用人单位的知情权是有限的，主要原因是依据《中华人民共和国个人信息保护法》规定，保护劳动者的个人信息，以防止用人单位侵害劳动者的个人信息权。

3. 建立劳动关系，用人单位应建立职工名册

依据《劳动合同法》的规定，用人单位应建立职工名册。职工名册一般包括劳动者的姓名、性别、出生年月、文化程度、政治面貌、职务等内容。用人单位建立职工名册对用人单位内部管理、解决劳动争议有着重要的作用，相反，用人单位违反劳动合同法有关建立职工名册规定的，由劳动行政部门责令限期改正。

三、劳动法律关系

劳动法律关系是指劳动关系被劳动法规调整而形成的一种法律上的权利义务关系（图 2.1）。劳动关系是《劳动法》及其相关法律法规主要的调整对象，是劳动法律关系产生的基础。劳动关系一旦建立，劳动者在法律上就有获得劳动报酬、休息休假、获得劳动安全卫生保护、接受职业技能培训、享受社会保险和福利、提请劳动争议处理等法律规定的其他劳动权利。同时，劳动者也应按照单位规章制度完成劳动任务，并提高

职业技能，遵守劳动纪律和职业道德。

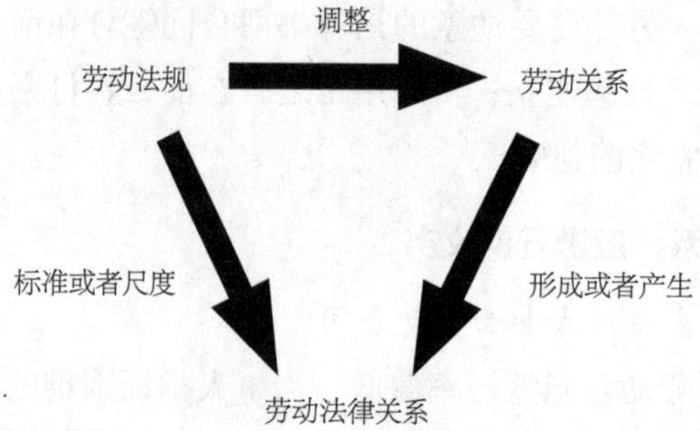

图2.1　劳动法律关系

从劳动关系与劳动法律关系之间建立的联系上看，劳动法律关系具有国家意志性与当事人意志性的双重特征。

劳动法律关系具有以国家意志为指导的特征。实践中，由于劳动者相对于用人单位处于弱势地位，国家为保护劳动者合法权益，规范劳动市场，制定了《劳动法》及其相关法律法规。劳动法律关系是按照《劳动法》及其法律规范法规形成的，因此，具有较强的国家干预性质。

劳动法律关系具有劳动者与用人单位意志为基础的特征。劳动者与用人单位都有互相选择的权利，劳动关系的建立、劳动关系的相关内容都需要劳动者与用人单位协商，并达成一致。劳动法律关系也具有当事人意志为基础的特性。

【知识链接】

国务院《劳动合同法实施条例》（2008 年 9 月 8 日）

第八条　劳动合同法第七条规定的职工名册，应当包括劳动者姓名、性别、公民身份号码、户籍地址及现住址、联系方式、用工形式、用工起始时间、劳动合同期限等内容。

第三十三条　用人单位违反劳动合同法有关建立职工名册规定的，由劳动行政部门责令限期改正；逾期不改正的，由劳动行政部门处 2 000 元以上 2 万元以下的罚款。

【自测题】

1. 菜农老王经常为各大超市提供自己种植的粮食。老王与超市之间是否存在劳动关系？

2. 蔡先生成功应聘到一家电子科技公司任职技术顾问，但该公司与蔡先生约定要经过 3 个月试用期才能与其签订劳动合同。在签订劳动合同之前，蔡先生是否与该公司建立劳动关系？

3. 米先生是一位作家，利用业余时间完成自己的作品，常年投稿 A 出版社并出版。米先生是否与 A 出版社存在劳动关系？

【案例分析】

某物业公司与崔某等人确认劳动关系纠纷一案[1]

吕某系崔某的丈夫，2013年6月20日，吕某到某物业公司从事门卫工作，月薪2 700元，双方未签订劳动合同。同日，该公司向吕某发放工作服和工作牌。吕某应公司要求开始值班，并在“值班记录”上注明岗位情况。该值班记录载明，交接物品要齐备、存在问题记录清楚；定人、定岗、分工明确、责任到位，禁止串、离岗。2013年6月30日，吕某值班时间变更为早上6点至中午12点。同日，吕某发生交通事故死亡。2013年7月，崔某向仲裁委申请仲裁，请求确认吕某与某物业公司存在劳动关系，仲裁委出具仲裁裁决书，确认吕某与该公司存在劳动关系。该公司不服，诉至法院。

法院经审理认为，劳动者基于从属关系，向用人单位提供劳动，接受用人单位的监督、管理和指挥，保障劳动者享有社会保险、福利等相关权利，则双方形成劳动关系。该公司发放吕某工作牌和工作服，并安排其每天从事门卫工作，要求其按照规定做好交接班记录，禁止串、离岗，同时结合门卫岗位较稳定的工作性质等事实，足以证实该物业公司对吕某的工作进行监督、管理和指挥，因此，吕某与某物业公司双方之间构成劳动关系。

第二节　劳动关系的主体

一、劳动者

劳动关系的主体之一，劳动者，又被称为职工、员工，指达到法定年龄，具有劳动能力，以从事某种社会劳动获得收入为主要生活来源，依据法律或者合同的规定，在用人单位的管理、指导下从事劳动并获取劳动报酬的自然人（中外自然人）。但不是所有人都能够成为劳动法意义上的劳动者，劳动者还应当具备法律上的资格条件。

（一）劳动者年龄条件

《劳动法》第十五条第一款规定：“禁止用人单位招用未满十六周岁的未成年人。”可见，劳动者最低就业的法定年龄为16岁。但《劳动法》中另有规定，用人单位不得安排未成年工从事矿山井下、有毒有害、国家规定的第四级体力劳动强度的劳动和其他禁忌从事的劳动。

[1] 本案例改编自淮安市清河区人民法院（2013）河民初字第3051号判决书。

依据《劳动合同法》《劳动合同法实施条例》规定，劳动者达到法定退休年龄的，劳动合同即告终止。劳动者就业年龄的上限一般以劳动者达到退休年龄为准。另外需要注意的是，《最高人民法院关于审理劳动争议案件适用法律问题的解释（一）》第三十二条规定："用人单位与其招用的已经依法享受养老保险待遇或领取退休金的人员发生用工争议而提起诉讼的，人民法院应当按劳务关系处理。"劳动者的就业年龄上限应符合两项基本条件：一是劳动者已达到了法定退休年龄；二是退休人员应依法享受养老保险待遇或者领取退休金。实践中存在劳动者已达到了法定退休年龄，依法享受养老保险待遇或者领取退休金的人员与用人单位发生用工争议的情形，在此种情形下，该人员与原用人单位之间被认定为劳务关系，该人员不具备劳动关系主体资格。

（二）劳动者健康条件

我国《劳动法》要求劳动者须具备所从事职业所必要的健康条件，特殊职业还有特殊身体要求。劳动者的健康条件可以从以下 3 个方面讨论：（1）劳动者不得患有其所在岗位所禁忌或者不宜的特定疾病。（2）完全丧失劳动力的残疾人，完全无劳动行为能力的公民可能无法获得劳动者这一法律资格；部分丧失劳动力的残疾人只能从事其根据残疾状况所允许的职业。（3）患有精神疾病的劳动者，视情况可从事所需职业。

（三）劳动者文化条件

劳动者的文化条件，随着社会的发展在劳动市场越来越受重视。劳动者的文化条件主要可从以下两个方面探讨：（1）受教育程度。根据市场经济的发展，不同的行业有着不同的人才需求。用人单位根据劳动者受教育程度选择适合所需岗位的劳动者，劳动者根据其自身教育程序选择适合自己的职位。（2）职业技能。对于一些技术性职业，劳动者可能会被要求掌握从事该职业必备的技能。例如，驾驶员、电焊工、研发人员、网络完全维护人员、会计人员、医护人员、法律工作者等。

还有外国人、无国籍人就业许可条件。外国人、无国籍人依法取得就业证件与中国境内的用人单位签订劳动合同，可以建立劳动关系；持有"外国专家证"并取得"外国专家来华工作许可证"的外国人，与中国境内的用人单位建立用工关系的，可以认定为劳动关系。

二、用人单位

用人单位是指具有用人权利能力和用人行为能力，运用劳动力组织生产劳动，且向劳动者支付工资等劳动报酬的单位。我国《劳动合同法》第二条规定："中华人民共和国境内的企业、个体经济组织、民办非企业单位等组织（以下称用人单位）与劳动者建立劳动关系，订立、履行、变更、解除或者终止劳动合同，适用本法。国家机关、事业单位、社会团体和与其建立劳动关系的劳动者，订立、履行、变更、解除或者终止劳动合同，依照本法执行。"从上述法律规定可知用人单位的范围。

（一）企业、个体经济组织、民办非企业单位

市场主体（含企业、个体经济组织），根据国务院《中华人民共和国市场主体登记管理条例》第二条："本条例所称市场主体，是指在中华人民共和国境内以营利为目的从事经营活动的下列自然人、法人及非法人组织：（1）公司、非公司企业法人及其分支机构；（2）个人独资企业、合伙企业及其分支机构；（3）农民专业合作社（联合社）及其分支机构；（4）个体工商户；（5）外国公司分支机构；（6）法律、行政法规规定的其他市场主体。"例如，某有限责任公司、某股份有限责任公司，某联营集团，个人投资的家庭作坊，合伙办的饭店、旅馆，农村果蔬专业合作社，个体工商户办的面馆、火锅店，某（中国）投资有限公司等。

民办非企业单位，国务院《民办非企业单位登记管理暂行条例》第二条："本条例所称民办非企业单位，是指企业事业单位、社会团体和其他社会力量以及公民个人利用非国有资产举办的，从事非营利性社会服务活动的社会组织。"例如，民办医院、民办福利院、民办学院等。

（二）国家机关、事业单位、社会团体

国家机关主要包括国家权力机关、国家行政机关、国家司法机关、国家军事机关、政协等。但需要注意的是，国家机关只有在招用工勤人员或者通过劳动合同雇用劳动者时，才能适用《劳动法》及其相关法律。

国务院《事业单位登记管理暂行条例》第二条规定："本条例所称事业单位，是指国家为了社会公益目的，由国家机关举办或者其他组织利用国有资产举办的，从事教育、科技、文化、卫生等活动的社会服务组织。"例如，教育机构、医疗机构、科研机构、社会福利机构、文化艺术单位、法律服务机构等。事业单位中，适用企业化管理的事业单位与职工签订的是劳动合同，应适用《劳动法》及其相关法律。

社会团体包括各种行业协会、妇联、共青团、工会、文艺体育团体等。若职工与社会团体订立的是劳动合同，应适用《劳动法》及其相关法律。

（三）法律规定其他组织

如会计师事务所、律师事务所、基金会等。它们的组织形式比较复杂，有的采取合伙制，有的采取合作制。

三、不属于劳动关系主体的范围

依据《最高人民法院关于审理劳动争议案件适用法律问题的解释（一）》第二条规定："下列纠纷不属于劳动争议：……（四）家庭或者个人与家政服务人员之间的纠纷；（五）个体工匠与帮工、学徒之间的纠纷；（六）农村承包经营户与受雇人之间的纠纷。"从此项规定可知，家庭或者个人与家政服务人员，个体工匠与帮工、学徒，农村承包经营户与受雇人，都不属于劳动关系中的劳动者或者用人单位，不具备劳动关系主体的资格。

原劳动部《关于贯彻执行〈中华人民共和国劳动法〉若干问题的意见》第十二条规定："在校生利用业余时间勤工助学，不视为就业，未建立劳动关系，可以不签订劳动合同。"对于在外兼职或者在校实习的学生，不属于劳动关系上的主体，因此，在外兼职或者在校实习的学生不受《劳动法》及其相关法律法规的调整。依据该规定，对于公务员和比照公务员制度的事业组织和社会团体的工作人员，以及农村劳动者（乡镇企业职工和进城务工、经商的农民除外）、现役军人和家庭保姆等也不适用劳动法。

外国人、无国籍人未依法取得就业证件即与中国境内的用人单位签订劳动合同，当事人请求确认与用人单位存在劳动关系的，该当事人未取得就业许可，不适用劳动法。

【知识链接】

国务院《劳动合同法实施条例》

第三条　依法成立的会计师事务所、律师事务所等合伙组织和基金会，属于劳动合同法规定的用人单位。

《最高人民法院关于审理劳动争议案件适用法律问题的解释（一）》（法释〔2020〕26号）

第二十九条　劳动者与未办理营业执照、营业执照被吊销或者营业期限届满仍继续经营的用人单位发生争议的，应当将用人单位或者其出资人列为当事人。

第三十条　未办理营业执照、营业执照被吊销或者营业期限届满仍继续经营的用人单位，以挂靠等方式借用他人营业执照经营的，应当将用人单位和营业执照出借方列为当事人。

第三十二条　用人单位与其招用的已经依法享受养老保险待遇或者领取退休金的人员发生用工争议而提起诉讼的，人民法院应当按劳务关系处理。

企业停薪留职人员、未达到法定退休年龄的内退人员、下岗待岗人员以及企业经营性停产放长假人员，因与新的用人单位发生用工争议而提起诉讼的，人民法院应当按劳动关系处理。

第三十三条　外国人、无国籍人未依法取得就业证件即与中华人民共和国境内的用人单位签订劳动合同，当事人请求确认与用人单位存在劳动关系的，人民法院不予支持。

持有《外国专家证》并取得《外国人来华工作许可证》的外国人，与中华人民共和国境内的用人单位建立用工关系的，可以认定为劳动关系。

2018年8月23日人力资源和社会保障部关于废止《台湾香港澳门居民在内地就业管理规定》的决定。

【自测题】

简答题：

1. 小飞是一名在校大三学生，因家庭经济原因，常在校勤工俭学。小飞是否属于《劳动法》上合格的劳动者？小飞与学校之间是否存在劳动关系？

2. 小蔡经人介绍到苏大爷家担任保姆，负责照顾苏大爷平日生活起居，双方约定月薪 3000 元。小蔡是否属于《劳动法》上合格的劳动者？小蔡与苏大爷之间是否建立了劳动关系？

3. 黄某大学毕业后，在一政府机构任职，但黄某属于聘用制人员，没有正式编制。该政府机构是否属于法律规定的用人单位？

【案例分析】

张某与某有限公司确认劳动关系纠纷一案[1]

张某系某县农民，常年以耕种承包地为生。2014 年 3 月，张某在某有限公司基地打工，约定按日计酬，日工每人 100 元，但未签订劳动合同。3 月，工地负责人调配张某到常某的承包小组，使用电锯锯树苗。其后，张某在操作电锯锯树苗的过程中，不慎将左手小拇指锯断，后与某有限公司未能就医疗费用承担协商一致。8 月，张某向当地劳动人事争议仲裁委员会申请确认劳动关系，劳动人事争议仲裁委员会驳回了张某的仲裁请求。张某遂提起诉讼。

法院认为，依据劳动部《关于贯彻执行〈中华人民共和国劳动法〉若干问题的意见》关于《劳动法》适用范围的解释第四条规定：公务员和比照实行公务员制度的事业组织和社会团体的工作人员，以及农村劳动者（乡镇企业职工和进城务工、经商的农民除外）、现役军人和家庭保姆等不适用劳动法。农村劳动者不符合《劳动法》规定的劳动者条件，不属于该法调整范围。张某系当地农民，常年以耕种承包地为生，偶尔在农闲时就近打工，其性质符合农村劳动者的定义。本案中，张某在某有限公司苗木基地锯树苗时受伤，因其不符合《劳动法》规定的劳动者条件，故双方之间并不形成劳动关系。

[1] 本案例改编自内蒙古自治区磴口县人民法院（2014）磴民三初字第 113 号判决书。

第三节　劳动关系与劳务关系、雇佣关系

一、劳务关系

劳务关系是两个或两个以上的平等主体，通过劳务合同建立起一种民事权利义务关系。其体现在提供劳务的一方为需求的一方以劳动形式提供活动，需求一方向提供劳动的一方支付约定报酬。若要仔细区分劳动关系与劳务关系的区别，还应从以下两方面认识。

（一）劳动关系与劳务关系的区别

1. 主体资格不同

劳动关系的主体只能是法律规定的用人单位和劳动者，而不能同时都是自然人、法人、其他组织；而劳务关系的主体资格不受劳动法律法规的限制，双方当事人可以同时都是法人、其他组织、自然人，也可以是自然人与法人、其他组织。

2. 主体性质及其关系不同

劳动关系中的用人单位与劳动者，双方间不仅存在财产关系，还兼具人身关系，即管理、隶属关系。劳动者除提供劳动之外，还应接受用人单位的管理，服从其安排，遵守其规章制度等。但劳务关系的主体之间只存在财产关系，不存在行政上的隶属关系，提供劳务一方向需求方提供劳务服务，需求方向劳务提供方支付劳务报酬，双方各自独立、地位平等。

3. 合同不同

劳动关系的建立，法律要求用人单位与劳动者应订立劳动合同。对于劳动合同的主要条款由法律明确规定，不能由双方当事人进行协商；劳务关系的建立，不以必须订立书面合同为条件，劳务合同可以是书面形式，也可以是口头或者其他形式。无论是否订立劳务合同，双方当事人在不违背法律规定情况下可自由协商内容，任意性强于劳动合同。

4. 纠纷的处理方式不同

劳动关系中用人单位与劳动者争议发生后，应先到劳动人事争议仲裁委员会申请仲裁，若有不服，法定期间内当事人才能到人民法院提起诉讼，劳动关系受《劳动法》《劳动合同法》《劳动争议调解仲裁法》等法律法规调整。劳务关系中当事人之间发生争议，没有“仲裁先行”的限制，可直接向人民法院提起诉讼，劳务关系受《中华人民共和国民法典》（以下简称《民法典》）、《中华人民共和国民事诉讼法》（以下简称《民事诉讼法》）调整。

（二）劳动关系与劳务关系的联系

劳动关系与劳务关系两者并不是相互独立、毫无联系的，劳动关系与劳务关系是可以相互转换的。达到法定退休年龄的人与用人单位之间是否能建立劳动关系？依据《最高人民法院关于审理劳动争议案件适用法律问题的解释（一）》第三十二条规定：“用人单位与其招用的已经依法享受养老保险待遇或者领取退休金的人员发生用工争议，而提起诉讼的，人民法院应当按劳务关系处理。”实践中，常出现劳动者达到法定退休年龄，开始享受养老保险待遇，但劳动者在本单位或者新单位再用工的情形，按照法律规定，劳动合同终止，劳动关系即告结束。由于劳动者不再具备劳动关系中的主体资格，当出现纠纷，双方则以劳务关系争议进行处理。

二、雇佣关系

雇佣关系是指雇员利用雇主提供的条件，在雇主的指导、监督下，以自身的技能或者劳力为雇主提供劳动，并由雇主支付劳动报酬的民事关系。接受劳务并按照约定支付劳动报酬的一方，称为雇主，或者雇佣人。按照雇主指示或者要求，利用雇主提供的条件，以自己的技能为雇主提供各种劳动的人，称为雇员或者受雇人。了解掌握雇佣关系与劳动关系的不同是区分两者的重点。

1. 主体范围不同

劳动关系的主体是法律规定的用人单位与劳动者；雇佣关系主体范围相较于劳动关系较为广泛，凡平等主体的自然人与自然人、自然人与法人之间可能形成的是雇佣关系。例如，实践中家庭或者个人雇佣保姆、农村承包经营户雇人抢收庄稼、家庭教师辅导学生等。

2. 稳定性不同

劳动关系中劳动者具有长期、持续、稳定在用人单位工作的主观意愿，劳动者在为用人单位提供服务的同时，一般不能再与其他单位建立劳动关系。雇佣关系中的雇员可身兼数职，并可与多个单位或者个人建立雇佣关系。

3. 侧重点不同

劳动关系侧重劳动者向用人单位提供生产劳动的过程，强调劳动者与生产资料相结合的过程。雇佣关系虽与劳动相关联，但侧重于成果的给付，而不重点强调其过程。

4. 赔偿责任及处理程序不同

劳动关系中劳动者受伤，用人单位参加工伤保险应当适用工伤保险相关制度进行赔付；没有参加工伤保险的，则按照民事赔偿责任承担。劳动争议发生后，处理程序适用工伤认定程序、劳动调解仲裁程序和民事诉讼程序。而雇员在提供劳动的过程中受伤，雇主应按照《民法典》及相关法律规定承担民事赔偿责任。

【知识链接】

《民法典》

第一千一百九十二条　个人之间形成劳务关系，提供劳务一方因劳务造成他人损害的，由接受劳务一方承担侵权责任。接受劳务一方承担侵权责任后，可以向有故意或者重大过失的提供劳务一方追偿。提供劳务一方因劳务受到损害的，根据双方各自的过错承担相应的责任。

提供劳务期间，因第三人的行为造成提供劳务一方损害的，提供劳务一方有权请求第三人承担侵权责任，也有权请求接受劳务一方给予补偿。接受劳务一方补偿后，可以向第三人追偿。

《最高人民法院关于审理人身损害赔偿案件适用法律若干问题的解释》

第九条　雇员在从事雇佣活动中致人损害的，雇主应当承担赔偿责任；雇员因故意或者重大过失致人损害的，应当与雇主承担连带赔偿责任。雇主承担连带赔偿责任的，可以向雇员追偿。

前款所称“从事雇佣活动”，是指从事雇主授权或者指示范围内的生产经营活动或者其他劳务活动。雇员的行为超出授权范围，但其表现形式是履行职务或者与履行职务有内在联系的，应当认定为“从事雇佣活动”。

【自测题】

基本案情：张某原系某厂职工，后于1998年7月下岗，并办理了再就业优惠证。2001年9月9日起，张某开始在某小学上班，从事门卫、清扫垃圾工作。2011年2月，张某从某厂退休，办理了退休手续。2014年9月，某小学将张某辞退，双方为此发生争议。2014年8月，张某申请仲裁，劳动人事争议仲裁委员会以张某超过法定退休年龄，主体不适格为由，裁决不予受理。张某遂提起诉讼。[1]

问题：张某与该小学之间成立的是劳动关系还是劳务关系？

【案例分析】

胡某与金某、刘某提供劳务者受害责任赔偿纠纷一案[2]

2011年8月，刘某明知金某、周某无建筑施工的资质，将自住的3层房屋建筑工程以包工不包料的形式发包给金某、周某，并约定安全事故责任由金某承担。胡某受金某雇佣从事泥工，约定每天170元。同年11月，胡某进行外墙粉刷时，不幸从5米高空坠落地面受伤。双方就医疗费用发生争议，胡某诉至法院。

法院经审理认为，胡某受金某雇请，约定每日工钱170元，双方构成雇佣关系。刘某

[1] 本案例题改编自保定市南市区人民法院（2014）南民初字第686号判决书。
[2] 本案例改编自湖南省岳阳市岳阳楼区人民法院（2012）楼民康初字第105号判决书。

将自建房工程发包给金某施工，双方构成建筑施工承揽合同关系。根据《最高人民法院关于审理人身损害赔偿案件适用法律若干问题的解释》第十一条规定："雇员在从事雇佣活动中因安全生产事故遭受人身损害，发包人、分包人知道或者应当知道接受发包或者分包业务的雇主没有相应资质或者安全生产条件的，应当与雇主承担连带赔偿责任。"胡某作为完全民事行为能力人，在高空作业的过程中应预见到具有一定危险性，但却未尽安全注意义务，对事故的发生具有一定的过错，承担部分责任。金某作为工程承揽人，在施工过程中没有加强安全监督、管理，具有明显过错，应承担赔偿责任。刘某作为发包人明知金某没有相关资质将住宅建筑工程发包给金某，刘某应与金某承担连带赔偿责任。

第四节　事实劳动关系

一、事实劳动关系

（一）事实劳动关系的概念

我国法律规定，建立劳动关系，应当订立书面劳动合同。实践中，有的用人单位在招用劳动者时，不与其签订书面劳动合同，但双方已实际履行了《劳动法》《劳动合同法》规定的权利义务，实际上已经存在劳动关系的现象，劳动法理论与司法实践中将此现象称为事实劳动关系。当争议发生时用人单位往往以双方未订立劳动合同为由，否认双方存在劳动关系，不愿承担义务与责任，致使劳动者在实践中处于不利地位，自身权益得不到保障。劳动法理论与司法实践上对待事实劳动关系的态度，只要客观上存在劳动关系，用人单位与劳动者无论是否订立书面劳动合同，都应受到《劳动法》等法律法规的规范与调整。

事实劳动关系是指用人单位与劳动者没有订立书面的劳动合同，但劳动者在实施劳动的过程中向用人单位实际提供了劳动，接受了用人单位规章制度的管理，双方实际享有劳动法所规定的劳动权利，履行了劳动法所规定的劳动义务，而形成的劳动关系。

书面劳动关系与事实劳动关系，都是合法的劳动关系，事实劳动关系仅是缺少书面形式；书面劳动关系与事实劳动关系，同样受到法律保护。

（二）事实劳动关系的类型

1. 应当订立书面劳动合同而未订立的

《劳动合同法》第十条第一款规定，建立劳动关系，应当订立书面劳动合同。否则，将承担相应的法律责任。实践中主要有以下两种应当订立书面劳动合同而未订立的情形：（1）自劳动关系建立时起，用人单位与劳动者未签订劳动合同的。此种情形下，用人单位自用工之日起，即劳动关系建立之时，就未与劳动者订立劳动合同。（2）劳动者自劳动期限届满后未与用人单位续订劳动合同，但劳动者继续留在原用人单位工作，用人单位对此也未表示异议的，此种情形下，一般认定劳动者与用人单位之间存在的是一种事实上的劳动关系，而不等于双方按照原劳动合同约定的期限续签一个新的劳动合同。一方提出终止劳动关系的，应认定终止事实上的劳动关系。若双方发生争议，则以原劳动合同确定双方的权利义务关系。

2. 用人单位与劳动者订立的劳动合同属无效合同，但双方符合劳动关系特征的

无效的劳动合同，自合同订立时起就无法律效力。对于无效的劳动合同，用人单位与劳动者已各自行使了劳动法的权利，履行了义务，直接产生的法律后果为劳动法律关系归于消灭，但劳动者实际向用人单位付出了劳动，因此，此种情形下应当认定劳动者与用人单位之间形成的是事实劳动关系。

3. 双重劳动关系下的事实劳动关系

双重劳动关系是指劳动者在同一时期与两个或者两个以上不同的用人单位建立起符合劳动关系特征的关系。双方劳动关系有两种表现形式：一是两个劳动关系均具备法定要件；二是一个劳动关系具备法定要件，另一个属于事实劳动关系。从《劳动法》《劳动合同法》的规定上看，并未明确规定建立多种劳动关系属违法行为，但从劳动法立法精神上来分析，我国并不提倡劳动者与多个用人单位建立劳动关系；按照《社会保险法》的规定，劳动者只能由一个用人单位为其办理社会保险。因此，实践中劳动者应当避免与多个用人单位建立数个劳动关系，以免争议发生时处于不利地位。

（三）因事实劳动关系发生争议受理问题

对于事实劳动关系中的当事人之间发生争议，劳动人事争议仲裁委员会是否受理的事实劳动关系争议，法律法规已作出明确规定。依据原劳动部《关于贯彻执行〈中华人民共和国劳动法〉若干问题的意见》（劳部发〔1995〕309 号）第八十二条规定："用人单位与劳动者发生劳动争议不论是否订立劳动合同，只要存在事实劳动关系，并符合劳动法的适用范围和《中华人民共和国企业劳动争议处理条例》的受案范围，劳动争议仲裁委员会均应受理。"劳动合同是否订立，不再是确认劳动关系的唯一标准，用人单位与劳动者之间存在事实劳动关系，若双方发生劳动争议，此类案件应属于劳动争议处理的受案范围，劳动人事争议仲裁委员会应当受理。

二、事实劳动关系的认定

（一）事实劳动关系认定的标准

如前所述，劳动合同不是认定劳动关系存在的唯一依据，严格来说，事实劳动关系在外表形式上是不规范（仅缺少书面形式）的劳动关系，但同时符合以下 3 项标准的，

即事实劳动关系成立，同样受《劳动法》《劳动合同法》《劳动争议调解仲裁法》等相关法律法规的调整与保护。

1. 主体资格标准

在判断双方未订立劳动合同，是否存在事实劳动关系的情形下，首先应确定的是，用人单位和劳动者是否都应符合法律、法规规定的主体资格，若任何一方不符合法律规定上的主体资格，则无讨论事实劳动关系的必要。

2. 劳动管理标准

在事实劳动关系中，用人单位虽未与劳动者订立书面劳动合同，但是双方之间形成了行政管理上的从属性。劳动者成为用人单位的一部分，劳动者受用人单位的劳动管理，遵守用人单位制定的各项劳动规章制度，从事用人单位安排的有报酬的劳动并依法获得劳动报酬或者享受其他福利待遇。此项标准也是事实劳动关系区别于劳务关系、雇佣关系等其他民事关系的重要标准，也是劳动者证明与用人单位之间存在事实劳动关系的关键标准。

3. 劳动行为标准

劳动行为是判断是否成立事实劳动关系的基础。在劳动行为标准下，劳动者应按照用人单位的要求，付出一定的体力或者智力，完成用人单位要求的工作内容，在其过程中实现与生产资料的结合，并为用人单位创造出劳动成果，其劳动成为用人单位业务的组成部分。

用人单位与劳动者符合以上 3 项标准的情形下，用人单位应当与劳动者补签劳动合同，劳动合同期限由双方协商确定。协商不一致的，任何一方都可以提出终止劳动关系。

（二）事实劳动关系认定的证据

司法实践中，在用人单位与劳动者都符合主体资格标准的情形下，通常会根据用人单位依法制定的各项劳动规章制度是否适用于劳动者，劳动者是否接受与用人单位之间的关系，劳动者提供的劳动是否成为用人单位的业务组成部分来判断事实劳动关系是否成立。但在证明双方之间的关系符合劳动管理标准以及劳动行为标准时，常需借助相应证据认定双方存在劳动关系。用人单位未与劳动者签订劳动合同，认定双方存在劳动关系时可参照工资支付凭证或者记录（职工工资发放花名册）、缴纳各项社会保险费的记录；用人单位向劳动者发放的“工作证”“服务证”等能够证明身份的证件；劳动者填写的用人单位招工招聘“登记表”“报名表”等招用记录；考勤记录；其他劳动者的证言。

【知识链接】

《劳动合同法》

第十一条　用人单位未在用工的同时订立书面劳动合同，与劳动者约定的劳动报酬不明确的，新招用的劳动者的劳动报酬按照集体合同规定的标准执行；没有集体合同或者集体合同未规定的，实行同工同酬。

第八十二条 用人单位自用工之日起超过一个月不满一年未与劳动者订立书面劳动合同的，应当向劳动者每月支付二倍的工资。

用人单位违反本法规定不与劳动者订立无固定期限劳动合同的，自应当订立无固定期限劳动合同之日起向劳动者每月支付二倍的工资。

【自测题】

选择题：

下列哪些说法是正确的（　　）？

A. 签署书面劳动合同属于建立劳动关系的必要条件。

B. 劳动者与用人单位之间关于事实劳动关系的纠纷，不属于劳动人事争议仲裁委员会的受理范围。

C. 劳动者与用人单位建立起事实劳动关系的，用人单位应当与劳动者补签劳动合同，劳动合同期限由双方协商确定。

D. 用人单位自用工之日起超过一个月不满一年未与劳动者订立书面劳动合同的，应当向劳动者每月支付二倍的工资。

【案例分析】

李某与某包装彩印公司经济补偿金纠纷一案[1]

2005年10月，李某到某包装彩印公司务工，且并未订立劳动合同。务工期间报酬计件确定，以现金结算。2009年10月，该公司通知李某不再上班。2009年12月，李某向当地劳动人事争议仲裁委员会申请仲裁，要求该公司支付双倍工资、经济补偿金等。当地劳动人事争议仲裁委员会认为李某未提供证明其与公司之间存在劳动关系的相关证据，驳回李某的请求。李某遂提起诉讼，并向法院提供考勤卡，工作期间的生产日报表（报表上有车间主任、机长的签字，并且有李某的名字）等证据，旨在证明双方存在劳动关系。

法院认为本案争议焦点首先在于双方是否存在事实劳动关系，劳动关系的成立是李某各项诉讼主张的前提和基础。李某主张双方存在劳动关系，应当提供证明劳动关系成立的初步证据，如工资支付凭证或者记录、缴纳各项社会保险的记录、用人单位招工招聘“登记表”“报名表”招用记录、用人单位发放的“工作证”“服务证”等能够证明身份关系的证据。本案中，李某虽为该公司提供劳务，该公司向李某支付劳务费用，但李某所举证据考勤卡无单位名称或者标识，生产日报表无该公司单位盖章，结合两名证人证言，尚不足以确认其为公司提供劳动，并接受其管理，尚不能确认两者之间存在事实劳动关系。

[1] 本案例改编自淮安市清河区人民法院（2010）河开民初字第1596号判决书。

第三章

劳动合同

【教学难点】

1. 用人单位未签订劳动合同的法律后果；

2. 三方协议的性质；

3. 掌握劳动合同履行中用人单位与劳动者的义务；

4. 理解掌握劳动合同必备条款、约定条款的内容；

5. 掌握劳动合同解除、终止的情形；

6. 掌握经济补偿金的适用范围；

7. 了解经济补偿金与赔偿金、竞业限制与保密义务、竞业限制与竞业禁止的区别。

【内容概要】

劳动合同是确立劳动者与用人单位劳动关系的法律形式，是明确双方劳动权利和劳动义务关系的协议。劳动者与用人单位依法按照劳动合同享有劳动权利，履行劳动义务。

通过本章学习，使学生了解劳动合同的订立包括劳动合同的概念和特征、未签订劳动合同的后果、劳动合同的法律效力、劳动合同与三方协议（《全国普通高等学校毕业生就业协议书》）关系，劳动合同的履行与变更，劳动合同的解除与终止等内容，理解经济补偿金、赔偿金、商业秘密和竞业限制等制度，把握劳动争议处理内容（劳动合同的订立、履行、变更、解除、终止）的重要着力点。

第一节　劳动合同的订立

一、劳动合同

（一）劳动合同的概念和特征

依据《劳动法》第十六条规定，劳动合同指劳动者与用人单位在法律规定的条件下建立劳动关系的一种法律形式，是劳动者与用人单位确立劳动关系、明确双方权利和义务的协议。

为进一步了解什么是劳动合同，从劳动合同概念出发，本节将从以下三个方面分析劳动合同的特征。

（1）劳动合同的主体是劳动者和用人单位。

劳动关系是劳动者与用人单位在劳动过程中形成的社会关系，劳动合同是劳动关系的法律关系体现，因此，劳动合同是由劳动者与用人单位订立的。一旦订立劳动合同，双方都应受到协议的约束。

（2）劳动合同是以劳动者与用人单位之间的权利与义务为内容。

劳动合同内容即劳动合同条款，是劳动者与用人单位将其自身的权利与义务具体化的表现形式。劳动合同条款主要划分为法定条款和约定条款。

法定条款是法律规定劳动合同必备的条款；约定条款是劳动合同可以约定的条款。

劳动合同法定必备的条款。一份劳动合同，只有在完全具备法定必备条款的条件下，才能依法成立。依据《劳动合同法》第十七条规定，劳动合同应当具备以下条款：用人单位的名称、住所和法定代表人或者主要负责人；劳动者的姓名、住址和居民身份证或者其他有效身份证件号码；劳动合同期限；工作内容和工作地点；工作时间和休息休假；劳动报酬；社会保险；劳动保护、劳动条件和职业危害防护；法律、法规规定应当纳入劳动合同的其他事项。需注意的是，法定条款的缺失，可能导致劳动合同难以成立。

劳动合同可以约定的条款。约定条款是法律不作强制性规定，由劳动者与用人单位根据法定范围或者事项按照双方当事人意愿选择的条款。与法定必备条款相反的是，劳动合同即使缺乏约定条款也不影响其效力。根据法律规定，劳动合同的约定条款有试用期、培训、保守秘密、补充保险和福利待遇等。

（3）劳动合同是确立劳动关系的法律形式。

《劳动合同法》第十条第一款规定，建立劳动关系，应当订立书面的劳动合同。书面劳动合同的订立，在纠纷发生时，在证据上可起着明确双方权利义务的关键作用。书面劳动合同已经成为劳动力市场确立劳动关系的普遍性法律形式。

（二）劳动合同的种类

劳动合同以合同期限为分类标准，可分为以完成一定工作任务为期限的劳动合同、固定期限劳动合同、无固定期限劳动合同。劳动合同期限，即合同的有效时间，始于合同生效之日，终于合同终止之时。

以完成一定工作任务为期限的劳动合同，是指用人单位与劳动者约定以某项工作的完成为合同期限的劳动合同。

《劳动合同法》第十三条第一款规定："固定期限劳动合同，是指用人单位与劳动者约定合同终止时间的劳动合同。"劳动关系只在合同约定的有效期间内存续，约定的期限届满，劳动关系即告终止。

无固定期限劳动合同，是用人单位与劳动者约定无确定终止时间的劳动合同。无确定终止时间，不是无终止时间，而是合同没有一个确切的终止时间。若法律规定的或者双方约定的条件成就时，无固定期限劳动合同可解除。依据《劳动合同法》第十四条规定，订立无固定期限劳动合同有以下几种情形：

（1）用人单位与劳动者协商一致，可以订立无固定期限劳动合同。

只要劳动者与用人单位协商一致，任何一方没有采取胁迫、欺诈、隐瞒事实等手段，且符合法律规定的前提下，双方可以订立无固定期限劳动合同。

（2）在法律规定的情形下，劳动者提出或者同意续订、订立劳动合同的，应当订立无固定期限劳动合同。

《劳动合同法》第十四条规定，当出现以下情形之一的，劳动者提出或者同意续订、订立劳动合同的，应当订立无固定期限劳动合同：①劳动者在该用人单位连续工作满 10 年的；②用人单位初次实行劳动合同制度或者国有企业改制重新订立劳动合同时，劳动者在该用人单位连续工作满 10 年且距法定退休年龄不足 10 年的；③连续订立 2 次固定期限劳动合同，且劳动者没有《劳动合同法》第三十九条和第四十条第一项、第二项规定的情形，续订劳动合同的。

（3）视为无固定期限劳动合同的情形。

另外需要注意的是，用人单位自用工之日起满 1 年不与劳动者订立书面劳动合同的，视为用人单位与劳动者已订立无固定期限劳动合同。同时，用人单位还得立即与劳动者补订书面劳动合同。

【知识链接】

国务院《劳动合同法实施条例》（2008 年 9 月 18 日）

第九条　劳动合同法第十四条第二款规定的连续工作满 10 年的起始时间，应当自用人单位用工之日起计算，包括劳动合同法施行前的工作年限。

《最高人民法院关于审理劳动争议案件适用法律问题的解释（一）》

（法释［2020］26号）

第三十四条　劳动合同期满后，劳动者仍在原用人单位工作，原用人单位未表示异议的，视为双方同意以原条件继续履行劳动合同。一方提出终止劳动关系的，人民法院应予支持。

根据劳动合同法第十四条规定，用人单位应当与劳动者签订无固定期限劳动合同而未签订的，人民法院可以视为双方之间存在无固定期限劳动合同关系，并以原劳动合同确定双方的权利义务关系。

二、未签订劳动合同的后果

（一）用人单位不签订劳动合同的法律后果

（1）用人单位自用工之日起超过 1 个月不满 1 年不与劳动者签订劳动合同的法律后果。

从用工之日起满 1 个月的次日开始，用人单位向劳动者每月支付两倍工资，支付到书面劳动合同订立的前一日；同时，用人单位应与劳动者补签劳动合同，如图 3.1 所示。

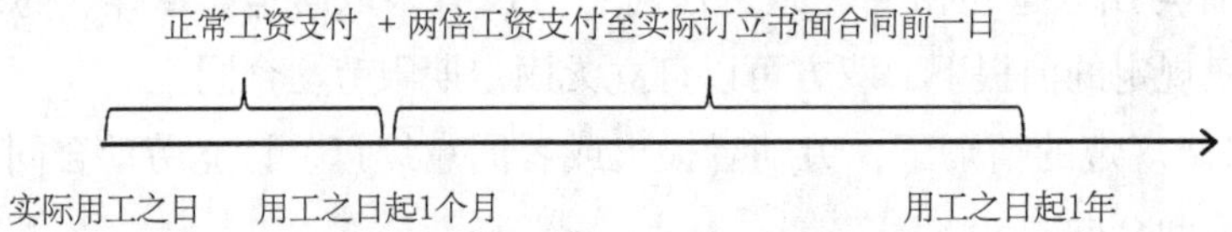

图3.1　超过一个月到一年内不签劳动合同后果

（2）用人单位自用工之日起满 1 年未与劳动者签订劳动合同的法律后果。

自劳动者用工之日起满 1 个月的次日起，用人单位向劳动者每月支付两倍工资，双倍工资支付到满 1 年的前一日；自用工之日起满 1 年，视为用人单位与劳动者订立无固定期限劳动合同，如图 3.2 所示。

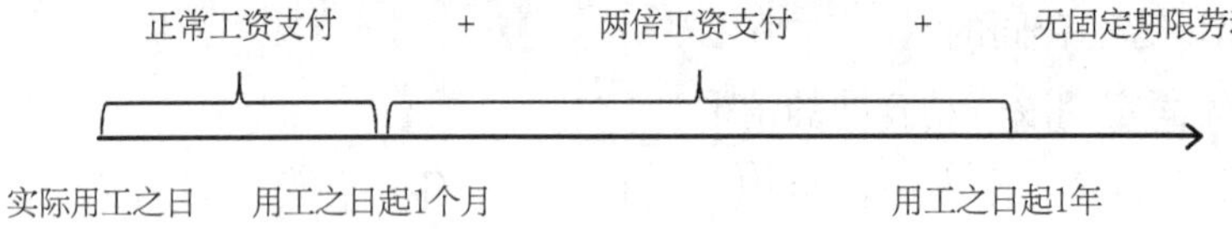

图3.2　满一年不签劳动合同后果

（二）劳动者不与用人单位签订劳动合同

劳动者自用工之日起 1 个月内，用人单位书面通知劳动者签订书面劳动合同，劳动者不愿签订的，用人单位应书面通知劳动者终止劳动关系，且无须向劳动者支付终止劳动关系的经济补偿金，但应依法向劳动者支付实际工作时间的劳动报酬。

用人单位自用工之日起超过 1 个月不满 1 年通知劳动者补订书面劳动合同，劳动者不愿与用人单位签订劳动合同的，用人单位则应当书面通知劳动者终止劳动关系，并根据劳动者实际工作时间支付经济补偿金。

三、劳动合同的法律效力

（一）劳动合同的生效

1. 劳动合同的成立与生效

《劳动合同法》第十六条第一款规定：“劳动合同由用人单位与劳动者协商一致，并经用人单位与劳动者在劳动合同文本上签字或者盖章生效。”此项规定的仅是一般情形，劳动合同的成立即生效。在特殊情况下，劳动合同的成立与生效两者并不等同。例如，用人单位和劳动者合意约定合同的生效时间或者条件，即附期限和附条件生效合同，只有在所附期限届至或者所附条件成就时，劳动合同才生效。

2. 用人单位有义务将劳动合同文本提供给劳动者

《劳动合同法》第十六条第二款规定：“劳动合同文本由用人单位和劳动者各执一份。”在实践中仍存在劳动者并未拿到劳动合同文本，劳动者往往也不敢向用人单位提出请求。一旦发生劳动争议，劳动者往往在仲裁和诉讼过程中举证方面遭受不利。出于对劳动者的权益保护，《劳动合同法》第八十一条规定：“用人单位提供的劳动合同文本未载明本法规定的劳动合同必备条款或者用人单位未将劳动合同文本交付劳动者的，由劳动行政部门责令改正；给劳动者造成损害的，应当承担赔偿责任。”

（二）无效或者部分无效的劳动合同

有效的劳动合同应具备主体适格、意思表示真实、合同内容合法、订立程序合法等条件。无效的劳动合同是双方当事人签订成立而国家不予承认其法律效力，合同订立时起就不具有法律效力的劳动合同。无效的劳动合同可分为全部无效和部分无效。全部无效劳动合同，指它所确定的劳动关系予以消灭；部分无效的劳动合同，它所确立的劳动关系依旧存续，只是部分合同条款无效，其余部分仍然有效。

1. 无效劳动合同的种类

（1）违反法律、行政法规的劳动合同。此种情形主要是合同订立的主体、形式、内容违背了劳动合同的硬性规定。如劳动者与用人单位不具备法定资格、用人单位违反劳动保护规定、劳动者基本权利没有体现、用人单位违反妇女和未成年人特殊保护相关规定。

（2）以欺诈、胁迫的手段或者乘人之危，使对方在违背真实意思的情况下订立或者变更劳动合同的。欺诈，通常是当事人一方故意制造假象或者隐瞒事实真相，致使对方产生错误认识，与之签订劳动合同。例如，从事某种特殊作业的劳动者需要具备相关资格，但应聘劳动者没有相关资格，遂向用人单位提供了虚假的资格证书。胁迫，一方迫使另一方当事人处于危险的压力，使得对方放弃自我意思表示，被迫与其签订劳动合同。

（3）用人单位免除自己的法定责任、排除劳动者权利的。劳动合同的订立要求劳动者与用人单位都依法享有法律规定的权利与义务，若用人单位提供的劳动合同仅规定劳动者义务，一味地强调免除自身责任，该种情形也将导致合同无效。

2. 确认劳动合同无效的途径

依据《劳动法》第十八条第三款、《劳动合同法》第二十六条第二款规定，劳动合同的无效，由劳动人事争议仲裁委员会或者人民法院确认。

3. 劳动合同无效的处理

无效的劳动合同经劳动人事争议仲裁委员会或者人民法院确认为无效后，其法律效果一般是劳动合同自订立开始就没有法律约束力。劳动合同虽被确认无效，但仍然存在法律效果。劳动合同的订立与被确认无效之间有一个过程，自合同订立时至合同被确认无效时，合同无效的劳动者与用人单位之间应被认定为存在事实劳动关系。自合同被确认无效时起，双方当事人之间的事实劳动关系应予终止。

劳动合同被确认无效，但劳动者已付出劳动的，用人单位应当向劳动者支付劳动报酬。劳动报酬的数额，可参照本单位同期、同工种、同岗位的工资标准支付劳动报酬。依据《劳动合同法》第八十六条，致使劳动合同无效的一方给对方造成损害的，有过错的一方还应当承担赔偿责任。依据《劳动合同法》第三十八条第一款第五项的规定，用人单位以欺诈、胁迫的手段或者乘人之危，使对方在违背真实意思的情况下订立或者变更劳动合同，致使劳动合同无效的，劳动者可以解除劳动合同。同样《劳动合同法》第三十九条第五项的规定，劳动者以欺诈、胁迫的手段或者乘人之危，使对方在违背真实意思的情况下订立或者变更劳动合同，致使劳动合同无效的，用人单位也可以解除合同。

四、劳动合同与三方协议

三方协议是“全国普通高等学校毕业生就业协议书”的简称，它是明确毕业生、用人单位、学校三方在毕业生就业工作中的权利和义务的书面表现形式，能解决应届毕业生户籍、档案、保险、公积金等一系列相关问题，因此又称为就业协议。“高校毕业生就业协议书”一般由教育部或者各省、自治区、直辖市就业主管部门统一制表。作为学校列入派遣计划依据的“全国普通高等院校毕业生就业协议书”，由学校发给，毕业生签字，用人单位盖章，毕业生本人保存一份作为办理报到、接转行政和户口关系的依据，三方协议已经实现网签。网签三方协议与纸质三方协议都是三方协议的书面形式，具有同等法律效力。

三方协议与劳动合同都是与就业相关的，但有本质上的区别。

（1）主体不同。三方协议适用于应届毕业生与用人单位、学校三方之间，学校是三方协议的鉴证方或者签约方，三方协议对用人单位的性质没有规定，适用于任何单位；而劳动合同只适用于劳动者（含应届毕业生）与用人单位（不含公务员单位和比照实行公务员制度的组织和社会团体以及军队系统）之间，与学校无关。

（2）内容不同。三方协议的内容主要是毕业生如实介绍自身情况，并表示愿意到用人单位就业、用人单位表示愿意接受毕业生，学校同意推荐并列入就业方案，而不包括毕业生到用人单位报到后应该享有的全部劳动权利义务。劳动合同的内容涉及合同期限、工作内容和工作地点、工作时间和休息休假、劳动报酬、社会保险、劳动条件、劳动保护及职业危害防护等方方面面，劳动权利义务更为明确。

（3）性质不同。三方协议属于民事合同，劳动合同属于用人单位和劳动者确定劳动权利和义务的劳动合同。

（4）签订时间不同。三方协议是签订劳动合同的预备阶段。在毕业生到用人单位报到后，三方协议即告终止，此时用人单位会与其签订一份正式的劳动合同，其中约定了劳动者在单位的试用期限、服务期限、工资待遇及其他各项福利等事宜，合同签订之后，双方即正式确定了劳动关系。

（5）法律效力时间不同。三方协议中毕业生到用人单位报到后自动失效，劳动合同在建立和存续期间都有效力。

（6）适用法律不同。三方协议适用《民法典》及国家有关法律法规和其他相关政策规定，协议一经签订，各方应严格履行，任何一方要变动这个协议，需提前1个月取得另外两方的同意，否则按违约处理，纠纷处理适用《民事诉讼法》。劳动合同适用《劳动法》《劳动合同法》《劳动争议调解仲裁法》《民事诉讼法》等法律规范。

【自测题】

基本案情：张某2009年1月到一家空调销售公司从事空调安装工作，双方口头约定的工资标准为每月5 000元，因该销售公司未向张某支付2009年1—7月的工资，双方发生争议。2010年2月，张某向劳动人事争议仲裁委员会提出申请，要求公司支付7个月的工资以及赔偿张某损失。

问题：单位未与张某签订劳动合同，应承担什么法律后果？

【案例分析】

强某与某物业公司劳动争议纠纷一案[1]

强某于2017年5月进入某物业公司工作，双方未签订劳动合同。强某一开始的职务为主任助理，工资每月3 000元，2017年10月调岗为保安主管，工资每月2 500元。其后，该物业公司向强某等人提供《用工协议》，其载明对已达到国家规定退休年龄的人员，或者未达到规定退休年龄但已依法享受养老保险金、退休金的人员，不具备劳动法律关系的主体资格，现自愿返聘至该物业公司工作。协议还对返聘期限、工作内容、工作时间、聘用报酬、协议的终止和解除、经济补偿、赔偿等事项进行了约定。强某认为自己到该物业公司工作时尚未达到退休年龄，因此不属于离退休人员，故没有签订该协议。

[1] 本案例改编自江苏省常州市中级人民法院（2019）苏04民终1629号判决书。

强某申请仲裁，但仲裁机构未予受理。强某遂提起诉讼，请求该物业公司支付未签订劳动合同两倍工资36 000元。法院认为《用工协议》已具备了劳动合同应具备的主要条款，明确了劳动者应享有及遵守的劳动权利和义务，该协议对于劳动者年龄的记载，并不影响双方存在的劳动关系性质认定，也不影响劳动者按照双方真实的法律关系维护自身的合法权益。本案未签订书面劳动合同的原因，并非由于某物业公司故意不与强某签订，而是强某拒绝签订，遂驳回了强某的诉讼请求。

第二节　劳动合同的履行与变更

一、劳动合同的履行

劳动合同的履行是指劳动者与用人单位依据劳动法上的相关规定以及劳动合同的约定，履行其法定或者约定义务的法律行为，是当事人在履行劳动合同过程中应当遵守的基本准则。

（一）劳动合同履行的原则

1. 诚实信用原则

《民法典》第七条规定，民事主体从事民事活动，应当遵循诚信原则，秉持诚实，恪守承诺。诚实信用原则是指劳动者与用人单位在订立劳动合同和履行合同过程中，都应讲究信用、诚实无欺，以善意的方式履行劳动合同。

2. 全面履行原则

全面履行原则，又称为正确履行原则或者适当履行原则，是指劳动者与用人单位依据劳动法的规定以及劳动合同的约定，以适当、合乎规范的方式，全面、正确、实际地履行劳动合同的义务。该项原则主要有以下内容：（1）亲自履行。劳动合同的当事人通过自身行为，亲自实施劳动合同约定的内容，而不得由合同之外的第三人代为实施。（2）全面履行。劳动合同的内容是一个整体，条款与条款之间具有内在联系，劳动合同当事人须以适当的方式履行合同的全部条款和全部承担的任务，既要按照合同约定的标的及其种类、数量履行，又要按照劳动合同约定的时间、地点等方式履行。（3）实际履行。劳动合同当事人须实际的履行各自义务。

（二）用人单位与劳动者应当履行的义务

1. 用人单位应当履行的义务

一直以来，用人单位在劳动关系市场中通常占据有利地位，因此劳动法对用人单位一方设置了相应义务，以求缓和劳资矛盾，平衡劳动者与用人单位之间的权利与义务。用人单位应当履行的义务大致有下列内容：（1）给付劳动报酬义务。用人单位给付劳动报酬的义务与劳动者提供的劳动义务是相对应的，是劳动关系双方当事人劳动权利义务对应的体现。依据《劳动合同法》第三十条规定："用人单位应当按照劳动合同约定和国家规定，向劳动者及时足额支付劳动报酬。用人单位拖欠或者未足额支付劳动报酬的，劳动者可以依法向当地人民法院申请支付令，人民法院应当依法发出支付令。"用人单位在生产过程中应向劳动者支付报酬。此外，用人单位还负有按照相关规定为劳动者缴纳社会保险费和支付其他福利待遇的义务。（2）安全卫生保障义务。在劳动合同履行的过程中，用人单位负有安全卫生保障义务，这也是与劳动者享有获得劳动安全卫生保护权利相对应的义务之一。用人单位根据本单位情况为劳动者提供符合国家安全生产标准和劳动卫生条件标准的工作条件，与此同时，用人单位应向劳动者全面告知与劳动合同履行的事项。例如，劳动者生产作业场所和工作岗位中可能导致的生产安全事故或者职业病、生产安全事故和职业病防范措施等，都应全面、如实告知劳动者。（3）用人单位应当依法建立和完善规章制度，并保障劳动者享有劳动权利和履行劳动义务。若用人单位内部没有相应规章制度，劳动者的行为有法可依，但无章可循，进而致使用人单位内部管理混乱，因此制定合法合理的规章制度是用人单位治理的一剂良药。（4）加班问题。用人单位应严格执行劳动定额标准，不得强迫或者变相强迫劳动者加班。用人单位安排加班的，应按照国家相关规定向劳动者支付加班费。关于加班费问题，详见劳动报酬章节。

2. 劳动者应当履行的义务

《劳动法》第三条第二款规定，劳动者应当按照劳动合同约定完成劳动任务，提高职业技能，执行劳动安全卫生规程，遵守劳动纪律和职业道德。劳动者在履行劳动合同的过程中，在享受劳动法带来的权利时，也应按全面履行原则与诚实守信原则遵守相关义务。（1）提供劳动的义务。劳动关系建立之基本即劳动者向用人单位提供实际劳动，也是劳动者享受劳动权利的基础与前提。《劳动法》第三条第一款规定，劳动者享有平等就业和选择职业的权利、取得劳动报酬的权利、休息休假的权利、获得劳动安全卫生保护的权利、接受职业技能培训的权利、享受社会保险和福利的权利、提请劳动争议处理的权利以及法律规定的其他劳动权利。可见，劳动者享受权利的前提是建立在劳动者提供了相应劳动义务的基础上。此外，劳动者提供劳动也是建立在合法的基础之上，用人单位管理人员违章指挥、强令冒险作业的，劳动者也有权予以拒绝，且不视为违反劳动合同提供劳动的义务规定。（2）忠诚义务。忠实义务是诚实信用原则项下的一项内容。此项义务主要体现在劳动者在向用人单位提供劳动的过程中服从用人单位的管理，遵守单位内部的规章制度，不得从事有损于用人单位利益的行为。（3）保密义务。保密义务主要是针对接触到用人单位商业秘密的劳动者，应遵守职业规范与道德，不得泄露用人单位的商业秘密，损害其合法权益。此项义务，无论劳动关系是否存续，按照忠实义务的要求，都应保守秘密。

（三）其他情形下劳动合同的履行

1. 用人单位名称、法定代表人、主要负责人或者投资人的变更

《劳动合同法》第三十三条规定："用人单位变更名称、法定代表人、主要负责人或者投资人等事项，不影响劳动合同的履行。"在实践中存在某些用人单位因更换了名称或者法定代表人、主要负责人而拒绝履行合同，这是不合法的行为。用人单位的名称只是它存在的一种符号，用人单位名称改变，其单位内部人员结构、行政体制并未发生任何改动，这并不当然影响到合同的履行。对于主要投资人的更换，也不会因此改变该单位独立承担责任的性质。

2. 用人单位发生合并或者分立等情况

《劳动合同法》第三十四条规定："用人单位发生合并或者分立等情况，原劳动合同继续有效，劳动合同由承继其权利和义务的用人单位继续履行。"用人单位的合并一般分为两种情形：一种是两个或者两个以上的单位合并为新的一个用人单位；另一种是一个单位吞并另一个单位，被吞并一方其权利义务转入吞并一方。用人单位的分立也分为两种情形：一种是原用人单位设立新的用人单位；另一种是原用人单位分解成为两个以上用人单位。依据《最高人民法院关于审理劳动争议案件适用法律问题的解释（一）》（法释〔2020〕26号）第二十六条规定："用人单位与其它单位合并的，合并前发生的劳动争议，由合并后的单位为当事人；用人单位分立为若干单位的，其分立前发生的劳动争议，由分立后的实际用人单位为当事人。用人单位分立为若干单位后，具体承受劳动权利义务的单位不明确的，分立后的单位均为当事人。"因此，无论单位的合并还是分立皆不影响劳动合同的履行。

二、劳动合同的变更

劳动合同的变更是指劳动者与用人单位在劳动合同依法订立后，尚未履行或者尚未完全履行完毕之前，由于用人单位或者劳动者有关情况发生变化，经用人单位与劳动者协商一致，对劳动合同中约定的部分内容进行调整。无论是合同的订立还是合同的变更，均涉及对劳动合同权利义务，都应遵守公平、平等、自愿、协商一致、诚实守信的原则。

劳动合同变更的原因主要有3个原因：一是客观方面原因，是指劳动合同双方不能控制的客观情况发生变化，致使劳动合同无法履行而进行变更。例如，国家法律、法规和政策的修改，发生社会动乱，出现不可抗力等情形。二是用人单位方面原因，是指用

人单位自身经营发生变化致使劳动合同无法履行，而对劳动合同进行变更。例如，经营发生困难，企业迁移、资产重组等情形。三是劳动者方面原因，因劳动者个人情况发生变化致使劳动合同无法履行，而对劳动合同进行变更。例如，不能胜任工作的，因工负伤在痊愈后不能从事原有工作等情形。

劳动合同变更后，用人单位应及时与劳动者订立书面的变更协议。若用人单位未与劳动者以书面的形式对变更后的内容进行确认，即使双方对劳动合同的变更达成了一致，若发生争议，仍根据原有的劳动合同确定双方的权利义务。

【知识链接】

《民法典》

第六十七条　法人合并的，其权利和义务由合并后的法人享有和承担。

法人分立的，其权利和义务由分立后的法人享有连带债权，承担连带债务，但是债权人和债务人另有约定的除外。

《最高人民法院关于审理劳动争议案件适用法律问题的解释（一）》（法释〔2020〕26号）

第二十六条　用人单位与其它单位合并的，合并前发生的劳动争议，由合并后的单位为当事人；用人单位分立为若干单位的，其分立前发生的劳动争议，由分立后的实际用人单位为当事人。

用人单位分立为若干单位后，具体承受劳动权利义务的单位不明确的，分立后的单位均为当事人。

原劳动部《关于贯彻执行〈中华人民共和国劳动法〉若干问题的意见》的通知（1995年8月4日）

第二十八条　劳动者涉嫌违法犯罪被有关机关收容审查、拘留或者逮捕的，用人单位在劳动者被限制人身自由期间，可与其暂时停止劳动合同的履行。

暂时停止履行劳动合同期间，用人单位不承担劳动合同规定的相应义务。劳动者经证明被错误限制人身自由的，暂时停止履行劳动合同期间劳动者的损失，可由其依据《国家赔偿法》要求有关部门赔偿。

【自测题】

基本案情：2017年9月，猫眼电影公司和微影时代公司宣布合并，共同组建一家新公司“猫眼微影”。假设合并后，新公司认为原用人单位已发生变化，合同无法继续履行，因此要求在保留原猫眼电影公司员工工作岗位的前提下重新签订劳动合同，否则，将以不愿意签订劳动合同为由解除劳动关系。

问题：该公司以不愿意签订劳动合同为由解除劳动关系这一要求是否合法？为什么？

【案例分析】

林某与某陶瓷有限公司劳动争议纠纷一案[1]

林某于2015年受聘于A公司，并订立书面劳动合同。2016年10月，A公司被C公司全资收购，自此林某工资由C公司发放。因C公司未向林某支付工资以及缴纳社会保险费，林某于2018年6月离职，并向劳动人事争议仲裁委员会申请仲裁，后提起诉讼。

C公司在庭审中答辩称，C公司不是劳动关系的一方主体，因C公司收购了林某当时所在的A公司，C公司无义务向林某支付工资，两个公司法人虽一样，但是独立的两个公司，C公司仅是代A公司向林某发工资。一审法院认为，林某之前与A公司之间建立了劳动关系，依据《劳动合同法》第三十三条之规定："用人单位变更名称、法定代表人、主要负责人或者投资人等事项，不影响劳动合同的履行。"林某与A公司签订的劳动合同均是基于当事人平等自愿、协商一致的基础上订立的，合法有效，A公司的变更，不影响劳动合同继续履行。C公司的答辩无证据支持，其意见不予采纳。

第三节　劳动合同的解除与终止

一、劳动合同的解除

劳动合同的解除是指劳动者与用人单位依法提前终结劳动合同的法律效力，即由于一定法律事实的出现致使劳动者与用人单位原有的权利与义务提前消灭的法律行为。劳动合同的解除，按劳动合同解除主体划分，可分为协商解除、劳动者单方解除、用人单位单方解除。

（一）协商解除劳动合同

《劳动合同法》第三十六条规定，用人单位与劳动者协商一致，可以解除劳动合同。协商解除劳动合同是劳动合同双方当事人基于平等、自愿原则在合同订立生效后、尚未全部履行完毕之前就劳动关系的提前终结达成一致的行为。劳动合同的协商解除，劳动者与用人单位皆可以提出。若解除劳动合同是由劳动者提出，用人单位无须向劳动

[1] 本案例改编自陕西省铜川市中级人民法院（2019）陕02民终389号判决书。

者支付经济补偿金；若解除劳动合同是由用人单位先提出，则用人单位应按照法律规定向劳动者支付经济补偿金。劳动合同解除后，未履行的部分不再履行，且对当事人不再发生效力。

（二）劳动者单方解除劳动合同

相较于用人单位单方解除劳动合同，立法上对劳动者的合同解除权给予了较大的空间。

1. 劳动者预告解除

劳动者预告解除是指劳动者在合同订立生效后、尚未全部履行完毕前，提前以其个人意志不受用人单位制约，并决定提前告知用人单位单方解除劳动合同的一项程序性义务行为。按照法律规定，劳动者辞职只需要提前 30 日以书面形式通知用人单位，劳动合同随即解除。试用期期间，劳动者只需提前 3 日以书面或者口头方式通知用人单位，劳动合同即可解除。试用期内，劳动者与用人单位之间的劳动关系处于非正式状态，劳动者对是否建立劳动关系依然仍然有选择权。劳动者提前通知解除劳动合同，是劳动者的一项法定权利，用人单位不能随意剥夺。实践中我们需注意的是，用人单位为防止劳动者途中“跳槽”，在与劳动者订立劳动合同时，约定交纳押金或者支付赔偿金，以此排除限制劳动者的解除权，此类行为属于违反法律法规的体现。

2. 劳动者即时解除

劳动者即时解除劳动合同，即用人单位的过错导致劳动合同解除。但该“过错”具有法定性，仅指存在法律规定的事由，劳动者才享有不受预告解除限制的权利。依据《劳动合同法》第三十八条第一款规定与《劳动合同法实施条例》第十八条规定，用人单位存在以下情形的，劳动者可解除合同：（1）用人单位未按照劳动合同约定提供劳动保护或者劳动条件的。（2）用人单位未及时足额支付劳动报酬的。（3）用人单位未依法为劳动者缴纳社会保险费的。（4）用人单位的规章制度违反法律、法规的规定，损害劳动者权益的。（5）用人单位以欺诈、胁迫的手段或者乘人之危，使劳动者在违背真实意思的情况下订立或者变更劳动合同；或者用人单位在劳动合同中免除自己的法定责任、排除劳动者权利；或者用人单位违反法律、行政法规强制性规定。用人单位存在上述情形之一，劳动者可随时解除劳动合同，虽然不受提前 30 日书面告知用人单位的程序性义务，但还是应告知用人单位。

《劳动合同法》第三十八条第二款规定，用人单位存在以下法定情形的，劳动者即不受预告解除时间的限制，告知义务也不必履行，即可随时解除劳动合同。（1）用人单位以暴力、威胁或者非法限制人身自由的手段强迫劳动者劳动的。（2）用人单位违章指挥、强令冒险作业危及劳动者人身安全的。

（三）用人单位单方解除劳动合同

用人单位单方解除合同相较于劳动者单方解除合同，立法上对用人单位施以了较大的限制，以此保护弱势劳动者群体。因此，用人单位单方解除劳动合同应遵守相应规定，反之则将承担相应法律责任。

1. 用人单位预告解除

用人单位预告解除劳动合同，即在劳动者不存在过错的情形下，用人单位经履行法定程序后与劳动者解除劳动合同的行为。用人单位预告解除应同时满足以下 3 项要求。第一项要求，是指依据《劳动合同法》第四十条规定，符合下列法定情形的，用人单位可预告解除：（1）劳动者患病或者非因工负伤，在规定的医疗期满后不能从事原工作，也不能从事由用人单位另行安排的工作的。需要注意的是，劳动者患的并非是职业病，负伤仅指的是非因工负伤。（2）劳动者不能胜任工作，经过培训或者调整工作岗位，仍不能胜任工作的。（3）劳动合同订立时所依据的客观情况发生重大变化，致使劳动合同无法履行，经用人单位与劳动者协商，未能就变更劳动合同内容达成协议的。第二项要求，是指即使劳动者存在上述情形，用人单位也应尽到优先为劳动者调整岗位或者变更劳动合同其他内容的义务，劳动者仍无法履行劳动合同时，用人单位才能行使此项权利。第三项要求，是指用人单位应提前 30 日书面告知劳动者，或者额外支付劳动者一个月工资代替提前告知程序，在我国香港特别行政区和台湾地区，也称解除劳动合同代通知金。

2. 用人单位即时解除

用人单位即时解除，也称过失性解除，指劳动者经试用不合格或者存在法定过错情形时，用人单位不必行使提前 30 日通知程序义务，即可解除劳动合同。依据《劳动合同法》第三十九条规定，劳动者有以下情形的，用人单位可解除劳动合同：（1）在试用期间被证明不符合录用条件的。（2）严重违反用人单位的规章制度的。（3）严重失职，营私舞弊，给用人单位造成重大损害的。（4）劳动者同时与其他用人单位建立劳动关系，对完成本单位的工作任务造成严重影响，或者经用人单位提出，拒不改正的。（5）劳动者以欺诈、胁迫的手段或者乘人之危，使用人单位在违背真实意思的情况下订立或者变更劳动合同致使劳动合同无效的。（6）被依法追究刑事责任的。

3. 经济性裁员

经济性裁员是指用人单位因客观情况的发生，需要裁减人员 20 人以上或者裁减不足 20 人但占企业职工总数 10% 以上的，一次性与其解除劳动合同的行为。为保护劳动者的合法权益，法律对经济性裁员进行严格控制，只有法律规定的情形下，才可进行经济性裁员。依据《劳动合同法》第四十一条规定，用人单位符合下列情形之一的可选择裁员：（1）依照企业破产法规定进行重整的。（2）生产经营发生严重困难的。（3）企业转产、重大技术革新或者经营方式调整，经变更劳动合同后，仍需裁减人员的。（4）其他因劳动合同订立时所依据的客观经济情况发生重大变化，致使劳动合同无法履行的。

用人单位一次性解除多名劳动者将涉及劳动者的合法权益与社会稳定，因此，法律对经济性裁员的条件、程序均作出了严格的限制。（1）程序性限制。为维护劳动者的合法权益，用人单位进行裁减人员前，应提前 30 日向工会或者全体职工说明情况、提出方案、听取意见，并听取工会或者职工的意见后，裁减人员方案经向劳动行政部门报告，方可裁减人员。（2）支付经济补偿金。经济性裁员并非是由于劳动者过错造成的，故裁减人员后必会对劳动者的生活造成影响，故用人单位应向劳动者支付经济补偿金。（3）优先留用的人员。依据法律规定，用人单位在裁员时，应当优先留用与单位订立较长期限的固定期限劳动合同、无固定期限劳动合同的劳动者，以及家庭无其他就业人员，有需要抚养的老人或者未成年人的劳动者。（4）优先录用的情形。裁员后，用人单位若在 6 个月内重新招用人员的，应通知被裁减的人员，并在同等条件下优先招用被裁减的人员。

4. 用人单位单方解除劳动合同的禁止性条件

用人单位可依照法律规定的情形行使单方解除权，但在某些条件下，出于对劳动者权益的保护，用人单位的单方解除权被明令禁止。《劳动法》《劳动合同法》规定用人单位单方解除合同禁止性条件的范围，仅适用于用人单位预告解除和经济性裁员。若存在即时解除的情形，用人单位不受禁止性条件的约束。

劳动者有下列情形之一的，用人单位不得依照《劳动合同法》第四十条、第四十一条的规定解除劳动合同。（1）从事接触职业病危害作业的劳动者未进行离岗前职业健康检查，或者疑似职业病病人在诊断或者医学观察期间的。（2）在本单位患职业病或者因工负伤并被确认丧失或者部分丧失劳动能力的。（3）患病或者非因工负伤，在规定的医疗期内的。（4）女职工在孕期、产期、哺乳期的。（5）在本单位连续工作满 15 年，且距法定退休年龄不足 5 年的。（6）法律、行政法规规定的其他情形。

二、劳动合同的终止

（一）劳动合同终止的法定情形

与提前结束劳动关系的劳动合同解除不同的是，劳动合同的终止是指劳动合同的法律效力因劳动合同期限届满或者其他法定事由的出现导致消灭或者结束，劳动者与用人单位之间原有的权利与义务也归于消灭。但劳动合同终止之前因劳动合同履行产生的权利义务仍受到保护。

依据《劳动合同法》第四十四条规定，劳动合同终止的情形大体上可分为两大类：一是因劳动合同期限届满；二是劳动合同主体资格不复存在的缘故。劳动合同期限届满是指定期劳动合同约定的期限届满或者以完成一定工作任务为期限的劳动合同所约定的任务已完成的情形。因劳动合同主体资格原因导致劳动合同终止，主要有以下几种情形：（1）劳动者开始依法享受基本养老保险待遇的。享受基本养老保险待遇是指劳动者达到退休年龄，并依法享受养老保险待遇。关于是否能够享受养老保险待遇的问题，劳动者除了须达到退休年龄外，还要符合养老保险缴费年限的规定，而实践中劳动者虽达到了法定退休年龄，但因缴费年限或者其他原因无法享受待遇。因此，为防止因劳动合同终止发生劳动争议，依据《劳动合同法实施条例》第二十一条规定，劳动者只要达到法定退休年龄的，劳动合同即终止。（2）劳动者死亡，或者被法院宣告死亡或者宣告失踪的。此时，劳动者客观上已不存在，且不能履行劳动义务，劳动关系已无存在的必要。（3）用人单位被宣告破产的。（4）用人单位被吊销营业执照、责令关闭、撤销或者用人单位决定提前解散的。

（二）劳动合同的逾期终止

劳动合同的逾期终止是法律出于对特殊劳动者群体的保护，遂规定劳动合同期限虽届满但因法定事由的出现，致使劳动合同延续至相应情形消失才能终止的情形。

依据法律规定劳动合同的逾期终止应符合以下几种情形：（1）从事接触职业病危害作业的劳动者未进行离岗前职业健康检查，或者疑似职业病病人在诊断或者医学观察期间的。（2）在本单位患职业病或者因工负伤并被确认丧失或者部分丧失劳动能力的。职工因工致残被鉴定为1至6级的，除劳动者死亡，或者已办理退休手续或者存在《劳动合同法》第三十九条规定的情形之外，用人单位应当与劳动者保留劳动关系。（3）患病或者非因工负伤，在规定的医疗期内的。（4）女职工在孕期、产期、哺乳期的。依据劳动部关于印发《关于贯彻执行〈中华人民共和国劳动法〉若干问题的意见》第三十四条规定，劳动者在医疗期、孕期、哺乳期内，劳动合同期限届满时，用人单位不得终止劳动合同。劳动合同期限应自动延续至医疗期、孕期、哺乳期期满为之。（5）在单位连续工作满15年，且距法定退休年龄不足5年的。（6）其他情形。

【知识链接】

《工会法》（2009年8月27日）

第十八条　基层工会专职主席、副主席或者委员自任职之日起，其劳动合同期限自动延长，延长期限相当于其任职期间；非专职主席、副主席或者委员自任职之日起，其尚未履行的劳动合同期限短于任期的，劳动合同期限自动延长至任期期满。但是，任职期间个人严重过失或者达到法定退休年龄的除外。

原劳动和社会保障部《集体合同规定》（2004年1月20日）

第二十八条第一款　职工一方协商代表在其履行协商代表职责期间劳动合同期满的，劳动合同期限自动延长至完成履行协商代表职责之时。

【自测题】

基本案情：王女士于2015年4月到甲公司工作，双方签订劳动合同约定合同期限为 3 年。2017 年 1 月，王女士确认怀孕，无故旷工两个月。其间甲公司多次通知王女士上班未果，到 2017 年 4 月，甲公司以王女士严重违反了甲公司规章制度为由，拟解除劳动合同。

问题：甲公司可否据此与王女士解除劳动合同？为什么？

【案例分析】

张某与 A 厂、B 公司确认劳动关系一案[1]

2002 年 9 月，张某被 A 厂录用从事染织整理工作，2004 年 5 月 A 厂改制，张某身份关系转入 B 公司。2005 年 3 月，B 公司安排张某回家待岗至今。张某提交了企业养老保险参保证明、工作证，证实自己在 2004 年 5 月前在 A 厂参加工作。2019 年 11 月，张某以 B 公司破产管理人作为代表人为被申请人向该区劳动人事争议仲裁委员会提出申请，要求依法确认张某与 B 公司之间存在劳动关系。但因 B 公司进入破产程序，该仲裁委员会决定不予受理张某的仲裁申请。2018 年 6 月，法院宣告 B 公司破产。

法院认为，依据《劳动合同法》第七条规定："用人单位自用工之日起即与劳动者建立劳动关系。"张某自 2002 年 9 月入职 A 厂工作，后经改制，身份关系转入 B 公司，2005 年 5 月 B 公司安排张某回家待岗。用人单位被依法宣告破产的，劳动合同终止。本案 B 公司于 2018 年 6 月被宣告破产，故张某与 B 公司之间的劳动合同关系，应自张某进入 B 公司，即 2004 年 5 月开始至 2018 年 6 月 B 公司被宣告破产之日期间存在劳动合同关系，2018 年 6 月 28 日后劳动关系终止。故张某与 A 厂自 2002 年 9 月至 2004 年 5 月期间存在劳动合同关系；与 B 公司自 2004 年 5 月至 2018 年 6 月期间存在劳动合同关系。

第四节　经济补偿金、赔偿金

一、经济补偿金

（一）经济补偿金的适用范围

经济补偿金，也称遣散费、解雇赔偿、资遣费等，是劳动合同依法被解除或者终止时，用人单位一次性向劳动者支付一定数额的金钱。经济补偿金具有法定性与强制性，

[1] 本案例改编自山东省枣庄市市中区人民法院（2019）鲁 0402 民初 6126 号判决书。

只有在法律明确规定的用人单位向劳动者支付经济补偿金的情形出现时，用人单位才应向劳动者支付补偿金额。当用人单位没有履行该义务时，劳动者可通过司法途径保障自身合法权益。

当出现以下情形时，用人单位应当向劳动者支付经济补偿金：（1）劳动者“即时解除劳动合同”的情形。即用人单位存在《劳动合同法》第三十八条规定之情形，具体情形参见本章第三节劳动合同的解除与终止。（2）针对双方当事人协商一致解除合同的情形，其判断是否支付经济补偿金的标准在于由谁首先提出解除合同。若由用人单位率先提出解除劳动合同，用人单位则须向劳动者支付经济补偿金。但由劳动者提出解除劳动合同，用人单位则无须支付。（3）用人单位“预告解除劳动合同”的情形，即用人单位存在《劳动合同法》第四十条规定的情形，具体情形参见本章第三节劳动合同的解除与终止。（4）用人单位经济性裁员的情形。（5）除用人单位维持或者提高劳动合同约定条件续订劳动合同，劳动者不同意续订的情形外，因劳动合同期限届满导致终止固定期限劳动合同的。此种情形下，劳动期限届满后，用人单位同意续签劳动合同的，并且维持或者提高原劳动合同约定的条件，但劳动者不愿续签的，劳动合同终止，用人单位不必向其支付经济补偿金；若用人单位同意续签劳动合同，但同时提出降低原劳动合同约定的条件，劳动者不愿续签的，劳动合同终止，用人单位应当向其支付经济补偿金。若用人单位不同意续签，无论劳动者是否同意续签，劳动合同终止，用人单位应当向其支付经济补偿金。（6）用人单位被依法宣告破产、吊销营业执照、责令关闭、撤销或者用人单位决定提前解散，导致劳动合同终止的。（7）法律、行政法规规定的其他情形。例如，《劳动合同法实施条例》第二十二条规定，以完成一定工作任务为期限的劳动合同因任务完成而终止的，用人单位应当依照劳动合同法第四十七条的规定向劳动者支付经济补偿。依据《最高人民法院关于审理劳动争议案件适用法律问题的解释（一）》第四十八条规定，劳动合同法施行后，因用人单位经营期限届满不再继续经营导致劳动合同不能继续履行，劳动者请求用人单位支付经济补偿的，人民法院应予支持。

还需注意的是，依据《劳动合同法实施条例》第二十三条，用人单位依法终止工伤职工的劳动合同的，除依照劳动合同法第四十七条的规定向劳动者支付经济补偿外，还应当依照国家有关工伤保险的规定支付一次性工伤医疗补助金和伤残就业补助金。因此，就工伤职工而言，经济补偿金不得与一次性伤残就业补助金和一次性工伤医疗补助金相抵扣。

（二）经济补偿金的计算标准

依据相关法律规定，经济补偿应按劳动者在用人单位工作的年限计算：（1）每满1年支付1个月工资的标准向劳动者支付。（2）6个月以上不满1年的，按1年计算。（3）不满6个月的，向劳动者支付半个月工资的经济补偿。除高收入劳动者外，一般劳动者的经济补偿金 = 工作年限 × 月工资。

针对高收入劳动者的经济补偿金问题。第一，明确何为高收入劳动者，法律规定高收入劳动者是月工资高于用人单位所在直辖市、设区的市级人民政府公布的本地区上年度职工月平均工资 3 倍的高收入劳动者。第二，对于此类高收入劳动者的经济补偿，法律在工作年限和工资基数作出了以下限制：（1）工资基数上的限制。按用人单位所在直辖市、设区的市级人民政府公布的本地区上年度职工月平均工资 3 倍的数额向劳动者支付。（2）工作年限上的限制。用人单位向其支付经济补偿的年限最高不超过 12 年。简言之，高收入劳动者经济补偿 = 工作年限（1 年＜工作年限≤ 12 年，工作年限＞ 12 年的按 12 年计算）× 用人单位所在直辖市、设区的市级人民政府公布的本地区上年度月平均工资的 3 倍。

经济补偿金是由劳动者的工资收入以及工作年限构成的。因此，在熟悉上述经济补偿金的计算公式时，需注意计算劳动者工资与工作年限的问题。

1. 关于月工资计算的标准问题

法律规定的月工资是指劳动者在劳动合同解除或者终止前 12 个月的平均工资。这里的工资包括计时工资或者计件工资、奖金、津贴和补贴等货币性收入，并不包括按个人应缴纳的各种税费。此外，用人单位向劳动者支付的加班加点工资也属于工资的组成部分。劳动者在劳动合同解除或者终止前 12 个月的平均工资低于当地最低工资标准的，按照当地最低工资标准计算。工作不满 12 个月的，平均工资则按实际工作的月数计算。

2. 关于工作年限计算的问题

劳动者的工作年限应当自到用人单位用工之日起计算，而并非自劳动合同订立之日起计算。但在实践中须注意以下计算工作年限的情形：（1）由于实践中劳动者连续与同一用人单位提供劳动，但先后签订数份合同此时工作年限也应以劳动者向用人单位提供劳动之日起连续计算。（2）劳动者非因本人原因从原用人单位被安排到新用人单位工作，劳动者在原用人单位的工作年限合并计算为新用人单位的工作年限。原用人单位已经向劳动者支付经济补偿的，新用人单位在依法解除、终止劳动合同计算支付经济补偿的工作年限时，不再计算劳动者在原用人单位的工作年限。还需要的注意的是，“劳动者非因本人原因从原用人单位被安排到新用人单位工作”的情形主要是指劳动者仍在原工作场所、工作岗位工作，劳动合同主体由原用人单位变更为新用人单位；用人单位以组织委派或者任命形式对劳动者进行工作调动；因用人单位合并、分立等原因导致劳动者工作调动；用人单位及其关联企业与劳动者轮流订立劳动合同等其他情形。

二、赔偿金

（一）赔偿金的适用范围

赔偿金是由于用人单位违反法律规定解除或者终止劳动合同而对劳动者造成经济损

失的惩罚金。与经济补偿金不同的是，赔偿金兼有补偿性与惩罚性，是因用人单位的过错导致的，因此，惩罚金的适用范围主要有以下两项：

1. 用人单位违法解除劳动合同

用人单位违法解除劳动合同主要是在法律明确规定不得解除劳动合同的情形下，用人单位解除劳动合同的，用人单位应当向劳动者支付赔偿金。这主要依据《劳动合同法》第四十二条规定：（1）从事接触职业病危害作业的劳动者未进行离岗前职业健康检查，或者疑似职业病病人在诊断或者医学观察期间的。（2）在本单位患职业病或者因工负伤并被确认丧失或者部分丧失劳动能力的。（3）患病或者非因工负伤，在规定的医疗期内的。（4）女职工在孕期、产期、哺乳期的。（5）在本单位连续工作满15年，且距法定退休年龄不足5年的。（6）法律、行政法规规定的其他情形。若具备上述情形，劳动者可要求用人单位继续履行合同，用人单位不得拒绝应当继续履行；但劳动者不要求继续履行劳动合同或者由于客观条件劳动合同不能继续履行的，用人单位应当向劳动者支付赔偿金。

2. 用人单位解除劳动合同程序违法

《劳动合同法》第四十条规定，用人单位存在法定情形的，应当提前30日以书面形式通知劳动者本人或者额外支付劳动者1个月工资后，才可解除劳动合同。若用人单位未提前30日以书面形式通知劳动者或者未额外支付劳动者1个月工资的，属于解除劳动合同程序违法的情形。此外，工会在用人单位单方解除劳动合同中也起着监督作用，用人单位若单方解除合同也应当事先将理由通知工会，工会认为用人单位违反法律、行政规定或者合同约定的，有权要求用人单位纠正。用人单位未向工会告知的也属于用人单位解除合同程序违法的情形。

（二）赔偿金的计算标准

依据相关法律规定，用人单位违反规定解除或者终止劳动合同的，应当向劳动者支付赔偿金。其计算标准可表述为：赔偿金 = 经济补偿金 ×2。但用人单位已经向劳动者支付了赔偿金的，则不再支付经济补偿金。

【知识链接】

《最高人民法院关于审理劳动争议案件适用法律问题的解释（一）》
（法释［2020］26号）

第四十五条　用人单位有下列情形之一，迫使劳动者提出解除劳动合同的，用人单位应当支付劳动者的劳动报酬和经济补偿，并可支付赔偿金：

（一）以暴力、威胁或者非法限制人身自由的手段强迫劳动的；

（二）未按照劳动合同约定支付劳动报酬或者提供劳动条件的；

（三）克扣或者无故拖欠劳动者工资的；

（四）拒不支付劳动者延长工作时间工资报酬的；

（五）低于当地最低工资标准支付劳动者工资的。

【自测题】

基本案情：2013 年 1 月，李某到某公司从事技术性工作，2014 年 8 月至 2015 年 8 月期间的平均工资为 5000 元。后李某因个人身体原因不能胜任原有工作，经过调整工作岗位，仍不能胜任。无奈之下 2015 年 8 月 1 日某公司将李某辞退。李某不服，向该县劳动人事争议仲裁委员会申请仲裁。

问题：（1）李某能否主张经济补偿金？

（2）若能主张，李某可得到多少经济补偿金？

【案例分析】

路某与郑州某管理有限公司劳动争议一案[1]

2019 年 6 月 29 日，路某入职某管理公司，担任私人教练一职，工资构成为底薪＋提成，底薪为 2 000 元 / 月、提成根据售课及售卡金额按照公司规定计算，未签订书面劳动合同。2019 年 11 月，因该公司停止经营，路某离职。路某在职期间，该公司对于 2019 年 8 月、9 月的底薪及提成 5 217 元未发放。2019 年 11 月，路某向当地劳动争议仲裁委申请劳动仲裁，仲裁委未予受理。路某遂诉至法院，要求该公司支付拖欠工资 5217 元和经济补偿金 2 000 元，以及未签订书面劳动合同的双倍工资差额 4 000 元。

法院认为，当事人对于自己提出的诉讼请求所依据的事实或者反驳对方诉讼请求所依据的事实有责任提供证据加以证明。没有证据或者证据不足以证明当事人的事实主张的，由负有举证责任的当事人承担不利后果。作为用人单位，应当对双方劳动关系的存续期间、原告的劳动报酬标准及支付情况负举证责任。现被告公司未出庭应诉和提供证据证明路某工资的实际领取情况，使路某的实际工资标准无法得以查明，该公司应为此承担不利的法律后果，法院故认定路某底薪以及部分提成 5 217 元未发放的事实。因该公司拖欠工资，路某提出解除劳动关系，路某在职期间不足 6 个月，该公司应按照 2 000 元 / 月支付半个月的工资 1 000 元作为经济补偿。双方自 2019 年 6 月 29 日建立劳动关系，直到路某离职时（2019 年 11 月 6 日）一直未签订劳动合同，依据《劳动合同法》第八十二条之规定，该公司应向路某支付其在职期间未签订书面劳动合同的两倍工资差额 4 000 元（2 000 元 / 月 ×2）。

[1] 本案例改编自河南省郑州高新技术产业开发区人民法院（2019）豫 0191 民初 34090 号判决书。

第五节 商业秘密和竞业限制

一、商业秘密

《中华人民共和国反不正当竞争法》第九条第四款规定："本法所称的商业秘密，是指不为公众所知悉、具有商业价值并经权利人采取相应保密措施的技术信息、经营信息等商业信息。"商业秘密作为一种特殊的知识产权客体，是一种无形的财产，受到法律的严格保护。

商业秘密应具备以下 3 项特征：第一，秘密性。商业秘密的核心构成即该信息具有秘密性，不为公众所知悉。不为公众所知悉是指权利人的相关信息不为社会上不特定的多数人知晓，无法通过公共资源和渠道，利用正常手段获取相关信息。第二，价值性。商业秘密能为权利人带来经济利益，若该商业秘密不具有经济上的价值，法律对其保护也无意义。第三，保密性。保密性是指权利人设置了一定的保密措施对商业秘密进行保护，例如，用人单位与劳动者签订保密协议，对涉密信息采用密码或者代码等。

商业秘密的类型具有技术信息和经营信息两种形态。技术信息是指在生产经营过程中，用人单位经过研究发展所形成的技术诀窍、技术方案等经验知识。包含但不限于制造技术、生产工艺、生产配方、设计图纸、计算机程序等。经营信息主要是有关用人单位用于经营、管理等能为权利人带来竞争优势的信息。例如，客户信息、营销计划、流通渠道等信息。

二、竞业限制

竞业限制是为防止商业秘密在同行业间遭到泄露的风险，用人单位与劳动者约定在解除、终止劳动合同后一定期限内，不得到与单位生产或者经营同类产品、从事同类业务的有竞争关系的其他用人单位任职的限制性规定。但要全面认识、了解竞业限制，则需从以下几点掌握：

（一）竞业限制属于约定事项，不属于法定必备事项

竞业限制是用人单位与劳动者约定的事项之一。用人单位与劳动者以自愿协商的方式通过订立劳动合同或者竞业限制协议对涉及竞业限制的范围、地域、期限、经济补偿数额、违约金等作出约定。劳动者违反竞业限制约定，不仅要向用人单位支付违约金，而且用人单位还可以要求劳动者按照约定继续履行竞业限制义务。若用人单位与劳动者没有约定有关竞业限制的义务，则劳动者不必受该规定的约束。竞业限制虽属于双方约定内容，但也并不意味着双方可逾越法律规定之外的内容进行约定，故竞业限制的约定

不得违反法律、行政法规的规定。

（二）竞业限制的适用人员具有特定性

竞业限制的约定对劳动者具有一定的约束作用，但此种约束并非针对所有劳动者。在竞业限制的约定下，用人单位应向劳动者支付较为高昂的费用，因此，适用竞业限制的人员具有特定性。依据相关法律规定，适用竞业限制的人员主要限于以下 3 类：（1）单位内部的高级管理人员。例如，董事长、总经理、CEO 等。（2）高级技术人员。例如，高级研发人员、高级工程师等。（3）其他负有保密义务的人员。

（三）竞业限制与竞业禁止既有联系也有区别

竞业限制起源于公司法中的董事、经理竞业禁止制度。竞业禁止是公司法、企业法规定的公司、企业高级管理人员，如董事、经理、合伙人或者管理人等不得自营或者与他人合作经营与其所任职的公司同类的业务。竞业禁止目的是为防止董事、经理、合伙人或者管理人等利用其特殊地位损害公司利益。我国公司法第一百四十八条第五项、个人合伙企业法第三十二条和个人独资企业法第二十条第六项都规定了公司、企业高级管理人员的竞业禁止义务。

竞业限制和竞业禁止虽有着密切联系，但二者在实质上还是有较大区别。主要区别有：

1. 性质不同

前者是约定义务，只以约定为前提，如事先无约定，择业就不受限制；后者是法定义务，已有法律明文规定在先，只要是公司法、企业法规定的公司、企业高级管理人员，就必须履行竞业禁止的义务。

2. 主体不同

前者是公司、企业的员工都可以成为竞业限制的对象，其中包括董事、经理，部门经理等；后者是公司法、企业法规定的公司、企业高级管理人员，而普通员工无需承担义务。

3. 时间不同

前者是与原单位解除劳动关系以后的若干时间；后者是公司、企业高级管理人员任职期间。

4. 责任不同

前者可能是违约责任，也可能是违约责任与侵权责任的竞合；后者是侵权责任。

（四）竞业限制具有时限性

竞业限制的期限不是永久性的，其期限也有一个终止点。考虑到过长时间的竞业限制会造成对劳动者的不公，依据相关法律规定，竞业限制的期限一般不得超过 2 年。反之，双方当事人就适用期限的约定超过 2 年，也会因超过部分违反法律强制规定而归于无效。

（五）竞业限制具有补偿性

竞业限制的目的是保护用人单位的商业秘密，在一定程度上限制了劳动者的择业权。为平衡劳动者与用人单位的利益，法律规定劳动者在受到竞业限制的约束下，用人单位应向劳动者支付相应的金钱予以弥补劳动者因竞业限制遭受到的经济损失。依据《劳动合同法》第二十三条规定，在劳动合同解除或者终止后，用人单位应当在竞业限制期限内按月向劳动者支付经济补偿。实践中用人单位与劳动者常出现关于竞业限制经济补偿的劳动争执，按照《最高人民法院关于审理劳动争议案件适用法律问题的解释（一）》（法释〔2020〕26 号）规定，对因竞业限制中关于经济补偿引发的劳动争议作出了以下规定：

1. 未约定经济补偿引发的争议

劳动者按照约定履行了竞业限制义务，但在这之前并未约定解除或者终止劳动合同后给予劳动者经济补偿。用人单位按劳动者在劳动合同解除或者终止前 12 个月平均工资的 30%，按月支付经济补偿。若月平均工资的 30% 低于劳动合同履行地最低工资标准的，则按照劳动合同履行地最低工资标准支付。在此情形下，虽未约定经济补偿数额，劳动者已履行了竞业限制义务，为保障劳动者合法权益，用人单位应当向劳动者支付经济补偿。

2. 当事人解除合同后引发的经济补偿劳动争议

劳动合同的解除可分为劳动者与用人单位合法解除劳动合同，以及用人单位违法解除劳动合同。但无论劳动合同是合法解除还是违法解除，均不影响竞业限制约定的效力，用人单位可要求劳动者按照事先约定履行竞业限制义务，劳动者也可向用人单位要求支付经济补偿。

3. 用人单位因未支付经济补偿的劳动争议

在劳动合同解除或者终止后，因用人单位的违约行为未向劳动者支付经济补偿的，法律赋予了劳动者解除竞业限制约定的权利。但要解除竞业限制的约定需同时符合以下条件：（1）劳动者已履行了竞业限制义务；（2）用人单位 3 个月未支付经济补偿；（3）未支付的原因是用人单位造成的。劳动者若想解除竞业限制约定，上述 3 项条件缺一不可。在特殊情形下，法律也赋予了用人单位单方解除竞业限制的权利，但解除竞业限制协议时，若劳动者请求用人单位额外支付劳动者 3 个月的竞业限制经济补偿的，用人单位应该支付。

（六）竞业限制义务不等于保密义务

保密义务与竞业限制都是旨在保护用人单位的商业秘密，而竞业限制作为保护商业秘密的手段之一，与保密义务存在较大的区别：

1. 来源与期限不同

与竞业限制义务不同的是，保密义务源于法律规定，是劳动者遵守诚实信用原则的体现，只要用人单位存在商业秘密，即使双方没有约定，劳动者也负有保密义务。对于保密义务的时限无论劳动关系存续与否，劳动者仍然负有保守用人单位商业秘密的义务，只要商业秘密存在，劳动者的保密义务将伴随至秘密消灭时止。而竞业限制来源于劳动者与用人单位之间的协议约定，没有约定的，劳动者则不受此约束，且约定的期限应在劳动关系解除或者终止后两年内。

2. 内容不同

保密义务的指向是防止相关劳动者对单位内部知悉的商业秘密泄露、使用或者允许他人使用。竞业限制所指向的内容是要求约定的劳动者在一定的期限内不能到特定行业、单位任职，在劳动合同解除或者终止后限制劳动者的就业选择权，以保证用人单位在该时期的竞争优势。

3. 责任不同

劳动者负有保密义务是劳动者遵守诚实信用原则的体现，因此，用人单位无须向劳动者支付经济补偿，但对于劳动者违反保密义务而致使用人单位遭受损失的，应当承担相应的民事责任，构成犯罪的，还应依法承担相应的刑事责任。而约定竞业限制的劳动者，用人单位应按照约定向劳动者支付经济补偿，对于违反竞业限制的劳动者，还应向用人单位支付违约金或者赔偿损失。

4. 适用对象不同

保密义务的适用对象仅限于掌握商业秘密的员工，竞业限制不仅适用掌握商业秘密的员工，也适用单位内部的高级管理人员或者高级技术人员。但两者也并非是相差甚远，对负有保密义务的劳动者，用人单位也可在劳动合同或者保密协议中与劳动者约定竞业限制义务。对负有保密义务但没有约定竞业限制的劳动者，则不受竞业限制的约束。

【知识链接】

原国家工商行政管理局《关于禁止侵犯商业秘密行为的若干规定》（1998年12月3日）

第二条　本规定所称技术信息和经营信息，包括设计、程序、产品配方、制作工艺、制作方法、管理诀窍、客户名单、货源情报、产销策略、招投标中的标底及标书内容等信息。

国务院国有资产监督管理委员会关于印发《中央企业商业秘密保护暂行规定》的通知（2010年3月25日）

第十条　中央企业依法确定本企业商业秘密的保护范围，主要包括：战略规划、管理方法、商业模式、改制上市、并购重组、产权交易、财务信息、投融资决策、产购销策略、资源储备、客户信息、招投标事项等经营信息；设计、程序、产品配方、制作工艺、制作方法、技术诀窍等技术信息。

《民法典》

第五百零一条　当事人在订立合同过程中知悉的商业秘密或者其他应当保密的信息，无论合同是否成立，不得泄露或者不正当地使用；泄露、不正当地使用该商业秘密或者信息，造成对方损失的，应当承担赔偿责任。

【自测题】

某日，朱小亮、刘小备、关小羽、张小飞讨论与三国科技公司签订的劳动合同中关于竞业限制条款的相关话题，他们之中哪些人的说法是正确的?

朱小亮：我们要是违反竞业限制约定，不仅要向公司支付违约金，而且公司还可以要求我们按照约定继续履行竞业限制义务。

刘小备：我们签订的劳动合同中竞业限制条款属于劳动合同的法定条款，我们和公司不能随意约定。

关小羽：以后要是我们在解除或者终止劳动合同后，两年内可能都要遵守竞业限制的规定。

张小飞：要我说竞业限制义务其实就是保密义务。

A. 朱小亮、刘小备　　　　B. 刘小备、张小飞

C. 朱小亮、关小羽　　　　D. 刘小备、关小羽

【案例分析】

崔某与A医疗公司劳动争议纠纷一案[1]

崔某于2009年12月入职A医疗公司，任系统设计主管。其后双方签订了竞业限制协议，约定："员工无论在职期间还是离职后都应确保公司的保密信息不被泄露；……在劳动关系解除或者终止后1年内，员工不得直接或者间接受雇于任何竞争者，或者以其他任何方式为竞争者提供服务。补偿标准为员工从公司离职前12个月的月平均基本工资的3倍。若员工违反本协议的竞业限制义务，公司无义务支付上述经济补偿，并有权要求员工承担违约责任，并向公司支付相当于其离职前2年的基本工资的违约金。"2016年3月，崔某与医疗公司解除劳动关系。A公司向崔某一次性支付了12个月的竞业限制补偿金77 249.49元。2016年3月，大连某学院与崔某签订劳动合同，约

[1] 本案例改编自北京市第二中级人民法院（2019）京02民终14647号判决书。

定：崔某在大连某学院从事研究员工作，工作地点为大连。崔某的实际工作地点在北京，且与北京某公司位于同一栋大厦。大连某学院和北京某公司、某医疗公司为同一企业集团体系内的法人实体。

2016 年 12 月，A 公司申请劳动仲裁，其主张获得支持。崔某不服，提起诉讼。一、二审法院皆认为，根据相关事实，崔某存在违反其与 A 医疗公司约定的竞业限制义务的行为。遂判决崔某返还 A 公司竞业限制补偿金 77 249.49 元，且崔某应向 A 医疗公司支付违约金 115 874.24 元。

第四章

其他用工的特别制度

【教学难点】

1. 集体合同的订立；
2. 集体合同争议的处理；
3. 劳务派遣的法律关系；
4. 劳务派遣的适用范围；
5. 非全日制用工和全日制用工的区别；
6. 非全日制用工的特殊规定。

【内容概要】

集体合同是指用人单位与本单位职工依据法律、法规、规章的规定，就劳动报酬、工作时间、休息休假、劳动安全卫生、职业培训、保险福利等事项，通过集体协商签订的书面协议。劳务派遣是中国企业用工的补充形式，只适用于临时性、辅助性或者替代性的工作岗位，是一种非典型劳动关系。全日制用工是最为普遍的一种用工形式，非全日制用工是指以小时计酬为主，劳动者在同一用人单位有时间限制的用工形式。

通过本章学习，使学生了解集体合同的概念、种类及订立、履行、变更、解除和终止、争议处理等制度，理解劳务派遣、全日制用工与非全日制用工等制度，把握劳动法律中的特别用工制度。

第一节　集体合同

一、集体合同的概念

（一）集体合同的概念

依据我国《集体合同规定》第三条的规定，集体合同是指用人单位与本单位职工依据法律、法规、规章的规定，就劳动报酬、工作时间、休息休假、劳动安全卫生、职业培训、保险福利等事项，通过集体协商签订的书面协议。

（二）集体合同和劳动合同的区别

集体合同与劳动合同具有共同性，都规定了用人单位和劳动者各自的权利义务，都调整用人单位和劳动者之间的劳动法律关系，都必须为书面形式。但二者也存在很大不同之处：

1. 合同主体不同

劳动合同的双方当事人是劳动者个人和用人单位；而集体合同的双方当事人则是工会或者职工代表和用人单位，劳动者个人并不直接与用人单位订立劳动合同。

2. 合同内容不同

劳动合同中规定了劳动者个人和用人单位之间的权利义务；而集体合同中是规定的全体劳动者和用人单位之间的权利义务，可能涵盖劳动报酬、休息休假等各个方面，也可能只涉及其中的某一方面。

3. 订立程序不同

劳动合同在劳动者和用人单位不违反法律法规的强制性规定的情况下，进行协商后订立；集体合同的订立则相对复杂，除了同样要求双方协商一致以外，还需报有关行政部门备案、审查。

4. 合同期限不同

劳动合同分为固定期限劳动合同和无固定期限劳动合同，在不违反法律法规的强制性规定的情况下均为有效；对于集体合同，均为定期合同，一般为 1 ~ 3 年，可以续订，但每一次订立的期限不得超过上述要求。

5. 合同效力不同

集体合同的效力一般高于劳动合同。集体劳动合同对全体劳动者和订立该合同的用人单位和其所代表的其他用人单位均发生法律效力。换言之，劳动者个人与用人单位之间订立劳动合同，同时又存在集体合同的，双方当事人不仅要遵守劳动合同的约定，同时也必须受集体合同的约束。

二、集体合同的种类

（一）按集体合同规定的内容划分

依据集体合同规定的内容有所不同，可以将集体合同分为综合性集体合同和专项性集体合同。综合性集体合同是指用人单位与本单位职工依据法律、法规、规章的规定，就劳动报酬、工作时间、休息休假、劳动安全卫生、职业培训、保险福利等事项，通过集体协商签订的书面协议。专项性集体合同是指用人单位与本单位职工依据法律、法规、规章的规定，就集体协商的某项内容签订的专项书面协议。例如，合同仅规定劳动报酬如何计算，或者仅规定工作时间如何计算。我国《劳动合同法》第五十二条规定："企业职工一方与用人单位可以订立劳动安全卫生、女职工权益保护、工资调整机制等专项集体合同。"

（二）按集体合同调整的范围划分

依据集体合同所调整的范围有所不同，可以将集体合同分为企业集体合同、行业性集体合同和区域性集体合同。企业集体合同是指在该企业内工会代表全体劳动者和用人单位签订的集体合同，合同只约束该企业和企业内的劳动者。行业性集体合同是指在县级以下区域内，建筑业、采矿业、餐饮服务业等行业，由行业工会与企业方面代表订立的集体合同。区域性集体合同是指在县级以下区域内的工会联合会和用人单位一方签订的集体合同。

（三）按集体合同内容的繁简划分

依据集体合同内容的繁简程度有所不同，可以将集体合同划分为纲领性集体合同和补充性集体合同。纲领性集体合同是指集体合同在内容上只做概括性、原则性规定，对劳动关系的各方面不作详细规定。补充性集体合同是指不仅规定调整劳动关系的一般原则，在此基础上对劳动关系的各方面作出更为详细的规定。

三、集体合同的订立、履行、变更、解除和终止

（一）集体合同的订立

相对于劳动合同的订立而言，集体合同的订立程序更为复杂。

依据《集体合同规定》和《劳动合同法》的规定，订立集体合同应当注意：

首先，订立集体合同的双方当事人应当选出各自的集体协商代表，职工一方的协商代表由本单位工会选派，用人单位一方的协商代表，由用人单位法定代表人指派，用人单位协商代表与职工协商代表不得相互兼任。集体协商任何一方均可就签订集体合同或

者专项集体合同以及相关事宜，以书面形式向对方提出进行集体协商的要求。集体协商会议由双方首席代表轮流主持，并按程序进行。

其次，依据《集体合同规定》第三十六条及第三十七条的规定，经双方协商代表协商一致的集体合同草案或者专项集体合同草案应当提交职工代表大会或全体职工讨论。讨论集体合同草案或专项集体合同草案，应当有 2/3 以上职工代表或者职工出席，且须经全体职工代表半数以上或者全体职工半数以上同意，草案方获通过，通过后，由集体协商双方首席代表签字。

最后，集体合同或者专项集体合同签订或者变更后，应当自双方首席代表签字之日起 10 日内，由用人单位一方将文本 1 式 3 份报送劳动行政部门审查。劳动行政部门对报送的集体合同或者专项集体合同应当办理登记手续。劳动行政部门自收到文本之日起 15 日内未提出异议的，集体合同或者专项集体合同即行生效。

集体合同订立程序（图 4.1）：

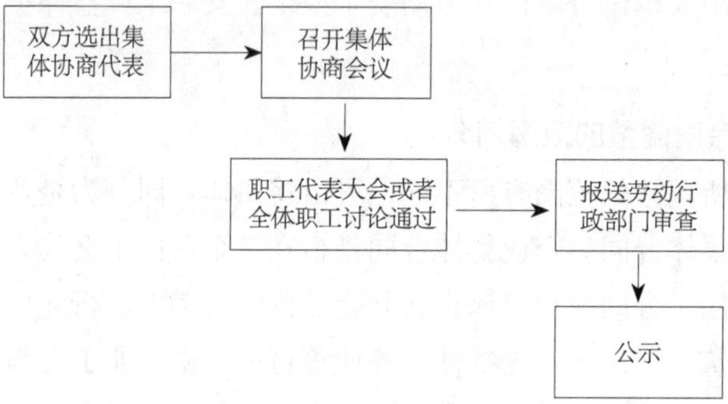

图4.1　集体合同订立程序

（二）集体合同的履行

集体合同生效以后，即对用人单位和全体劳动者具有法律约束力。双方必须按照集体合同的规定履行各自的义务。依据集体合同的不同条款，应当采用不同的履行方式。对于标准性条款，比如规定工资标准的条款，用人单位在与劳动者个人订立劳动合同时，应当按照集体合同的标准订立，不能低于集体合同规定的标准。而对于纲领性条款或者原则性条款，则由用人单位在与劳动者订立劳动合同或者用人单位内部制定管理制度时，进行具体细化。

集体合同的履行应当受到监督，我国《关于逐步实行集体协商和集体合同制度的通知》第九条规定：“集体合同的条款要兼顾双方的利益，集体合同双方当事人应自觉履行。劳动行政部门、上级工会组织、经贸部门和企业家协会应加强对集体合同履行的监督，发现问题，及时协调处理。”可见，劳动行政部门、上级工会组织、经贸部门和企业家协会是集体合同的监督主体。除此以外，受集体合同约束的双方主体当然有权监督集体合同的履行。

（三）集体合同的变更或者解除

集体合同在履行过程中，期限届满前，经过法定协商程序，可以予以变更或者解除。《集体合同规定》第三十九条规定：“双方协商代表协商一致，可以变更或解除集体合同或专项集体合同。”

同时，《集体合同规定》第四十条规定了集体合同或专项集体合同可以变更或者解除的情形，包括：①用人单位因被兼并、解散、破产等原因，致使集体合同或者专项集体合同无法履行的；②因不可抗力等原因致使集体合同或者专项集体合同无法履行或者部分无法履行的；③集体合同或者专项集体合同约定的变更或者解除条件出现的；④法律、法规、规章规定的其他情形。

因此，一般来讲，如果出现了上述情形，经双方协商代表协商一致，就可以对集体合同予以变更或者解除。

（四）集体合同的终止

依据法律规定，集体合同的终止主要包括以下情形：

1. 集体合同因期限届满而终止

我国集体合同属于定期合同，期限一般为 1 ~ 3 年，合同期限届满时，集体合同终止。但任何一方需要续订或者重新签订集体合同的，可在合同期限届满前 3 个月内向对方提出。

2. 集体合同因双方约定的终止条件出现而终止

双方当事人在集体合同订立时约定了终止条件的，当终止条件出现时，集体合同即为终止。

3. 集体合同因解除而终止

集体合同出现上述可以解除的情形后，双方当事人经过协商决定解除集体合同的，集体合同因解除而终止。

四、集体合同争议的处理

事实上，与集体合同有关的争议有两种类型：

（一）集体协商过程中的争议处理

依据《集体合同规定》的有关规定，集体协商过程中发生争议，双方当事人首先应当自行协商解决，不能协商解决的，当事人一方或者双方可以书面向劳动行政部门提出协调处理申请。必要时，劳动行政部门也可以主动进行协调处理。劳动行政部门应当组织同级工会和企业组织等三方人员，共同协调处理集体协商争议。

集体协商争议处理实行属地管辖，具体管辖范围由省级劳动行政部门规定。

协调处理程序（图 4.2）：

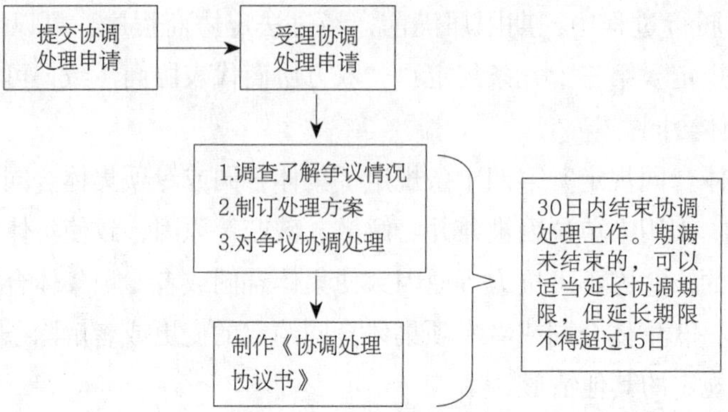

图4.2　协调处理程序

（二）履行集体合同争议处理

我国《劳动合同法》第五十六条规定：“用人单位违反集体合同，侵犯职工劳动权益的，工会可以依法要求用人单位承担责任；因履行集体合同发生争议，经协商解决不成的，工会可以依法申请仲裁、提起诉讼。”

《集体合同规定》第五十五条规定：因履行集体合同发生的争议，当事人协商解决不成的，可以依法向劳动争议仲裁委员会申请仲裁。因此，因履行集体合同发生纠纷，双方当事人经协商解决不成的，一方当事人可以向劳动人事争议仲裁委员会申请仲裁。

【知识链接】

《集体合同规定》

第三条　本规定所称集体合同，是指用人单位与本单位职工根据法律、法规、规章的规定，就劳动报酬、工作时间、休息休假、劳动安全卫生、职业培训、保险福利等事项，通过集体协商签订的书面协议；所称专项集体合同，是指用人单位与本单位职工根据法律、法规、规章的规定，就集体协商的某项内容签订的专项书面协议。

第十九条　本规定所称集体协商代表（以下统称协商代表），是指按照法定程序产生并有权代表本方利益进行集体协商的人员。集体协商双方的代表人数应当对等，每方至少 3 人，并各确定 1 名首席代表。

第二十条　职工一方的协商代表由本单位工会选派。未建立工会的，由本单位职工民主推荐，并经本单位半数以上职工同意。 职工一方的首席代表由本单位工会主席担任。工会主席可以书面委托其他协商代表代理首席代表。工会主席空缺的，首席代表由工会主要负责人担任。未建立工会的，职工一方的首席代表从协商代表中民主推举产生。

第二十一条　用人单位一方的协商代表，由用人单位法定代表人指派，首席代表由单位法定代表人担任或由其书面委托的其他管理人员担任。

《劳动合同法》

第五十二条　企业职工一方与用人单位可以订立劳动安全卫生、女职工权益保护、工资调整机制等专项集体合同。

第五十三条　在县级以下区域内，建筑业、采矿业、餐饮服务业等行业可以由工会与企业方面代表订立行业性集体合同，或者订立区域性集体合同。

【自测题】

案例题：

基本案情：蓝天公司与其工会协商订立集体合同，针对劳动报酬，蓝天公司提出公司职工的最低标准按照当地标准执行，职工工资每年按不低于3%的比例增长。但工会认为标准太低，并提出以当地标准的120%以上为职工最低标准且职工工资每年按不低于4%的比例增长。双方就关于最低工资标准条款争执不下，遂向劳动人事争议仲裁委员会申请仲裁。仲裁委员会经过审查做出不予受理的决定。

问题：请问本案仲裁委员会作出不予受理的决定是否正确？

【案例分析】

唐某与某机械制造有限公司劳动争议纠纷一案[1]

某机械制造有限公司与其职工工会组织签订并经劳动局备案了集体合同。唐某于2017年5月入职，公司又与唐某签订入职登记表和入职须知，唐某在入职登记表和入职须知上签字确认。

2017年9月，唐某以该公司未与其订立书面劳动合同为由，向劳动人事争议仲裁委员会申请仲裁，请求该公司与其订立书面劳动合同，并向其支付2017年6月至2017年9月期间未与其签订书面劳动合同应当支付的双倍工资。后唐某不服仲裁裁决，向人民法院提起诉讼。

人民法院经审查认为，某机械制造有限公司与其职工工会组织签订并经劳动局备案了集体合同。唐某于2017年5月入职公司后，该公司又与唐某签订入职登记表和入职须知，唐某在入职登记表和入职须知上签字确认，入职登记表和入职须知上已经明确了劳动合同法所规定的条款，双方明确了劳动权利义务，已经具备《劳动合同法》第十七条规定的劳动合同条款。故应视为双方签订了书面劳动合同。

---

[1] 本案例改编自辽宁省高级人民法院（2019）辽民申1245号判决书。

第二节　劳务派遣

一、劳务派遣的概念及法律关系

（一）劳务派遣的概念

劳务派遣是指由劳务派遣机构与派遣劳动者订立劳动合同，把劳动者派向其他用工单位，再由其用工单位向派遣机构支付一笔服务费用的一种用工形式。劳务派遣是一种非典型劳动关系。

（二）劳务派遣的法律关系

劳务派遣法律关系（图 4.3）与一般劳动关系有所不同，它是一种三方法律关系。即劳务派遣法律关系的主体包含派遣（用人）单位、劳动者与用工单位三方。劳务派遣机构是用人单位，派遣劳工是劳动者；用工单位是使用劳动者，提供工作岗位的单位。用人单位与用工单位不同。

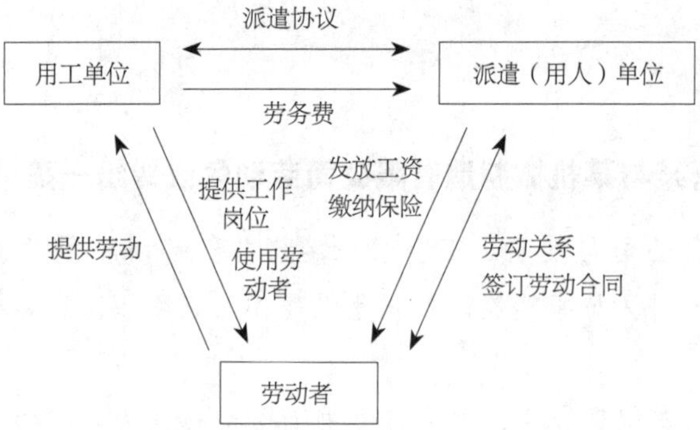

图4.3　三方法律关系

1. 劳动合同

劳动者和劳务派遣单位签订劳动合同，建立劳动关系，派遣单位是劳动者的用人单位。订立的劳动合同，除应当载明劳动合同的必备条款外，还应当载明被派遣劳动者的用工单位以及派遣期限、工作岗位等情况。

劳务派遣单位应当与被派遣劳动者订立 2 年以上的固定期限劳动合同，按月支付劳动报酬；被派遣劳动者在无工作期间，劳务派遣单位应当按照所在地人民政府规定的最低工资标准，向其按月支付报酬。

2. 派遣协议

劳务派遣单位与用工单位之间订立劳务派遣协议，该劳务派遣协议在性质上属于民事合同，双方形成民事合同关系。劳务派遣协议应当约定派遣岗位和人员数量、派遣期限、劳动报酬和社会保险费的数额与支付方式以及违反协议的责任。

用工单位应当依据工作岗位的实际需要与劳务派遣单位确定派遣期限，不得将连续用工期限分割后订立数个短期劳务派遣协议。劳务派遣单位应当将劳务派遣协议的内容告知被派遣劳动者，不得克扣用工单位按照劳务派遣协议支付给被派遣劳动者的劳动报酬。劳务派遣单位和用工单位不得向被派遣劳动者收取费用。被派遣的劳动者应当向用工单位提供劳动，服从用工单位的监督管理。

二、劳务派遣的限制条件

（一）经营劳务派遣业务应当具备的条件

依据《劳动合同法》第五十七条的规定，用人单位经营劳务派遣业务，应当具备下列条件：

（1）用人单位的注册资本不得少于人民币200万元；（2）有与开展业务相适应的固定的经营场所和设施；（3）有符合法律、行政法规规定的劳务派遣管理制度；（4）法律、行政法规规定的其他条件。

同时，依据规定，用人单位经营劳务派遣业务，应当向劳动行政部门依法申请行政许可，经许可方可依法办理相应的公司登记；未经许可，任何单位和个人不得经营劳务派遣业务。

（二）劳务派遣岗位的适用范围

在我国，劳动合同用工是企业的基本用工形式。劳务派遣用工是补充形式，适用范围上有一定的限制，只能在临时性、辅助性或者替代性的工作岗位上实施。

临时性工作岗位是指存续时间不超过6个月的岗位；辅助性工作岗位是指为主营业务岗位提供服务的非主营业务岗位；替代性工作岗位是指用工单位的劳动者因脱产学习、休假等原因无法工作的一定期间内，可以由其他劳动者替代工作的岗位。

用工单位决定使用被派遣劳动者的辅助性岗位，应当经职工代表大会或者全体职工讨论，提出方案和意见，与工会或者职工代表平等协商确定，并在用工单位内公示。用工单位应当严格控制劳务派遣用工数量，不得超过其用工总量的一定比例（10%），具体比例由国务院劳动行政部门规定。

三、劳务派遣中的特别规定

（一）同工同酬原则

依据《劳动合同法》第六十三条的规定，被派遣劳动者享有与用工单位的劳动者同工同酬的权利。用工单位应当按照同工同酬原则，对被派遣劳动者与本单位同类岗位的劳动者实行相同的劳动报酬分配办法。用工单位无同类岗位劳动者的，参照用工单位所在地相同或者相近岗位劳动者的劳动报酬确定。劳务派遣单位与被派遣劳动者订立的劳动合同和与用工单位订立的劳务派遣协议，载明或者约定的向被派遣劳动者支付的劳动报酬应当符合前款规定。

同时，《劳动合同法》第六十一条还规定，劳务派遣单位跨地区派遣劳动者的，被派遣劳动者享有的劳动报酬和劳动条件，按照用工单位所在地的标准执行。因此，在劳务派遣法律关系中，被派遣劳动者的工资标准应当与用工单位的同类岗位劳动者的工资标准相同。

（二）劳务派遣单位和用工单位的义务

依据《劳动合同法》和《劳务派遣暂行规定》的有关规定：

劳务派遣单位应当对被派遣劳动者履行下列义务：（1）履行《劳动合同法》第八条规定的告知义务、告知应遵守的规章制度以及劳务派遣协议的内容；（2）建立培训制度，对被派遣劳动者进行上岗知识、安全教育培训；（3）按照规定和约定，依法支付被派遣劳动者的劳动报酬和相关待遇；（4）按照规定和约定，依法为被派遣劳动者缴纳社会保险费，并办理社会保险相关手续；（5）督促用工单位依法为被派遣劳动者提供劳动保护和劳动安全卫生条件；（6）依法出具解除或者终止劳动合同的证明；（7）协助处理被派遣劳动者与用工单位的纠纷；（8）被派遣劳动者在用工单位因工作遭受事故伤害的，由劳务派遣单位依法申请工伤认定，用工单位协助工伤认定的调查核实工作，劳务派遣单位承担工伤保险责任，但可以与用工单位约定补偿办法。同时，法律还规定用人单位不得设立劳务派遣单位向本单位或者所属单位派遣劳动者。

用工单位应当履行下列义务：（1）执行国家劳动标准，提供相应的劳动条件和劳动保护；（2）告知被派遣劳动者的工作要求和劳动报酬；（3）支付加班费、绩效奖金，提供与工作岗位相关的福利待遇；（4）对在岗被派遣劳动者进行工作岗位所必需的培训；（5）连续用工的，实行正常的工资调整机制。用工单位不得将被派遣劳动者再派遣到其他用人单位，除有法定情形出现，不得将被派遣劳动者退回劳务派遣单位。

在劳务派遣单位和用工单位均严格按照法律规定履行义务的情形下，被派遣劳动者的合法权利能够得到与一般劳动关系中劳动者同等的保护。

（三）劳务派遣中的侵权责任问题

我国《民法典·侵权责任编》规定了一些特殊的侵权责任主体，其中第一千一百九十一条就规定劳务派遣期间，被派遣的工作人员因执行工作任务造成他人损害的，由接受劳务派遣的用工单位承担侵权责任；劳务派遣单位有过错的，承担相应的补充责任。也即是说，在劳务派遣期间被派遣的劳动者因执行工作任务致人损害的，应当首先以用工单位为被申请人或者被告，受害人主张用人单位一并承担责任或者用人单位有过错的，用人单位应当承担相应的补充责任。

（四）劳务派遣中的劳动争议处理问题

劳务派遣中劳动者因履行劳务派遣合同产生劳动争议而申请仲裁的，以派遣（用人）单位为被申请人；争议内容涉及用工单位的，以派遣（用人）单位和用工单位为共同被申请人。

【知识链接】

人力资源和社会保障部《劳务派遣暂行规定》（部令第 22 号）

第四条　用工单位应当严格控制劳务派遣用工数量，使用的被派遣劳动者数量不得超过其用工总量的 10%。前款所称用工总量是指用工单位订立劳动合同人数与使用的被派遣劳动者人数之和。计算劳务派遣用工比例的用工单位是指依照劳动合同法和劳动合同法实施条例可以与劳动者订立劳动合同的用人单位。

第十二条　有下列情形之一的，用工单位可以将被派遣劳动者退回劳务派遣单位：（一）用工单位有劳动合同法第四十条第三项、第四十一条规定情形的；（二）用工单位被依法宣告破产、吊销营业执照、责令关闭、撤销、决定提前解散或者经营期限届满不再继续经营的；　（三）劳务派遣协议期满终止的。被派遣劳动者退回后在无工作期间，劳务派遣单位应当按照不低于所在地人民政府规定的最低工资标准，向其按月支付报酬。

【自测题】

1. 用工单位（接受单位）与用人单位之间、用人单位（派遣单位）与劳动者之间，皆属于民事关系。（　　）

2. 用人单位可以设立劳务派遣单位向本单位派遣劳动者。（　　）

3. 某一劳务派遣单位向劳动者提出若想被派遣到更好的单位，应向本单位先行缴纳一定的费用。（　　）

【案例分析】

巩某诉某塑料有限公司劳务派遣合同纠纷一案[1]

巩某与某人才公司签订劳动合同，约定将巩某派遣至某塑料公司工作。某日，某塑料公司发给某人才公司通知，载有“贵司派遣员工巩某，因严重失责，营私舞弊，利用公司的职务、职权，牟取私利，故将其退回贵司”。同日，某人才公司通知巩某于本日来公司报到。工作另行安排，基本工资按本省最低保障工资计发，按国家规定缴纳社会保险和住房公积金。接该通知后，巩某未至某人才公司报到。

不久，巩某向劳动人事争议仲裁委员会申请仲裁，要求：1. 某塑料公司恢复巩某的原工作岗位；2. 某塑料公司按照 10 650 元 / 月标准支付巩某被退工之日至劳动关系恢复

[1] 本案例改编自上海市第一中级人民法院 (2017) 沪 01 民终 15178 号判决书。

之日的工资，由某人才公司承担连带责任。某塑料公司、巩某、某人才公司三方均不服裁决，依法向法院提起诉讼。

法院认为，巩某要求某塑料公司恢复其工作岗位的诉讼请求，未经仲裁前置处理，不予处理。巩某经某人才公司派遣至某塑料公司工作，某塑料公司将其退回某人才公司，并由某人才公司另行安排工作岗位并未违反法律法规的强制性规定，且巩某并未按照通知前往某人才公司安排的另一工作岗位工作，故巩某要求某塑料公司按照10 650元/月的标准向其支付退工之日至判决作出之日止的工资并由某人才公司承担连带责任的诉请请求，不予支持。

第三节　全日制用工与非全日制用工

一、全日制用工和非全日制用工

（一）全日制用工的概念和非全日制用工的概念

依据《国务院关于职工工作时间的规定》，全日制用工是指劳动者每日工作不超过8小时，每周工作不超过40小时的工时制度。这是最为普遍的一种用工形式。

依据《劳动合同法》的规定，非全日制用工是指以小时计酬为主，劳动者在同一用人单位一般平均每日工作时间不超过4小时，每周工作时间累计不超过24小时的用工形式。因此，目前普遍认为如果劳动者每日工作时间不超过4小时，但每周累计工作时间超过24小时的，将构成一般的劳动关系，即全日制用工形式。

（二）全日制用工和非全日制用工的区别

全日制用工和非全日制用工是两种不同的用工形式，存在以下区别：

1. 法律对合同形式的要求不同

非全日制用工可以是口头形式，双方可以订立口头协议；而全日制用工则必须订立书面劳动合同，不得采用口头形式。

2. 对试用期的要求不同

非全日制用工双方当事人不得约定试用期；而全日制用工，除了以完成一定工作任务为期限的劳动合同或者劳动合同期限不满3个月的，不得约定试用期的以外，可以约定试用期。

3. 工作时间不同

非全日制是一种灵活的用工形式，工作时间一般为平均每天 4 小时，每周工作时间不超过 24 小时，但按目前普遍的观点，如果劳动者的周工作时间总数超过 24 小时，则应当视为全日制用工；而全日制用工则严格按照法律规定的每天不得超过 8 小时，每周不得超过 40 小时执行。

4. 终止合同的条件和待遇不同

非全日制用工的劳动合同当事人双方均可随时通知对方终止用工，也不用支付经济补偿金；而全日制用工的双方当事人应当依法解除或者终止劳动合同，用人单位单方解除或者终止劳动合同的，除有法律规定的特定情形外，应当向劳动者支付经济补偿金。

5. 对劳动报酬条款的要求不同

非全日制用工的劳动合同约定的工资支付周期最长不得超过 15 日，计酬标准不得低于当地最低小时工资标准；而在全日制用工中，执行的是月最低工资标准。

6. 对并存的劳动关系的要求不同

从事非全日制用工的劳动者可以与 1 个或者 1 个以上用人单位订立劳动合同，但是，后订立的劳动合同不得影响先订立的劳动合同的履行；而劳动者按照全日制用工形式提供劳动的，只能与一个用人单位订立劳动合同。

7. 社会保险待遇不同

非全日制用工中，用人单位可以不为劳动者购买社会保险（工伤保险除外），由劳动者自己购买；而全日制用工中，法律规定由用人单位购买社会保险，这是用人单位的法定义务。

二、非全日制用工的性质辨别

（一）非全日制用工和雇佣关系

应当明确，根据法律规定，非全日制用工仍然是一种劳动关系，而非劳务关系。同时非全日制用工是一类特殊的用工形式。因此在非全日制用工中，用人单位和劳动者之间形成的是劳动关系，而不是民事雇佣关系；双方达成的协议是劳动合同，而不是民事合同。也就是说，在非全日制用工当中，如果双方当事人发生纠纷，应当首先由劳动人事争议仲裁委员会进行仲裁以后，才能向人民法院提起诉讼；而因雇佣关系发生的纠纷，双方当事人发生纠纷，一方可以直接向人民法院提起诉讼。

非全日制用工形式多种多样，例如清洁工、保姆、家教等，但是根据《劳动合同法》对非全日制用工的定义，家庭、个人雇佣的“小时工”并不由劳动法调整，其属于民事雇佣关系，由民法调整。

（二）非全日制用工和“临时工”

“临时工”是我国计划经济时期出现的一种用工形式，多适用于一些调度比较灵活、工作内容比较简单的岗位。“临时工”和用人单位之间不存在稳定的劳动关系，且往往“临时工”的待遇也比较不稳定，和用人单位之间的权利义务关系也缺乏规范的法律制度予以调整。因此，一方面“临时工”自身的权利难以得到有效的保障；另一方面，近些年也出现很多“临时工”替企业“背锅”的案件，反映出“临时工”在用工关系中往往处于较为不利的地位。

《劳动法》颁布实施后，我国将计划经济时期普遍存在的“临时工”和“正式工”之分予以取消，规定只存在一种形式。即劳动者之间不再有“临时工”或者“正式工”的区别，而只有劳动合同期限长短的区别。虽然实践中仍然存在着一些用人单位聘用“临时工”，不与其建立稳定劳动关系的现象，但是非全日制用工属于合法的用工形式，劳动者和用人单位之间存在稳定的劳动关系，和“临时工”绝对不能等同。

【知识链接】

《劳动合同法》

第六十八条　非全日制用工，是指以小时计酬为主，劳动者在同一用人单位一般平均每日工作时间不超过 4 小时，每周工作时间累计不超过 24 小时的用工形式。

第七十条　非全日制用工双方当事人不得约定试用期。

第十九条　劳动合同期限 3 个月以上不满 1 年的，试用期不得超过 1 个月；劳动合同期限 1 年以上不满 3 年的，试用期不得超过 2 个月；3 年以上固定期限和无固定期限的劳动合同，试用期不得超过 6 个月。同一用人单位与同一劳动者只能约定 1 次试用期。以完成一定工作任务为期限的劳动合同或者劳动合同期限不满 3 个月的，不得约定试用期。试用期包含在劳动合同期限内。劳动合同仅约定试用期的，试用期不成立，该期限为劳动合同期限。

【自测题】

基本案情：小王大学毕业后，待业在家。父母很是担心小王的状态，遂托人给小王介绍了一份工作，在一家公司做前台接待员。公司人力资源部的负责人告诉小王：“你是非全日制用工，每天工作 6 小时，主要工作是接待等候区的客户。你应该遵守公司的规章制度，服从指挥。”随后并要求其签订一份劳务合同，并说明：非全日制用工人员与公司之间是劳务关系，所以必须签订劳务合同。小王上班后不久，发生了意外，与该公司发生了争执，公司的人力资源部负责人却解释道：“你可是非全日制用工，还与公司签订了劳务合同，我们之间没有劳动关系，所以不予赔偿损失。”

问题：找出该公司的做法有哪些错误。

【案例分析】

某玻璃铝材店和陈某劳动争议一案[1]

2011 年陈某到某玻璃铝材店工作，2013 年底自动离职，工作期间某玻璃铝材店按月支付陈某工资。2014 年 7 月开始，陈某又断断续续去某玻璃铝材店工作。双方口头约定报酬为 100 元 / 天。2015 年 2 月，陈某在某玻璃铝材店的安排下到某小区安装玻璃时受伤。事故发生后，因为赔偿问题，陈某提出仲裁申请，请求确认与某玻璃铝材店之间存在劳动关系。仲裁裁决双方存在劳动关系。因不服该裁决，某玻璃铝材店诉至法院。

法院认为，本案中，陈某与某玻璃铝材店之间是按陈某实际工作天数结算报酬，每工作一天计算报酬 100 元，不工作不计酬。且陈某在某玻璃铝材店安装搬运玻璃期间，还同时为他人提供劳务，并获得由他人支付的劳务报酬。双方除约定按天结算报酬外，对工作时间、福利待遇等均并无明确具体约定，即陈某并不受某玻璃铝材店工作制度的制约，双方并无建立劳动关系的意思表示。故从本案客观事实看，双方之间不具有组织管理上的从属关系及人身隶属性，不具有劳动关系应当具备的基本属性，陈某与某玻璃铝材店之间既不属于劳动合同法规定的非全日制的用工形式，也不符合劳动合同法规定的全日制用工形式，双方当事人之间的法律关系符合劳务关系的法律特征，应当认定双方当事人之间存在劳务关系。

[1] 本案例改编自湖北省高级人民法院（2016）鄂民再 238 号判决书。

第五章

用人单位规章制度的制定和工会组织

【教学难点】

1. 用人单位的有效规章制度应满足的条件；

2. 掌握用人单位的规章制度与集体合同、劳动合同的规定冲突时的解决方案；

3. 我国工会具有的法律地位；

4. 工会的权利义务。

【内容概要】

用人单位规章制度是指用人单位为了更好的实现对劳动者的组织和管理，维护企业的运行秩序，依法制定在用人单位内部运行的组织规则及各项制度。工会是指职工自愿结合的工人阶级的群众组织，维护职工合法权益是工会的基本职责；劳动者不分民族、种族、性别、职业、宗教信仰、教育程度，都有依法参加和组织工会的权利。

通过本章学习，使学生了解用人单位规章制度概念和法律依据、制定程序、效力、审查，理解工会组织的成立、法律地位和职能，把握工会的权利和义务，劳动者可以通过工会维护合法权益。

第一节　用人单位规章制度的制定

一、用人单位规章制度的概念和法律依据

（一）用人单位规章制度的概念

用人单位规章制度是指用人单位为了更好地实现对劳动者的组织和管理，维护企业的运行秩序，依法制定的仅在本单位内部运行的组织规则。通常包括劳动报酬的发放、工作时间、休息休假、劳动安全卫生、保险福利、职工培训、劳动纪律以及劳动定额管理等直接涉及劳动者切身利益的内容。

通常，每个用人单位都会依据法律程序制定自己的单位规章制度。劳动者因违反用人单位规章制度而被用人单位开除的在实践中是十分普遍的现象。如何规范用人单位规章制度的制定至关重要。

（二）用人单位规章制度的依据

我国《劳动法》、《劳动合同法》、最高人民法院的有关司法解释都有关于用人单位规章制度的规定。例如，《劳动法》第四条规定："用人单位应当依法建立和完善规章制度，保障劳动者享有劳动权利和履行劳动义务。"此外，《劳动合同法》第四条也规定了用人单位规章制度的涵盖内容以及制定程序。《最高人民法院关于审理劳动争议案件适用法律问题的解释（一）》（法释〔2020〕26号）第五十条也规定了有关用人单位规章制度的内容。它们都对用人单位规章制度的制定提供了合法有效的依据，是用人单位规章制度在制定过程中应当遵行的法律准则。

二、用人单位规章制度制定的程序

合法有效的用人单位规章制度，其制定过程应当遵循法定的程序，内容应当符合法律的规定，不得违法剥夺劳动者应当享有的权利，损害劳动者的合法权益。

《劳动合同法》第四条规定："用人单位应当依法建立和完善劳动规章制度，保障劳动者享有劳动权利、履行劳动义务。用人单位在制定、修改或者决定有关劳动报酬、工作时间、休息休假、劳动安全卫生、保险福利、职工培训、劳动纪律以及劳动定额管理等直接涉及劳动者切身利益的规章制度或者重大事项时，应当经职工代表大会或者全体职工讨论，提出方案和意见，与工会或者职工代表平等协商确定。在规章制度和重大事项决定实施过程中，工会或者职工认为不适当的，有权向用人单位提出，通过协商予以修改完善。用人单位应当将直接涉及劳动者切身利益的规章制度和重大事项决定公

示，或者告知劳动者。”

上述规定明确了以下几点：

（1）制定目的。用人单位制定和完善劳动规章制度的目的是保障劳动者依法行使劳动权利、履行劳动义务。

（2）制定程序。用人单位在制定、修改或者决定直接涉及劳动者切身利益的规章制度或者重大事项时，应当经职工代表大会或者全体职工讨论并提出方案，并与工会或者职工代表平等协商确定。

（3）公示或者告知。对于直接涉及劳动者切身利益的规章制度或者重大事项的决定，用人单位还要主动向劳动者公示，或者告知劳动者，允许劳动者就有关事项提出意见并在平等协商的基础上做出修改和完善。

（4）对规章制度实施的监督。在规章制度的实施过程中，工会和职工均是有权监督主体。

综上，用人单位规章制度的有效性既要符合“讨论—协商—公示—监督”的法定程序，同时其内容也不能违反法律、行政法规及政策规定。内容是否符合法律、行政法规及政策的规定，要在具体案件中进行判断，但总的来说要同时符合合法性和合理性标准。例如，严重损害劳动者享有的休息权等在内的合法权利，这样的规定就难以说是合法有效的。用人单位在制定规章制度时，一定要严格依照以上要求，切实保障劳动者能够行使劳动权利、履行劳动义务。

三、用人单位规章制度的效力

根据《最高人民法院关于审理劳动争议案件适用法律问题的解释（一）》（法释〔2020〕26号）第五十条规定：“用人单位根据《劳动法》第四条之规定，通过民主程序制定的规章制度，不违反国家法律、行政法规及政策规定，并已向劳动者公示的，可以作为人民法院审理劳动争议案件的依据。”换句话说，如果企业拥有合法有效的用人单位规章制度，劳动者违反这一制度规定时，企业可以此为由与劳动者解除劳动合同。因为合法有效的用人单位规章制度对用人单位和劳动者都具有约束力。

同时，《最高人民法院关于审理劳动争议案件适用法律若干问题的解释（一）》（法释〔2020〕26号）作出进一步规定，即用人单位制定的内部规章制度与集体合同或者劳动合同约定的内容不一致，劳动者请求优先适用合同约定的，人民法院应予支持。也就是说，当用人单位规章制度与集体合同、劳动合同不一致时，劳动者一方享有适用的选择权。

四、用人单位规章制度的审查

仲裁机构、司法机关对用人单位规章制度的审查应当按照合法性和合理性标准，坚持严格审查原则。主要包括两个内容：

（一）对制定程序的审查

根据《劳动合同法》第四条的规定，对用人单位规章制度制定程序的审查主要包括：①审查制定主体；②审查制定程序；③审查是否向劳动者公示；④审查工会或者劳动者是否有效地行使了自己的监督建议权。根据司法实践，用人单位规章制度是否经过民主程序制定或者修改是司法审查中重点关注的争议问题。

（二）对制定内容的审查

用人单位规章制度的内容是否符合法律、行政法规及政策的规定是仲裁、司法审查的重中之重，劳动者与用人单位之间因劳动者是否严重违反用人单位的规章制度而引发的劳动争议案件在实践中层出不穷。根据学者对司法案例的总结，主要有违反用人单位日常行为规范，违反用人单位考勤制度，违反劳动合同主给付义务、工作职责内容及用人单位工作操作规范，违反诚信保密义务、竞业限制义务以及告知义务等制度，不服用人单位岗位调配等工作安排以及涉嫌违法行为等行为类型。在司法审查的过程中，法院往往会按照该行为类型是否属于用人单位规章制度明确规定的内容——该事项是否经民主程序制定——是否向劳动者公示或者说明这一路径进行审查。

总之，仲裁机构、司法机关在对用人单位规章制度进行审查时应当着重考虑：①如何尽可能地保护弱势一方即劳动者的合法权益；②用人单位的处罚力度与劳动者违反规章制度的程度是否相当；③有关的规章制度是否通过法定的程序制定；④即使符合程序规定，规章制度的内容是否明显超过合理范围，比如规定一些与工作无关，涉及当事人隐私的内容。依据民事诉讼法“谁主张，谁举证”的规定，用人单位以劳动者严重违反规章制度为由，与劳动者解除劳动合同的，用人单位应当对劳动者严重违反规章制度因而与其解除劳动合同承担举证责任。

【知识链接】

《劳动合同法》

第三十九条　劳动者有下列情形之一的，用人单位可以解除劳动合同：（一）在试用期间被证明不符合录用条件的；（二）严重违反用人单位的规章制度的；（三）严重失职，营私舞弊，给用人单位造成重大损害的；（四）劳动者同时与其他用人单位建立劳动关系，对完成本单位的工作任务造成严重影响，或者经用人单位提出，拒不改正的；（五）因本法第二十六条第一款第一项规定情形致使劳动合同无效的；（六）被依法追究刑事责任的。

【自测题】

基本案情：某公司的规章制度规定：单位员工上下班必须乘坐本单位通勤车辆，如因乘坐其他车辆出现交通事故的，本公司概不承担任何责任。该规定已向全体员工公示。吴某为该公司的一名职工。一天早上，吴某因睡过头错过了公司的通勤车。吴某担心上班迟到，于是搭乘一辆出租车前往公司，不幸途中遭遇了车祸，吴某严重受伤。住院后吴某认为这属于工伤，要求公司承担工伤赔偿责任。公司主张已经存在合法有效的规章制度禁止员工搭乘其他车辆，吴某自己违反制度造成损害，公司免责。双方因此发生争议。

问题：你认为公司的该规章制度是否能够免去公司的工伤赔偿责任？

【案例分析】

周某与某科技有限公司劳动争议一案[1]

周某在某公司任职经理。之后，周某之妻朱某进入该公司工作，周某未向公司报告其与朱某的夫妻关系，事后，朱某入职到周某所在的部门工作，周某为朱某的直属主管。两年后，某公司以周某“严重违反公司规章制度”和“严重失职、营私舞弊，给公司造成重大损害”为由解除劳动合同。周某遂申请仲裁，请求确认公司单方解除劳动合同违法，并支付其违法解除劳动合同的赔偿金。仲裁委员会裁决驳回周某的仲裁请求。周某向法院起诉。

法院认为，双方签订的劳动合同和《奖惩作业规定》等公司规章制度对双方均具有法律约束力，均应遵守和履行，其中关于解除劳动合同的约定是判断解除行为合法与否的依据。某公司解除其与周某劳动合同的依据为“严重违反公司规章制度”。事实依据为周某违反公司规定招聘录用其妻朱某为公司的员工，并将朱某安排在同一个部门工作。即便周某存在过错，某公司并未举证证明周某“滥用职权对公司利益造成严重损害，对公司的商誉或者信誉造成严重损害和影响”或者其他符合《劳动合同》或者公司规章制度中关于解除劳动合同的情形，依据《最高人民法院关于适用《中华人民共和国民事诉讼法》的解释》（法释〔2015〕5号）第九十条，“当事人对自己提出的诉讼请求所依据的事实或者反驳对方诉讼请求所依据的事实，应当提供证据加以证明，但法律另有规定的除外。在作出判决前，当事人未能提供证据或者证据不足以证明其事实主张的，由负有举证证明责任的当事人承担不利的后果”。第九十一条，“人民法院应当依照下列原则确定举证证明责任的承担，但法律另有规定的除外：（一）主张法律关系存在的当事人，应当对产生该法律关系的基本事实承担举证证明责任；（二）主张法律关系变更、消灭或者权利受到妨害的当事人，应当对该法律关系变更、消灭或者权利受到妨害的基本事实承担举证证明责任” 的规定，某公司单方面解除与周某的劳动合同合法的主张缺乏事实和法律依据，不予支持。

[1] 本案例改编自四川省高级人民法院 (2019) 川民再 76 号判决书。

第二节 工会组织

一、工会组织的成立

（一）工会的概念及特征

1. 工会的概念

根据我国《工会法》的有关规定，工会是指职工自愿结合的工人阶级的群众组织，维护职工合法权益是工会的基本职责。《劳动法》和《工会法》都规定了劳动者不分民族、种族、性别、职业、宗教信仰、教育程度，都有依法参加和组织工会的权利。

2. 工会的特征

在我国，工会是职工自愿结合的工人阶级的群众组织。工会主要有三大特征：一是阶级性。工会会员必须来自工人阶级，即以工资为生的劳动者。二是群众性。也就是说工会会员的来源广泛，只要他属于工人阶级，则无论民族、种族、性别、职业、宗教信仰、教育程度，都可以加入工会成为其中的一员，任何组织和个人不得阻挠和限制。三是自愿性。工会从本质上来说属于一种社会组织，我国《宪法》赋予了公民言论、出版、集会、结社等政治权利，是否成立工会组织，是否加入工会，都由劳动者自愿决定。

（二）工会组织的建立

1. 工会组织建立的原则

我国《工会法》规定，工会各级组织按照民主集中制原则建立。各级工会委员会由会员大会或者会员代表大会民主选举产生，向其负责并报告工作，接受其监督。上级工会组织与下级工会组织之间是领导关系。

2. 工会组织建立的方式

《工会法》第十条规定了工会成立的人数要求、特殊类型工会组织例如女职工委员会的成立、基层工会联合会、产业工会以及中华全国总工会的设立。

根据《工会法》的规定，基层工会、地方各级总工会、全国或者地方产业工会组织的建立，必须报上一级工会批准；职工 200 人以上的企业、事业单位的工会，可以设专职工会主席；在任期上，基层工会委员会每届任期 3 年或者 5 年，各级地方总工会委员会和产业工会委员会每届任期 5 年；基层工会委员会应当定期召开会员大会或者会员代表大会，讨论决定工会工作的重大问题，经基层工会委员会或者 1/3 以上的工会会员提议，也可临时召开会员大会或者会员代表大会。

《工会法》第十二条规定任何组织和个人不得随意撤销、合并工会组织。基层工会所在的企业终止或者所在的事业单位、机关被撤销，该工会组织相应撤销，并报告上一级工会。

（三）工会的经费和财产

根据《工会法》的有关规定，工会经费的来源有以下几个方面：（1）工会会员缴纳的会费；（2）建立工会组织的企业、事业单位、机关按每月全部职工工资总额的2%向工会拨缴的经费；（3）工会所属的企业、事业单位上缴的收入；（4）人民政府的补助以及其他收入。企业、事业单位向工会拨缴的经费应当在税前列支。

工会的经费主要用于为职工服务和工会活动。企业、事业单位应当按时缴纳工会经费，无正当理由拖延或者拒不拨缴的，基层工会或者上级工会可以向当地人民法院申请支付令；拒不执行支付令的，工会可以依法申请人民法院强制执行。

工会应当根据经费独立原则，建立预算、决算和经费审查监督制度。各级工会建立经费审查委员会对经费收支情况进行审查，并定期向会员大会或者会员代表大会报告，接受监督。工会的财产、经费和国家拨给工会使用的不动产，任何组织和个人不得侵占、挪用和任意调拨。

二、工会的法律地位和职能

（一）工会的法律地位

国际上，经过漫长的一段时间，工会最终获得了承认，取得了一个合法的、独立的法人地位。我国《工会法》第十四条规定，中华全国总工会、地方总工会、产业工会具有社会团体法人资格。基层工会组织具备民法通则[1]规定的法人条件的，依法取得社会团体法人资格。对于基层工会的法律地位的确定，根据最高人民法院1995年5月16日《关于产业工会、基层工会是否具备社团法人资格和工会经费集中户可否冻结划拨问题的批复》中，明确基层工会只要符合《中华人民共和国民法通则》《工会法》和《中国工会章程》规定的条件，报上一级工会批准成立，即具有社团法人资格。

根据上述法律规定和司法解释，在我国工会组织具有独立的法人地位，能够独立享有民事权利，履行民事义务。同时，对于对外发生的法律纠纷，能够作为独立的主体参加诉讼并独立承担民事责任。

（二）工会的职能

《工会法》第一条至第七条规定了依照法律工会应具有的职能，包括：（1）维护广大职工的合法权益，这是工会最基本也是最重要的一项职能。包括通过平等协商和集体合同制度，协调劳动关系，维护企业职工劳动权益；依照法律规定通过职工代表大会或者其他形式，组织职工参与本单位的民主决策、民主管理和民主监督等内容。（2）组织和教育职工依照宪法和法律的规定，通过各种途径和形式，参与管理国家和社会事务；

[1]《民法典》生效后，《民法通则》现已失效，但《工会法》尚未对此进行修订。

（3）动员和组织职工积极参加经济建设，努力完成生产任务和工作任务；（4）教育职工不断提高思想道德、技术业务和科学文化素质。

三、工会的权利和义务

《工会法》中列专章规定了工会的权利和义务，共十六条。根据这些规定，工会的权利和义务包括以下内容：

（一）工会的权利

1. 参与管理权

参与管理权即工会有权代表职工参与国家和社会事务的管理，参与企业民主管理的权利，包括参与国家法律法规的起草，企业以及实行企业化管理的事业单位的规章制度的制定和实施的全过程等，维护广大职工的合法权益。

2. 签订集体合同权

签订集体合同权即工会有权代表职工和企业、事业单位进行协商，签订集体合同。企业、事业单位违反集体合同，侵犯职工劳动权益的，工会可以依法要求企业、事业单位承担责任；因履行集体合同发生争议，经协商解决不成的，工会可以向劳动争议仲裁机构提请仲裁，仲裁机构不予受理或者对仲裁裁决不服的，可以向人民法院提起诉讼。

3. 提出解决建议权

提出解决建议权即企业、事业单位侵犯劳动者合法权益的，工会可以为劳动者提供法律咨询和帮助，提出解决建议，也可以代表劳动者直接和企业、事业单位交涉，要求企业、事业单位对损害劳动者合法权益的行为予以改正。法律还规定，职工因工伤亡事故和其他严重危害职工健康问题的调查处理，必须有工会参加。工会应当向有关部门提出处理意见，并有权要求追究直接负责的主管人员和有关责任人员的责任。对工会提出的意见，有关部门应当及时研究，给予答复。

4. 监督调查权

监督调查权即有权要求企业、事业单位纠正违反职工代表大会制度和其他民主管理制度的行为；有权就企业、事业单位对职工不适当的处分提出意见，企业单方面解除职工劳动合同时，应当事先将理由通知工会；有权依照国家规定对新建、扩建企业和技术改造工程中的劳动条件和安全卫生设施与主体工程同时设计、同时施工、同时投产使用进行监督；有权对企业违章指挥、强令工人冒险作业，或者生产过程中发现明显重大事故隐患和职业危害，提出解决的建议；有权在发现危及职工生命安全的情况时，建议企业组织职工撤离危险现场；有权对企业、事业单位侵犯职工合法权益的问题进行调查。

（二）工会的义务

1. 帮助维权义务

为劳动者提供法律帮助和法律服务，代表或者支持劳动者申请仲裁或者提起诉讼，维护劳动者的合法权益。

2. 代表监督义务

对企业、事业单位违反劳动法律、法规，损害劳动者合法权益的行为，提出意见，代表劳动者与企业进行交涉，要求企业、事业单位采取措施予以改正。

3. 参与制定制度义务

在参与法律法规的起草，企业规章制度的制定，集体合同的签订等事项中，维护好劳动者的合法权益，保障好劳动者应享有的权利。

4. 协助管理和开展活动义务

协助企业、事业单位、机关办好职工集体福利事项，做好工资、劳动安全卫生和社会保险工作；会同企业、事业单位教育职工以国家主人翁态度对待劳动，爱护国家和企业的财产，组织职工开展群众性的合理化建议、技术革新活动，进行业余文化技术学习和职工培训，组织职工开展文娱、体育活动；根据政府委托，工会与有关部门共同做好劳动模范和先进生产（工作）者的评选、表彰、培养和管理工作。

工会所享有的权利和义务具有密切联系，不可分割。工会享有的权利，一方面也是工会应当履行的义务；工会履行义务的过程，也是其行使权利的过程。不过应当注意，虽然依据法律规定，工会享有非常广泛的权利，但在实践中工会发挥的作用却是十分有限的。这也要求立法者要进一步完善立法，强化工会的权利，使工会能够真正代表劳动者，保障劳动者的合法利益。同时企业、事业单位也要正视工会的法律地位，尊重工会，将工会作为与劳动者沟通的有效渠道，推进三方平等协商机制的建立。

【知识链接】

《工会法》

第十条　企业、事业单位、机关有会员二十五人以上的，应当建立基层工会委员会；不足二十五人的，可以单独建立基层工会委员会，也可以由两个以上单位的会员联合建立基层工会委员会，也可以选举组织员一人，组织会员开展活动。女职工人数较多的，可以建立工会女职工委员会，在同级工会领导下开展工作；女职工人数较少的，可以在工会委员会中设女职工委员。企业职工较多的乡镇、城市街道，可以建立基层工会的联合会。县级以上地方建立地方各级总工会。同一行业或者性质相近的几个行业，可以根据需要建立全国的或者地方的产业工会。全国建立统一的中华全国总工会。

第二十一条　企业、事业单位处分职工，工会认为不适当的，有权提出意见。企业单方面解除职工劳动合同时，应当事先将理由通知工会，工会认为企业违反法律、法规和有关合同，要求重新研究处理时，企业应当研究工会的意见，并将处理结果书面通知工会。职工认为企业侵犯其劳动权益而申请劳动争议仲裁或者向人民法院提起诉讼的，工会应当给予支持和帮助。

【自测题】

基本案情：王某3年前开始在一家科技公司工作。2019年7月，公司承接了一个大型项目。于是，公司向全体员工发布公告，一直到11月，公司实行轮休制，全体员工必须加班加点，保证项目顺利完成。王某等员工被安排从9月和10月每工作日加班2小时，每周工作6天，国庆节只休息1天。2020年5月，公司因改制欲与王某解除劳动合同，随后向王某发送解除劳动合同通知书，并要求其尽快办理离职手续。双方因王某2019年9月和10份的加班工资发生纠纷。

问题：（1）根据本节所学内容以及有关法律规定，公司解除与王某劳动合同的程序是否合法？（2）对于双方的争议，工会可以为王某提供哪些帮助？

【案例分析】

汤某等3人与某空调设备公司劳动争议一案[1]

汤某等3人均是某公司职工。3人收到公司通知："由于公司重大结构调整，导致你现有岗位已不存在。"后公司相继解除了与3人的劳动合同。被解除劳动合同后，汤某等3人向某市总工会职工法律援助中心和某市机电工会分中心求助，机构为其提供了法律援助。因公司不服裁决，向法院提起诉讼。

公司工会出具了《关于汤某、鲁某、李某岗位情况的说明》，明确3位职工所在车间部门及岗位仍在，由劳务工顶岗工作，同时说明公司没有按照《工会法》的规定履行事先将理由通知工会的法定义务，经查证属实。

法院认为，某公司称企业合并，职工所在工作岗位不存在，导致公司解除劳动合同。工会维护劳动者的合法权益，劳动者申请仲裁或者提起诉讼，工会应当依法给予支持和帮助。据此，法院认为工会的证明有效，且有工资单佐证，故对工会证明的事实予以确认。因此，公司以此为由解除与职工的劳动合同不符合法律规定，公司要求与职工解除劳动合同的主张，不予采纳。公司作为用人单位，在作出单方解除劳动合同等重大决定时，必须严格遵守法律规定，不得以任何理由侵害劳动者的合法权益。对于用人单位违法解除劳动合同，劳动者有权要求其赔偿自解除劳动合同之日起至劳动关系恢复时止本人的劳动报酬。

[1] 本案例引自中华全国总工会网站并有所改编。

第六章

工作时间和休息休假制度

【教学难点】

1. 工作时间的法定种类；
2. 延长工作时间的条件；
3. 休息休假的类型；
4. 职工不能享受当年年休假的情形。

【内容概要】

工作时间是指国家法律所规定的劳动者必须用以完成其所承担的工作任务的时间。工作时间主要分为两大类：标准工作时间和非标准工作时间。延长工作时间制度是指在正常工作时间以外劳动者继续劳动的时间。休息休假时间是指劳动者在国家规定的法定工作时间外自行支配的时间。

通过本章学习，使学生了解工作时间概念、特征、分类，正确区分标准工作时间和非标准工作时间，理解延长工作时间制度，把握休息休假时间制度。

第一节 工作时间法律制度

一、工作时间概述

（一）工作时间的概念

工作时间是指国家法律所规定的劳动者必须用以完成其所承担的工作任务的时间，即法定工作时间，通常指工作日或者工作周。

（二）工作时间的特征

1. 工作时间由法律明确规定

在我国，工作时间由法律明确规定。《劳动法》专设第四章对工作时间制度进行了相应的规定。因此，用人单位在制定内部规定或者与劳动者订立劳动合同时，关于工作时间的内容，不得违反法律的规定。

2. 工作时间是用人单位和劳动者履行各自义务的时间

在工作时间内，劳动者必须依照法律规定和劳动合同的约定为用人单位提供相应的劳动，并达到符合双方约定的标准；用人单位也必须根据工作时间内劳动者提供的劳动依照法律规定和劳动合同的约定向劳动者支付相应的报酬，任何一方违反约定未履行自己的义务，都有可能承担相应的责任。

3. 工作时间包括从事劳动的时间和与之有实际联系的时间

工作时间不仅是指劳动者按照约定从事劳动的时间，事实上也包括劳动者为从事劳动而进行准备或者结束劳动后必要的收尾时间以及其他与之相关联的时间。包括工作准备时间如更换工作服、准备工具等时间，结束时间如工作结束需要沐浴、清洁等消耗的时间，完成规定的生产任务或者作业所消耗的时间，如劳动者因自身的生理需要如喝水、如厕等而必须中断正常工作的时间，工作中因工艺技术特点的需要使工作必须中断的时间，均属于工作时间范围。劳动者在这些时间内的人身权益等仍然受到劳动法律、法规的保护，用人单位仍然可能承担相应的责任。

二、工作时间的分类

依据我国《劳动法》等法律法规的规定，工作时间主要分为两大类：标准工作时间和非标准工作时间，其中非标准工作时间又分为综合工作时间、不定时工作时间、计件工作时间、缩短工作时间。

（一）标准工作时间

标准工作时间即标准工作制，是指在正常情况下劳动者从事劳动的时间，表现形式为工作日和工作周，主要适用于我国境内的一切国家机关、企事业单位、社会团体和有雇工的个体工商户。

我国《劳动法》第三十六条规定："国家实行劳动者每日工作时间不超过八小时、平均每周工作时间不超过四十四小时的工时制度。"第三十八条规定："用人单位应当保证劳动者每周至少休息一日。"1995 年国务院修订《关于职工工作时间的规定》，规定"职工每日工作 8 小时、每周工作 40 小时"。

一方面，劳动者每日工作时间不得超过 8 小时，同时每周工作时间也不得超过 40 小时，既不允许使劳动者每日工作超过 8 小时，也不允许使劳动者每周工作超过 40 小时，违反任何一项规定，都会构成对劳动者休息权的侵害，有违法律规定。

另一方面，用人单位还必须保证劳动者每周至少休息一日。在我国，周一至周五是法定工作日，周六和周日属于休息日。国家机关、事业单位等一般按照上述要求规定工作时间，企业等可以根据自身情况合理调整，但应当保证劳动者每周至少休息一日。如果有特殊情况，确实需要实行其他工作制的，必须经过劳动行政部门的审批。

（二）非标准工作时间

1. 综合工作制

综合工作制是指因工作性质特殊或者受季节及自然条件限制，需要在一段时间内连续作业，经劳动行政部门审批，采取以周、月、季、年等为周期综合计算工作时间的一种工时制度。因此，在这一工作制下，用人单位可以不按照"每日工作不得超过 8 小时，每周工作不得超过 40 小时"的规定要求劳动者提供劳动，但其平均日工作时间和平均周工作时间应与法定标准工作时间基本相同。

依据原劳动部《关于企业实行不定时工作制和综合计算工时工作制的审批办法》（劳部发〔1994〕503 号）相应规定，企业对符合下列条件之一的职工，可实行综合计算工时工作制：

（1）交通、铁路、邮电、水运、航空、渔业等行业中因工作性质特殊，需连续作业的职工。

（2）地质及资源勘探、建筑、制盐、制糖、旅游等受季节和自然条件限制的行业的部分职工。

（3）其他适合实行综合计算工时工作制的职工。

2. 不定时工作制

不定时工作制是指企业因生产特点、工作性质和工作职责的限制，不能实行标准工时制，经劳动行政部门审批，对某些劳动者实行的每日没有固定工作时数限制，直接确定其劳动量的工时制度。

依据原劳动部《关于企业实行不定时工作制和综合计算工时工作制的审批办法》（劳部发〔1994〕503号）的规定，企业对符合下列条件之一的职工，可以实行不定时工作制：

（1）企业中的高级管理人员、外勤人员、推销人员、部分值班人员和其他因工作无法按标准工作时间衡量的职工。

（2）企业中的长途运输人员、出租汽车司机和铁路、港口、仓库的部分装卸人员以及因工作性质特殊，需机动作业的职工。

（3）其他因生产特点、工作特殊需要或者职责范围的关系，适合实行不定时工作制的职工。

需注意以下几点：

（1）实行综合工作制和不定时工作制，用人单位都必须提出申请，经劳动行政部门审批以后才能适用。

中央直属企业实行不定时工作制和综合计算工时工作制等其他工作时间和休息办法的，经国务院行业主管部门审核，报国务院劳动行政部门批准；地方企业实行不定时工作制和综合计算工时工作制等其他工作时间和休息办法的审批办法，由各省、自治区、直辖市人民政府劳动行政部门制定，报国务院劳动行政部门备案。

（2）实行综合工时制的，如果劳动者的实际工作时间总数不超过该周期的法定标准工作时间的总数，只是该周期的某一具体时间超过法定标准工作时间的，其超过部分不视为延长工作时间。如果劳动者的实际工作时间总数超过该周期的法定工作时间总数，超过部分应当视为延长工作时间，并按《劳动法》的规定支付报酬。

实行不定时工作制度的职工，其实际工作时间超过标准工作日的，不算作延长工作时间，也不发给延长工作时间的报酬。

（3）实行综合工时制的，按照1997年劳动部《关于职工工作时间有关问题的复函》第五条规定，延长工作时间按照本人工资的150%支付加班工资，对于在法定节假日安排工作的，则按照本人工资的300%支付加班工资。

实行不定时工时制的，企业安排其在法定节假日工作，是否算作加班，需参考各地政策。例如。依据《北京工资支付规定》第十七条，是不算做加班的；依据《上海市企业工资支付办法》第十三条，是算作加班的，需要支付300%的加班工资。

（4）对于实行不定时工作制和综合计算工时工作制等其他工作时间和休息办法的职工，企业应根据《劳动法》第一章、第四章有关规定，在保障职工身体健康并充分听取职工意见的基础上，采用集中工作、集中休息、轮休调休、弹性工作时间等适当方式，确保职工的休息休假权利和生产、工作任务的完成。

3. 缩短工作时间

缩短工作时间是指根据法定情形规定对劳动者实行短于标准工作时间的工时制度。

《劳动法》第三十九条规定：“企业因生产特点不能实行本法第三十六条、第三十八条规定的，经劳动行政部门批准，可以实行其他工作和休息办法。”《国务院关于职工工作时间的规定》第七条第二款规定：“企业和不能实行前款规定的统一工作时间的事业单位，可以根据实际情况灵活安排周休息日。”

缩短工作时间的适用范围主要包括：

（1）从事矿山井下、高山、有毒、有害、特别繁重和过度紧张的体力劳动职工，以及纺织、化工、煤矿井下、建筑冶炼、地质勘探、森林采伐、装卸搬运等行业或者岗位的职工。

（2）从事夜班工作的职工。夜班工作时间一般是指从本日 22 时至次日 6 时的时间。由于夜间工作颠倒了劳动者的作息，容易引发疲劳、视觉模糊等状况。因此从事夜班工作的劳动者，其日工作时间比标准工作时间少，应小于 8 小时。

（3）怀孕 7 个月以上的女职工和哺乳未满 1 周岁婴儿的女职工。根据《女职工劳动保护》的规定，对怀孕 7 个月以上的女职工用人单位不得延长劳动时间或者安排夜班劳动，并应当在劳动时间内安排一定的休息时间；怀孕女职工在劳动时间内进行产前检查，所需时间计入劳动时间。用人单位应当在每天的劳动时间内为哺乳期女职工安排 1 小时哺乳时间；女职工生育多胞胎的，每多哺乳 1 个婴儿每天增加 1 小时哺乳时间。哺乳时间和因哺乳往返途中的时间，算作劳动时间。因此，在哺乳期内的女职工实际日工作时间少于 8 小时。

实行缩短工作时间的行业或者岗位，仍然需要依法履行审批手续。其审批办法，按照实行不定时工作制和综合工时制的审批办法进行。

4. 计件工作时间

计件工作时间不以劳动者的工作时间长度为计酬标准，而是以完成一定劳动定额为计酬标准。

《劳动法》第三十七条规定：“对实行计件工作的劳动者，用人单位应当根据本法第三十六条规定的工时制度合理确定其劳动定额和计件报酬标准。”即用人单位规定劳动者在一个标准工作日或者一个标准工作周内应当完成的劳动定额。劳动者在规定时间内超过定额继续生产的就等于延长了工作时间，用人单位应当支付加班工资。计件工作时间是标准工作时间的特殊形式，但它并没有突破标准工作时间的要求。

三、延长工作时间制度

（一）延长工作时间的含义

延长工作时间也称加班、加点，是指在正常工作时间以外劳动者继续劳动的时间。其中加班是指在休息日、法定节假日安排劳动者工作；加点是指在正常工作日内安排劳动者工作。

延长劳动者工作时间必然会对劳动者的休息权造成影响，但同时考虑到生产中的特殊需要和可能出现的紧急情况，有时候需要劳动者加班加点工作。因此，在满足一定条件的情形下，可以允许用人单位延长劳动者的工作时间，但必须对加班加点的时长有所限制。

（二）延长工作时间的条件

依据《劳动法》第四十一条和《关于职工工作时间的规定》第六条的规定，延长劳动者工作时间需要满足以下条件：

1. 延长工作时间的原因

用人单位因生产经营需要、特殊情况和紧急任务需要，可以延长工作时间。一般是指工作任务紧急，必须立即完成，例如高压线路受损需要立即抢修，或者是工作任务繁重，必须加班加点才能在规定的时间内完成。

2. 延长工作时间的程序要求

延长工作时间不能由用人单位单方面决定。《劳动法》第四十一条规定："用人单位由于生产经营需要，经与工会和劳动者协商后可以延长工作时间。"也就是说，用人单位必须和工会以及劳动者就延长工作时间进行协商，才能决定延长工作时间。实践中存在着大量的用人单位未经协商即要求劳动者延长工作时间的做法，这一做法是违反法律规定的，可能会承担一定的法律责任。

3. 延长工作时间的长度限制

《劳动法》第四十一条规定："延长工作时间，一般每日不得超过一小时；因特殊原因需要延长工作时间的，在保障劳动者身体健康的条件下延长工作时间每日不得超过三小时，但是每月不得超过三十六小时。"这是强制性规定，延长工作时间，本身就是对标准工作时间的突破，如果没有限度，将会严重影响劳动者的身心健康，侵犯劳动者的合法权益。

但《劳动法》第四十二条对此还有例外规定："有下列情形之一的，延长工作时间不受本法第四十一条规定的限制：（一）发生自然灾害、事故或者因其他原因，威胁劳动者生命健康和财产安全，需要紧急处理的；（二）生产设备、交通运输线路、公共设施发生故障，影响生产和公众利益，必须及时抢修的；（三）法律、行政法规规定的其他情形。"这些情形发生时，如果不及时处理，可能会给公共利益造成极大的损失，因此可以突破上述限制，即例外的例外。

4. 延长工作时间的人员范围

依据《未成年保护法》《劳动法》等规定，禁止安排未成年劳动者、怀孕 7 个月以上或者哺乳未满 12 个月婴儿的女性劳动者在正常工作日以外加班加点。

（三）延长工作时间的劳动报酬

延长工作时间的，用人单位应当按照下列标准支付高于劳动者正常工作时间工资的工资报酬：

（1）安排劳动者延长工作时间的，支付不低于工资的 150% 的工资报酬；

（2）休息日安排劳动者工作又不能安排补休的，支付不低于工资的 200% 的工资报酬；

（3）法定休假日安排劳动者工作的，支付不低于工资的 300% 的工资报酬。

依据《劳动合同法》的有关规定，用人单位安排劳动者加班不支付加班费的，由劳动行政部门责令限期支付劳动报酬、加班费或者经济补偿；劳动报酬低于当地最低工资标准的，应当支付其差额部分；逾期不支付的，责令用人单位按应付金额 50% 以上 100% 以下的标准向劳动者加付赔偿金。

注意，按照《劳动法》五十一条规定，法定节假日用人单位应当依法支付工资，即折算日工资、小时工资是不剔除国家规定的 11 天法定节假日。据此，日工资和小时工资的折算为：

（1）年计薪天数＝ 365 天 –104 天＝ 261 天

（2）月计薪天数＝ 261 天 ÷ 12 ＝ 21.75 天

（3）日工资＝月工资收入 ÷ 21.75 天

（4）小时工资＝日工资 ÷ 8 小时

四、如何看待“996”工作制

2019 年 3 月，“996”工作制曾引起了社会各界激烈的探讨。2016 年 10 月，互联网公司 58 同城被曝出实行全员“996”工作制度，即早上 9 点上班，晚上 9 点下班，每周工作 6 天，且没有补贴或者加班费，也不允许请假。如今，以互联网行业为首的许多行业开始实行“996”工作制。

从标准工作制上讲，无论“996”工作制是企业强制实行还是员工迫于工作压力自发形成，无论是企业文化还是行业趋势所致，从法律视角来看，都是不符合法律规定的。

首先，我国标准工作制是劳动者每日工作不超过 8 小时，每周工作不超过 40 小时。“996”工作制环境下，劳动者每天工作至少 10 小时，每周工作至少 60 小时，这已经明显违反我国关于劳动者工作时间的规定。

其次，我国对于企业因生产特点或者生产经营需要，经法定程序（或者劳动行政部门审批，或者与工会和劳动者协商）可以实行其他工作制或者延长工作时间。但企业实行“996 工作制”既没有经过劳动行政部门审批，也违反了前文中关于用人单位延长工作时间，每日不得超过 3 小时，每月不得超过 36 小时的规定。

最后，“996”工作制延长工作时间违反劳动法规定的工时制度，劳动者有权拒绝加班，并且实行“996”工作制要支付加班费，即使支付加班费是否实行“996”也要经劳动者同意，这是法律赋予劳动者的权利。

【知识链接】

《未成年人保护法》

第六十一条　任何组织或者个人不得招用未满十六周岁未成年人，国家另有规定的除外。

营业性娱乐场所、酒吧、互联网上网服务营业场所等不适宜未成年人活动的场所不得招用已满十六周岁的未成年人。

招用已满十六周岁未成年人的单位和个人应当执行国家在工种、劳动时间、劳动强度和保护措施等方面的规定，不得安排其从事过重、有毒、有害等危害未成年人身心健康的劳动或者危险作业。

任何组织或者个人不得组织未成年人进行危害其身心健康的表演等活动。经未成年人的父母或者其他监护人同意，未成年人参与演出、节目制作等活动，活动组织方应当根据国家有关规定，保障未成年人合法权益。

第一百三十一条　对中国境内未满十八周岁的外国人、无国籍人，依照本法有关规定予以保护。

《劳动法》

第六十一条 不得安排女职工在怀孕期间从事国家规定的第三级体力劳动强度的劳动和孕期禁忌从事的劳动。对怀孕7个月以上的女职工，不得安排其延长工作时间和夜班劳动。

【自测题】

基本案情：王某在一家纺织厂上班，月工资4 000元。8月，厂长在本月工作量已经达标的情况下，接了一笔加急订单，要求在一个月内完工。工厂因此决定接下来一个月每天早上8点上班，晚上9点下班，每周工作6天。王某等人表示反对，认为本月业绩已经达标，工厂要求不合理。工厂负责人答复："现在工作这么难找，我们工厂努力拉订单，你们应该感激才对。再说了，加班也不是没好处。这样吧，给你们每人发200元的购物券！"

问题：请简析工厂的违法之处。

【案例分析】

唐某与某超市劳动争议纠纷一案[1]

2015年2月11日某超市与唐某订立书面劳动合同，合同期限为2015年2月12日

[1] 本案例改编自最高人民法院（2017）最高法民再21号判决书。

至 2018 年 3 月 12 日。劳动合同约定超市实行标准工时制，即每日工作不超过 8 小时，每周工作不超过 40 小时，每周至少休息 1 日。后唐某与超市发生劳动纠纷，于 2016 年 7 月 5 日向劳动人事争议仲裁委员会申请仲裁，请求超市补发休息日加班工资。唐某申请仲裁前 1 年，其月基本工资为 2 000 元。法院审理查明，唐某的休息日加班时间为 70 天，法定节假日加班 5 天。

关于休息日加班费。根据《劳动法》第四十四条第二项规定，“休息日安排劳动者工作又不能安排补休的，支付不低于工资的百分之二百的工资报酬”。日工资标准的计算方法为月基本工资除以法定工作天数，而根据《劳动和社会保障部关于职工全年月平均工作时间和工资折算问题的通知》，职工全年月平均工作天数为 21.75 天。据此，法院认定唐某应得休息日加班费为 2 000÷21.75×70×200%=12 873.56 元，应得法定节假日加班费为 2 000÷21.75×5×300% = 1 379.31 元。

第二节　休息休假法律制度

休息休假时间是指劳动者在国家规定的法定工作时间外自行支配的时间。它主要包括劳动者每天休息的时数、每周休息的天数、法定节假日、年休假、探亲假、婚丧假、产假等时间。我国《宪法》第四十三条赋予了劳动者享有休息的权利，国家应当规定休息休假制度。《劳动法》第三条也规定了劳动者享有休息休假的权利。因此，休息休假权是劳动者所享有的一项法定的基本权利。劳动者利用休息休假时间，恢复体力，调整身心状态，回到工作岗位后，才能更加出色地完成工作任务，从而提高劳动生产率。国家必须制定具体的休息休假法律制度并保证其得到贯彻执行，用人单位必须严格按照法律的规定安排劳动者在法定休息休假时间里得到休息和调整，必须在法定休息休假时间完成一定工作任务的，也应当按照法律规定给予劳动者应有的劳动报酬，劳动者的休息休假权利受到用人单位损害时，应当及时通过协商、仲裁或者诉讼等途径维护自己的权利。

一、休息时间

（一）工作日内的休息时间

工作日内的休息时间是指在一个工作日内应当为劳动者安排的休息时间。在一天的正常工作中，给予劳动者必要的休息时间用于用餐、午休，使劳动者能够恢复体力、调整工作状态。我国目前没有关于工作日内休息时间的具体规定，实践中根据工作性质的不同，用人单位一般会为劳动者安排 1 ~ 2 小时的休息时间。但劳动者在工作中正常的饮水、如厕等人体生理需求的时间，一般来说不应算作休息时间。

（二）工作日之间的休息时间

工作日之间的休息时间是指从一个工作日结束后到下一个工作日之间的休息时间。虽然关于这一阶段的休息时间时长目前并没有明确的法律规定，但是按我国的标准工作时间为基准以及从实践中的做法来看，这一类型的休息时间应当连续不能随意中断，时长一般为 15 小时左右。劳动者可以利用这部分休息时间陪伴家人、参加社交活动以及休息等，平衡生活和工作的节奏，舒缓工作上的压力。

（三）周休息日

周休息日是指劳动者每工作满 1 个工作周后应当为其安排的休息时间。我国《劳动法》第三十八条规定，用人单位应当保证劳动者每周至少休息 1 日。《国务院关于修改〈国务院关于职工工作时间的规定〉的决定》中规定了国家机关、事业单位实行统一的工作时间，每周星期六和星期日为休息日。企业和不能实行前款规定的统一工作时间的事业单位，可以根据实际情况灵活安排周休息日。

二、休假

一般来说，休假时间相较于休息时间来说要长。依据我国法律的规定，休假主要有以下类型：

（一）法定节假日

法定节假日是指根据国家、民族的传统习俗而由法律规定的在节日实行的休假时间。根据《国务院关于修改〈全国年节及纪念日放假办法〉的决定》，用人单位在以下休假日应当安排劳动者休假：

1. 全体公民放假的节日

（1）新年，放假 1 天（1 月 1 日）；（2）春节，放假 3 天（农历除夕、正月初一、初二）；（3）清明节，放假 1 天（农历清明当日）；（4）劳动节，放假 1 天（5 月 1 日）；（5）端午节，放假 1 天（农历端午当日）；（6）中秋节，放假 1 天（农历中秋当日）；（7）国庆节放假 3 天（10 月 1 日、2 日、3 日）。如果适逢星期六、星期日，应当在工作日补假。

2. 部分公民放假的节日及纪念日

（1）妇女节（3 月 8 日），妇女放假半天；（2）青年节（5 月 4 日），14 周岁以上的青年放假半天；（3）儿童节（6 月 1 日），不满 14 周岁的少年儿童放假 1 天；（4）中国人民解放军建军纪念日（8 月 1 日），现役军人放假半天。如果适逢星期六、星期日，不补假。

3. 少数民族习惯的节日

由各少数民族聚居地区的地方人民政府，按照各该民族习惯，规定放假日期。

依据该文件，经国务院批准，国务院办公厅每年年末均会根据实际情况发布下一年度的部分法定节假日（主要为全体公民放假的节日）放假调休具体安排。例如，为了回应人民群众的呼声，2019 年劳动节通过调休形成 4 天小长假，2020 年劳动节通过调休形成 5 天假期。

（二）年休假

年休假是指职工每年在一定时期内享有的带薪连续休息时间。《劳动法》第四十五条规定国家实行带薪年休假制度。

依据《职工带薪年休假条例》的规定：机关、团体、企业、事业单位、民办非企业单位、有雇工的个体工商户等单位的职工连续工作 1 年以上的，享受带薪年休假。具体休假天数，见表 6.1。

表6.1　工作年限与年休假天数

累计工作已满 1 年不满 10 年的	年休假 5 天
累计工作已满 10 年不满 20 年	年休假 10 天
累计工作已满 20 年的	年休假 15 天

应当注意的是，国家法定休假日、休息日不应计入年休假的假期。同时，《职工带薪年休假条例》第四条规定了职工有下列情形之一的，不享受当年的年休假：

（1）职工依法享受寒暑假，其休假天数多于年休假天数的；（2）职工请事假累计 20 天以上且单位按照规定不扣工资的；（3）累计工作满 1 年不满 10 年的职工，请病假累计 2 个月以上的；（4）累计工作满 10 年不满 20 年的职工，请病假累计 3 个月以上的；（5）累计工作满 20 年以上的职工，请病假累计 4 个月以上的。

有些单位根据生产、工作的具体情况，在考虑职工本人意愿的情况下，可以统筹安排职工年休假。年休假在一个年度内可以集中安排，也可以分段安排，一般不跨年度安排。单位因生产、工作特点确有必要跨年度安排职工年休假的，可以跨一个年度安排。单位确因工作需要不能安排职工休年休假的，经职工本人同意，可以不安排职工休年休假。对职工应休未休的年休假天数，单位应当按照该职工日工资收入的 300% 支付年休假工资报酬。

在《职工带薪年休假条例》的基础上，2008 年出台的《企业职工带薪年休假实施办法》进一步对职工年休假作出了具体规定。例如规定职工依法享受的探亲假、婚丧假、产假等国家规定的假期以及因工伤停工留薪期间也不计入年休假假期；规定职工已享受当年的年休假，年度内又出现《职工带薪年休假条例》第四条第二、三、四、五项规定情形之一的，不享受下一年度的年休假；还对用人单位与职工解除或者终止劳动合同时，有关年休假天数如何计算作出了具体规定，进一步保障了劳动者的合法权益。

（三）探亲假

探亲假是指法定的、给予家属分居两地的职工，在一定时期内与父母或者配偶团聚的假期。探亲假是我国比较具有特色的一种休假类型。我国五千多年的历史长河中蕴含着深深的家文化和传统孝文化。企业职工利用这一休假时间，能够探望在异地的父母，和配偶团聚，维持良好的家庭关系，延续家文化。

1. 能够享受探亲假的条件

《国务院关于职工探亲待遇的规定》（以下简称《规定》）第二条规定，凡在国家机关、人民团体和全民所有制企业，事业单位工作满一年的固定职工，与配偶不住在一起，又不能在公休假日团聚的，可以享受本规定探望配偶的待遇；与父亲、母亲都不住在一起，又不能在公休假日团聚的，可以享受本规定探望父母的待遇。但是，职工与父亲或者与母亲一方能够在公休假日团聚的，不能享受本规定探望父母的待遇。

2. 探亲假期

（1）职工探望配偶的，每年给予一方探亲假一次，假期为 30 天；（2）未婚职工探望父母，原则上每年给假一次，假期为 20 天，如果因为工作需要，本单位当年不能给予假期，或者职工自愿两年探亲一次，可以两年给假一次，假期为 45 天；（3）已婚职工探望父母的，每 4 年给假一次，假期为 20 天（在这四年中的任何一年，经过单位领导批准即可探亲）。如果职工的父母或者母亲和职工的配偶同居一地的，职工在探望配偶时，即可同时探望其父母或者母亲，因此，不能再享受探望父母的待遇。

探亲假期是指职工与配偶、父、母团聚的时间，另外，根据实际需要给予路程假。上述假期均包括公休假日和法定节日在内。凡实行休假制度的职工（如学校的教职工）应该在休假期间探亲：如果休假期较短，可由本单位适当安排，补足其探亲假的天数。

3. 探亲假期间的工资

根据该《规定》，职工在规定的探亲假期和路程假期内，按照本人的标准工资发给工资。 职工探望配偶和未婚职工探望父母的往返路费，也由所在单位负担。已婚职工探望父母的往返路费，在本人月标准工资 30% 以内的，由本人自理，超过部分由所在单位负担。

（四）婚丧假

婚丧假是指劳动者本人结婚以及劳动者的直系亲属死亡时依法享受的假期。目前，我国只有关于国营企业职工婚丧假的有关规定。依据《关于国营企业职工请婚丧假和路程假问题的通知》（以下简称《通知》）的规定，职工本人结婚或者职工的直系亲属（父母、配偶和子女）死亡时，可以根据具体情况，由本单位行政领导批准，酌情给予 1~3 天的婚丧假。同时，如果职工结婚时双方不在一地工作的；职工在外地的直系亲属死亡时需要职工本人去外地料理丧事的，都可以根据路程远近，另给予路程假，但途中的车船费等，由职工自理。

除了上述基本规定以外，该《通知》还有两项特别内容：一是在批准的婚丧假和路程假期间，职工的工资照发，也就是属于带薪休假。二是属于晚婚的，假期有所延长，但根据各省、自治区、直辖市的情况有所不同。例如，修订后的《重庆市人口与计划生育条例》中删去了晚婚假的规定，同时规定在重庆市登记结婚的夫妻可以享受婚假 15 日。

（五）产假

产假是指女职工产期前后的休假待遇。《劳动法》第六十二条规定：女职工生育享受不少于九十天的产假。但国务院发布的《女职工劳动保护特别规定》规定女职工生育享受 98 天产假。这是最新的规定，应当以此为准。

具体而言，女职工产假应当包括两部分：生育产假和流产产假。其中产前可以休假 15 天；难产的，增加产假 15 天；生育多胞胎的，每多生育 1 个婴儿，增加产假 15 天。怀孕未满 4 个月流产的，享受 15 天产假；怀孕满 4 个月流产的，享受 42 天产假。实践中，很多当事人疑惑，产假到底是 98 天还是 128 天？事实上，这是因为，除了法定产假 98 天以外，《人口与计划生育法》还规定了生育鼓励假，各省、自治区、直辖市根据实际情况制定了本行政区域内适用的《人口与计划生育条例》，规定了额外的产假。例如，《重庆市人口与计划生育条例》中规定，符合法律、法规规定生育的女职工，在国家规定产假的基础上增加产假 30 日；而《湖南省人口与计划生育条例》则规定，符合法定生育条件的夫妻，女方除享受国家规定的产假外增加产假 60 天。这样一来，也就是为什么会出现 98 天、128 天、158 天产假的差别。另外，男方也享有相应的护理假，也根据地区不同而有所不同，有的地方是 15 天，有的地方是 20 天。

关于女职工产假期间的工资待遇：第一，用人单位不得因女职工怀孕、生育、哺乳降低其工资、予以辞退、与其解除劳动或者聘用合同。第二，女职工产假期间的生育津贴，对已经参加生育保险的，按照用人单位上年度职工月平均工资的标准由生育保险基金支付；对未参加生育保险的，按照女职工产假前工资的标准由用人单位支付。第三，女职工生育或者流产的医疗费用，按照生育保险规定的项目和标准，对已经参加生育保险的，由生育保险基金支付；对未参加生育保险的，由用人单位支付。

【知识链接】

《企业职工带薪年休假实施办法》

第十二条 用人单位与职工解除或者终止劳动合同时，当年度未安排职工休满应休年休假天数的，应当按照职工当年已工作时间折算应休未休年休假天数并支付未休年休假工资报酬，但折算后不足 1 整天的部分不支付未休年休假工资报酬。 前款规定的折算方法为：（当年度在本单位已过日历天数 ÷365 天）× 职工本人全年应当享受的年休假天数－当年度已安排年休假天数。用人单位当年已安排职工年休假的，多于折算应休年休假的天数不再扣回。

【自测题】

基本案情：仇先生连续在某企业工作5年。某日，仇先生身感不适，在医院检查出急性阑尾炎，需要立即手术治疗。仇先生向单位领导报告后，单位领导同意仇先生的病假申请，直到仇先生伤情恢复为止。3个月后仇先生健康恢复如初正常上班。

问题：仇先生还可以享受年休假吗？为什么？

【案例分析】

肖某与某医药包装股份有限公司劳动争议一案[1]

肖某在某医药公司从事司炉工作。2014年10月，某医药公司通知肖某解除劳动关系。肖某申请仲裁，请求公司支付自2012年至2014年10月期间年休假工资，劳动人事争议仲裁委员会作出裁决，肖某不服仲裁裁决，向法院起诉。肖某2012年的日平均工资为111.36元（每月工作日以21.75天计算）；2013年的日平均工资为123.62元；申请仲裁前12个月的为133.47元。

法院认为，《职工带薪年休假条例》第二条规定，职工在年休假期间享受与正常工作期间相同的工资收入。根据该《条例》第五条第三款规定以及《企业职工带薪年休假实施办法》第十条的规定，职工未休年休假时，用人单位除支付职工正常提供劳动的工资外，尚须支付该职工日工资收入200%的未休年休假工资报酬。因此，未休年假工资的性质属于劳动报酬。本案中，肖某在2012年至2014年10月期间未休年休假，其间的正常工资已领取，某医药公司应依法按照其当年度未休年休假天数及日工资收入的200%支付剩余工资报酬。根据法律规定，肖某在2012年可享受年休假10天，2013年可享受年休假15天，2014年工作不足一年为285天，按照上述法律规定，当年的年休假天数为（285÷365）×15=11.71天，计为11天。根据查明的上述期间肖某的日平均工资，肖某应获得2012年至2014年10月期间年休假工资，某医药公司应予支付。

[1] 本案例改编自山西省高级人民法院（2019）晋民再69号判决书。

第七章

劳动报酬制度

【教学难点】

1. 掌握最低工资的概念和分类；
2. 了解工资的组成；
3. 掌握加班加点工资概念及种类；
4. 掌握加班加点工资的计薪标准。

【内容概要】

劳动报酬泛指人们从事各种劳动活动所得，狭义范围上的劳动报酬，只包括工资。工资是指用人单位按照国家规定和劳动合同的约定，以货币形式支付给劳动者的劳动报酬，包括固定工资、奖金、津贴、补贴和加班加点工资及特殊情况下支付的工资等。“最低工资”是指劳动者在法定工作时间内履行了正常劳动义务的前提下，由其所在单位支付的最低劳动报酬。加班加点工资是指用人单位安排劳动者在法定节假日、公休日，或者在规定的正常工作时间以外工作时应当支付给劳动者的劳动报酬。

通过本章学习，使学生了解工资含义、支付方式、组成及分配原则，最低工资标准等内容，理解加班加点工资，不属于最低工资范围，用人单位应当依法向劳动者支付，把握加班加点工资的计算方式。

第一节 最低工资标准

一、工资概述

（一）工资的概念

工资是指用人单位按照国家规定和劳动合同的约定，以货币形式支付给劳动者的劳动报酬，包括计时工资、计件工资、奖金、津贴和补贴、加班加点工资以及特殊情况下支付的工资等。

事实上，工资是劳动报酬的一种。广义上的劳动报酬泛指人们从事各种劳动所得，但这里的劳动报酬是狭义范围上的，只包括工资。在我国，依据法律规定，劳动法上的工资只能以法定货币即人民币支付，不得以实物及有价证券替代货币支付。

（二）工资的组成

依据法律规定，工资总额的组成一般包括：计时工资、计件工资、奖金、津贴和补贴、加班加点工资、特殊情况下支付的工资。其中，计时工资和计件工资又称基本工资，奖金、津贴和补贴又称辅助工资。

计时工资是指按计时工资标准（包括地区生活费补贴）和工作时间支付给个人的劳动报酬。计件工资则是指对已做工作按计件单价支付的劳动报酬。奖金是指支付给职工的超额劳动报酬和增收节支的劳动报酬。津贴和补贴是指为了补偿职工特殊或者额外的劳动消耗和因其他特殊原因支付给职工的津贴，以及为了保证职工工资水平不受物价影响支付给职工的物价补贴。加班加点工资是指按规定支付的加班工资和加点工资。特殊情况下支付的工资包括职工因工伤、法定节假日、休假日等原因按计时工资标准或者计时工资标准的一定比例支付的工资和附加工资、保留工资。

原劳动部关于印发《关于贯彻执行〈中华人民共和国劳动法〉若干问题的意见》的通知第五十三条还规定了不属于工资的范围，包括：

（1）单位支付给劳动者个人的社会保险福利费用，如丧葬抚恤救济费、生活困难补助费、计划生育补贴等。

（2）劳动保护方面的费用，如用人单位支付给劳动者的工作服、解毒剂、清凉饮料费用等。

（3）按规定未列入工资总额的各种劳动报酬及其他劳动收入，如根据国家规定发放的创造发明奖、国家星火奖、自然科学奖、科学技术进步奖、合理化建议和技术改进奖、中华技能大奖等，以及稿费、讲课费、翻译费等。

除此以外，《国家统计局关于工资总额组成的规定》还做了更详细的规定，包括有关离休、退休、退职人员待遇的各项支出；稿费、讲课费及其他专门工作报酬；出差伙食补助费、误餐补助、调动工作的旅费和安家费等费用均不属于工资总额的组成部分。

（三）工资的分配原则

《劳动法》第四十六条规定，工资分配应当遵循按劳分配原则，实行同工同酬。工资水平在经济发展的基础上逐步提高。国家对工资总量实行宏观调控。因此我国工资的分配原则包括：

1. 按劳分配原则

按劳分配即按照劳动者提供的劳动数量和质量来分配个人消费品，实行多劳多得，少劳少得。这是衡量劳动者应得劳动报酬的法定标准，这一标准有利于统一劳动者的权利与义务，在初次分配中体现科学与公平。

2. 同工同酬原则

同工同酬即用人单位对在同一岗位上付出相同劳动的劳动者，不分年龄、性别、民族等因素，应当给付他们同等的劳动报酬。同工同酬原则不仅是我国劳动法律、法规规定的一项基本原则，也是国际劳工组织予以支持的一项原则。

3. 工资水平在经济发展的基础上逐步提高

这一原则要求，不仅是全国工资水平，还包括地区工资水平都必须在经济发展的基础上逐步提高。工资水平随着经济水平的提高而提高，才能保证劳动者的收入能够满足日常生活开销，同时进一步满足劳动者精神上的需求。

除此以外，依据法律规定，还有用人单位应当按时并足额向劳动者支付劳动报酬等基本原则。例如依据《工资支付暂行规定》的规定，工资必须在用人单位与劳动者约定的日期支付。如遇节假日或者休息日，则应提前在最近的工作日支付。工资至少每月支付一次，实行周、日、小时工资制的可按周、日、小时支付工资。对完成一次性临时劳动或者某项具体工作的劳动者，用人单位则应按有关协议或者合同规定在其完成劳动任务后即支付工资。如果劳动关系双方依法解除或者终止劳动合同，用人单位应在解除或者终止劳动合同时一次性付清劳动者工资。

二、最低工资标准制度

（一）最低工资标准的概念

最低工资标准是指国家依法规定的，当职工在法定工作时间或者签订的劳动合同约定的工作时间内提供了正常劳动的前提下，用人单位在最低限度内应当支付的足以维持职工及其平均供养人口基本生活需要的劳动报酬，也是工资的法定最低限额。原劳动部关于印发《关于贯彻执行〈中华人民共和国劳动法〉若干问题的意见》第五十四条规定，“最低工资”是指劳动者在法定工作时间内履行了正常劳动义务的前提下，由其所在单位支付的最低劳动报酬。正常劳动则是指劳动者按依法签订的劳动合同约定，在法定工作时间或者劳动合同约定的工作时间内从事的劳动。劳动者依法享受带薪年休假、探亲假、婚丧假、生育（产）假、节育手术假等国家规定的假期间，以及法定工作时间内依法参加社会活动期间，视为提供了正常劳动。

依据法律规定，国家实行最低工资保障制度。最低工资的具体标准由各省、自治区、直辖市人民政府规定，报国务院备案。用人单位不得规定支付劳动者的工资不得低于当地最低工资标准，否则属于无效规定。同时在劳动合同中，双方当事人约定的劳动者在未完成劳动定额或者承包任务的情况下，用人单位可低于最低工资标准支付劳动者工资的条款不具有法律效力。

（二）最低工资标准的组成和确定程序

1. 最低工资标准的组成

我国的最低工资标准包括两部分：一是月最低工资标准，适用全日制就业劳动者；二是小时最低工资标准，适用于非全日制劳动者。全日制就业劳动者就是指按照标准工作制即每天工作不超过 8 小时，每周工作不超过 40 小时的工作时间制度从事劳动的劳动者。非全日制就业劳动者就是指在同一用人单位一般平均每日工作时间不超过 4 小时，每周工作时间累计不超过 24 小时的用工形式从事劳动的劳动者。规定两种类型的最低工资标准，更有利于适应发展灵活就业的需要，目前我国大多数城市地区都规定了这两种最低工资标准。

2. 最低工资标准的确定程序

《劳动法》第四十九条规定，确定和调整最低工资标准应当综合参考下列因素：（1）劳动者本人及平均赡养人口的最低生活费用；（2）社会平均工资水平；（3）劳动生产率；（4）就业状况；（5）地区之间经济发展水平的差异。《最低工资规定》第六条进一步对最低工资标准的确定参考要素予以规定，即确定和调整月最低工资标准，应参考当地就业者及其赡养人口的最低生活费用、城镇居民消费价格指数、职工个人缴纳的社会保险费和住房公积金、职工平均工资、经济发展水平、就业状况等因素。确定和调整小时最低工资标准，应在颁布的月最低工资标准的基础上，考虑单位应缴纳的基本养老保险费和基本医疗保险费因素，同时还应适当考虑非全日制劳动者在工作稳定性、劳动条件和劳动强度、福利等方面与全日制就业人员之间的差异。

依据《劳动法》及《最低工资规定》的有关规定，最低工资标准的确定依照以下程序进行：

第一，由省、自治区、直辖市人民政府劳动行政部门会同同级工会、企业联合会/企业家协会研究拟订最低工资标准的确定和调整方案，并将拟订的方案报送人力资源和社会保障部。

第二，人力资源和社会保障部在收到拟订方案后，应征求全国总工会、中国企业联

合会 / 企业家协会的意见。人力资源和社会保障部可以在方案收到后 14 日内对方案提出修订意见，若未提出修订意见的，视为同意。

第三，人力资源和社会保障部同意拟订方案的，省、自治区、直辖市劳动行政部门应将本地区最低工资标准方案报同级人民政府批准，并在批准后 7 日内在当地政府公报上和至少一种全地区性报纸上发布。省、自治区、直辖市劳动行政部门应在发布后 10 日内将最低工资标准报人力资源和社会保障部备案。

此外，最低工资标准每两年至少调整一次。用人单位应在最低工资标准发布后 10 日内将该标准向本单位全体劳动者公示。

3. 不纳入最低工资标准组成部分的劳动报酬

《劳动法》第四十八条中规定的“最低工资”不包括：（1）延长工作时间的工资报酬；（2）以货币形式支付的住房和用人单位支付的伙食补贴；（3）中班、夜班、高温、低温、井下、有毒、有害等特殊工作环境和劳动条件下的津贴；（4）国家法律、法规、规章规定的社会保险福利待遇。上述劳动报酬由用人单位按照相应的法律规定向劳动者支付。此外，实行计件工资或者提成工资等工资形式的用人单位，在科学合理的劳动定额基础上，其支付劳动者的工资不得低于相应的最低工资标准

（三）最低工资的适用范围

1. 最低工资标准适用的主体范围

《最低工资规定》第二条规定，最低工资标准制度适用于在中华人民共和国境内的企业、民办非企业单位、有雇工的个体工商户（以下统称用人单位）和与之形成劳动关系的劳动者。国家机关、事业单位、社会团体和与之建立劳动合同关系的劳动者，依照本规定执行。一般来说，下列人员不适用最低工资标准：

（1）公务员。因为这类人员的工资标准是由国家直接规定，工资也是由国家支付，工资水平通常来说能够满足其家庭日常生活开支，不需要最低工资标准的保护。

（2）从事租赁或者承包经营的租赁人、承包人。这类人员的收入不是由劳动关系产生的劳动报酬，不适用最低工资标准。

（3）学徒、利用假期勤工俭学的学生、农民、军人、残疾人等。这些人员的收入同样也不是来源于劳动关系，不适用最低工资标准。但应当注意，劳动者与用人单位形成或者建立劳动关系后，试用、熟练、见习期间，在法定工作时间内提供了正常劳动，其所在的用人单位应当支付其不低于最低工资标准的工资。

2. 最低工资标准适用的时间范围

《最低工资规定》第三条规定了最低工资标准适用的时间范围，是劳动者的法定工作时间或者依法签订的劳动合同约定的工作时间。同时还规定劳动者依法享受国家规定的节假期间，以及法定工作时间内依法参加社会活动期间，也视为提供了正常劳动，适用最低工资标准。

《最低工资规定》第十二条和原劳动部关于印发《关于贯彻执行〈中华人民共和国劳动法〉若干问题的意见》第五十七条、第五十九条以及第六十四条规定了不适用最低工资标准的情形：

（1）劳动者由于本人原因造成在法定工作时间内或者依法签订的劳动合同约定的工作时间内未提供正常劳动的，例如迟到、早退、旷工等情形。

（2）企业下岗待工人员，由企业依据当地政府的有关规定支付其生活费，生活费可以低于最低工资标准。

（3）职工患病或者非因工负伤治疗期间，在规定的医疗期间内由企业按有关规定支付其病假工资或者疾病救济费，病假工资或者疾病救济费可以低于当地最低工资标准支付，但不能低于最低工资标准的80%。

（4）国有企业在出现经济困难情形，难以支付职工工资时，应发给职工基本生活费，具体标准由各地区、各部门根据实际情况确定。

【知识链接】

《国家统计局关于工资总额组成的规定》

第十一条 下列各项不列入工资总额的范围：（一）根据国务院发布的有关规定颁发的发明创造奖、自然科学奖、科学技术进步奖和支付的合理化建议和技术改进奖以及支付给运动员、教练员的奖金；（二）有关劳动保险和职工福利方面的各项费用；（三）有关离休、退休、退职人员待遇的各项支出；（四）劳动保护的各项支出；（五）稿费、讲课费及其他专门工作报酬；（六）出差伙食补助费、误餐补助、调动工作的旅费和安家费；（七）对自带工具、牲畜来企业工作职工所支付的工具、牲畜等的补偿费用；（八）实行租赁经营单位的承租人的风险性补偿收入；（九）对购买本企业股票和债券的职工所支付的股息（包括股金分红）和利息；（十）劳动合同制职工解除劳动合同时由企业支付的医疗补助费、生活补助费等；（十一）因录用临时工而在工资以外向提供劳动力单位支付的手续费或者管理费；（十二）支付给家庭工人的加工费和按加工订货办法支付给承包单位的发包费用；（十三）支付给参加企业劳动的在校学生的补贴；（十四）计划生育独生子女补贴。

《工资支付暂行规定》

第六条 用人单位应将工资支付给劳动者本人。劳动者本人因故不能领取工资时，可由其亲属或者委托他人代领。用人单位可委托银行代发工资。用人单位必须书面记录支付劳动者工资的数额、时间、领取者的姓名以及签字，并保存两年以上备查。用人单位在支付工资时应向劳动者提供一份其个人的工资清单。

【自测题】

1. 我国最低工资标准有哪些类型？

2. 延长工作时间的工资报酬是否应当按照最低工资标准发放？

【案例分析】

傅某与某市应急管理局劳动争议一案[1]

1998 年，傅某到某市应急管理局工作。2008 年因劳动关系及工资标准发生争议。2012 年，法院作出判决：某市应急管理局于判决生效之日恢复傅某原岗位工作；并自 2008 年 4 月起按某市政府颁发的市最低工资标准 620 元 / 月发放生活费，至恢复傅某工作时止。2012 年 12 月，某省政府下发了〔2012〕66 号关于调整全省最低工资标准，某市按 900 元 / 月的标准执行。因最低工资标准调整，2015 年 1 月，傅某向某市劳动人事争议仲裁委员会申请仲裁，该委向傅某送达了不予立案通知书。故傅某诉至法院，要求应急管理局补偿其自 2012 年 12 月 1 日起至 2015 年 1 月的市最低工资标准差额，即 280 元 / 月 ×25 个月 =7 000 元。

法院再审认为，本案争议焦点为某市应急管理局应否以某市 2012 年调整后的最低工资标准为傅某补发调整后的最低工资差额。法院终审判决确定应急管理局给付傅某工资的标准为某市最低工资。依据文件规定，自 2012 年 12 月 1 日起，将某市最低工资标准由原来的 620 元 / 月调整至 900 元 / 月。至傅某提起本案诉讼时，某市应急管理局仍未为傅某恢复原岗位工作。因此，在最低工资标准调整后，傅某要求按调整后的最低工资标准给付其工资，符合法律规定，应予支持。某市应急管理局应以每月 900 元的最低工资标准，补发傅某调整后的最低工资差额 7 000 元。

第二节　加班加点工资

一、加班加点工资概述

（一）加班加点工资的概念

加班加点工资又称延长工作时间工资，是指用人单位安排劳动者在法定节假日、公休日，或者在规定的正常工作时间以外工作时应当支付给劳动者的劳动报酬。依据原劳

[1] 本案例改编自黑龙江省高级人民法院（2019）黑民再 388 号判决书。

动部关于印发《关于贯彻执行〈中华人民共和国劳动法〉若干问题的意见》第五十四条的规定，加班加点工资不属于最低工资涵盖的范围，应当按照法律规定向劳动者支付劳动报酬。

有些用人单位把加班加点工资按最低工资支付，这是对国家法律法规的错误解读，也是对劳动者合法权利的极大侵犯。法定节假日、休息日以及正常工作时间以外的时间本属劳动者的私人时间，劳动者利用这些时间来调整身体状态、处理生活琐事、维护社交关系，用人单位让劳动者在这些时间里继续工作属于对劳动者私人时间的占用，当然应当支付劳动者劳动报酬。同时，如果按照最低工资向劳动者支付加班加点工资，也远远低于劳动者付出劳动所应当获得的劳动报酬，所以我国对加班加点工资的计算方法有单独的法律规定，用人单位应当按照规定支付劳动者加班加点工资，否则就属于违法行为。

（二）加班加点工资的类型

加班加点工资包括加班工资和加点工资两种类型，其中加班工资是指劳动者在法定节假日、休息日工作应当获得的劳动报酬；加点工资是指劳动者在正常工作时间以外继续从事劳动所应当获得的劳动报酬。关于加班加点的条件参见本书第六章第一节的内容，但是同样应当明确依据《劳动法》第四十一条的规定，用人单位延长劳动者工作时间，一般每日不得超过 1 小时；因特殊原因需要延长工作时间的，在保障劳动者身体健康的条件下延长工作时间每日不得超过 3 小时，但是每月不得超过 36 小时。这是强制性规定，延长工作时间，本身就是对标准工作时间的突破，如果没有限度，将会严重影响劳动者的身心健康，侵犯劳动者合法权益。

二、加班加点工资的计算方式

在我国，用人单位要求劳动者加班加点工作是十分普遍的现象，而因为加班加点工资引发的劳动争议也在劳动争议案件中占很大比例。我国《劳动法》等法律、法规对加班加点工资的计算方式有明确的规定。

（一）计薪天数

按照《劳动法》第五十一条的规定，劳动者在法定休假日和婚丧假期间以及依法参加社会活动期间，用人单位应当依法支付工资。因此按照这一规定，折算日工资、小时工资不剔除国家规定的 11 天法定节假日。据此，日工资和小时工资的折算方法为：首先计算年计薪天数和月计薪天数，即年计薪天数 =365 天 −104 天 =261 天，月计薪天数 = 261 天 ÷ 12 月 =21.75 天。据此可以得出，日工资 = 月工资收入 ÷ 21.75 天；小时工资 = 日工资 ÷ 8 小时。

例如：A 公司由于年底业务繁忙，遂要求小王周四加班 2 小时，据了解，小王在 A 公司的月收入 6 525 元，那么小王能得到的加点工资为 112.5 元。计算方法为：6 525 ÷ 21.75=300（元 / 天），300 ÷ 8=37.5（元 / 小时），37.5 × 2 × 1.5=112.5（元）。

（二）计薪标准

对于加班加点工资的计薪标准，《劳动法》第四十四条规定，有下列情形之一的，用人单位应当按照下列标准支付高于劳动者正常工作时间工资的工资报酬：（1）安排劳动者延长工作时间的，支付不低于工资的 150% 的工资报酬；（2）休息日安排劳动者工作又不能安排补休的，支付不低于工资的 200% 的工资报酬；（3）法定休假日安排劳动者工作的，支付不低于工资的 300% 的工资报酬。需要注意，对于休息日安排劳动者工作的，应当首先为劳动者安排补休，不能安排补休的情况下，再向劳动者支付不低于工资的 200% 的劳动报酬，而在法定节假日安排劳动者工作的，法律并未规定用补休的方式来弥补劳动者的损失。这说明尽管延长劳动者工作时间，在补偿方式上，经济补偿的方式更为明确，但从保障劳动者身心健康和合法权益的角度出发，不可忽视休息补偿，不能一味地以经济补偿的方式直接替代休息补偿。

同时，原劳动和社会保障部（现人力资源与社会保障部）办公厅劳社函〔2000〕18 号文《关于部分公民放假有关工资问题的函》中明确规定：按照国务院《全国年节及纪念日放假办法》（国务院令第 270 号）中关于妇女节、青年节等部分公民放假的规定，在部分公民放假的节日期间，对参加社会或者单位组织庆祝活动和照常工作的职工，单位应支付工资报酬，但不支付加班工资。如果该节日恰逢星期六、星期日，单位安排职工加班工作，则应当支付休息日的加班工资。

此外，《工资支付暂行规定》第十三条规定，实行计件工资的劳动者，在完成计件定额任务后，由用人单位安排延长工作时间的，应根据延长工作时间支付劳动报酬规定的原则，分别按照不低于其本人法定工作时间计件单价的 150%、200%、300% 支付其工资。经劳动行政部门批准实行综合计算工时工作制的，其综合计算工作时间超过法定标准工作时间的部分，应视为延长工作时间，并应按本规定支付劳动者延长工作时间的工资。原劳动部关于印发《关于贯彻执行〈中华人民共和国劳动法〉若干问题的意见》第六十二条进一步明确规定，实行综合计算工时工作制的企业职工，工作日正好是周休息日的，属于正常工作；工作日正好是法定节假日时，要依照劳动法第四十四条第（三）项的规定支付职工的工资报酬。这些法律规定更为科学地考虑了劳动者延长工作时间的劳动报酬支付的特殊情况，有利于更好地应对我国几种工时制并存的实际情况。

三、用人单位拒不支付加班加点工资的法律责任

用人单位在法定节假日、休息日以及正常工作时间以外安排劳动者工作的，应当按照上述规定支付劳动者相应的劳动报酬。但实践中，很多用人单位违反法律规定，拒不支付劳动者加班加点工资，损害了劳动者依法应当获得劳动报酬的权利。因此，我国劳动法律法规中也明确规定了用人单位拒不支付劳动者加班加点工资应当承担的法律责任。如下：

我国《劳动法》第九十一条规定，用人单位有下列侵害劳动者合法权益情形之一的，由劳动行政部门责令支付劳动者的工资报酬、经济补偿，并可以责令支付赔偿金：（1）克扣或者无故拖欠劳动者工资的；（2）拒不支付劳动者延长工作时间工资报酬的；（3）低于当地最低工资标准支付劳动者工资的；（4）解除劳动合同后，未依照本法规定给予劳动者经济补偿的。赔偿金是对用人单位违法行为的一种处罚机制，以告诫用人单位严格按照法律规定履行相应的义务。在用人单位拒不支付劳动者延长工作时间劳动报酬的情况下，用人单位除了须向劳动者补发相应劳动报酬以及经济补偿以外，可能还会承担支付劳动者赔偿金的法律责任。《工资支付暂行规定》中也有同样的规定。

《劳动合同法》第八十五条、《劳动保障监察条例》第二十六条进一步明确了赔偿金的支付标准，即用人单位有克扣或者无故拖欠劳动者工资报酬的，由劳动行政部门责令限期支付劳动者的工资报酬；逾期不支付的，责令用人单位按照应付金额的 50% 以上 1 倍以下的标准计算，向劳动者加付赔偿金。加班加点工资属于工资的组成部分（只是不属于最低工资的范围），故用人单位拒不支付劳动者加班加点工资的，赔偿金按上述规定标准支付。

用人单位安排劳动者延长工作时间工作，为其安排补休或者按时足额支付加班加点工资，是用人单位应尽的法律义务，违反法律规定没有履行这一义务的用人单位应当依法承担上述法律责任。

【知识链接】

《劳动合同法》

第三十一条 用人单位应当严格执行劳动定额标准，不得强迫或者变相强迫劳动者加班。用人单位安排加班的，应当按照国家有关规定向劳动者支付加班费。

《工资支付暂行规定》

第十八条 各级劳动行政部门有权监察用人单位工资支付的情况。用人单位有下列侵害劳动者合法权益行为的，由劳动行政部门责令其支付劳动者工资和经济补偿，并可责令其支付赔偿金：（一）克扣或者无故拖欠劳动者工资的；（二）拒不支付劳动者延

长工作时间工资的；（三）低于当地最低工资标准支付劳动者工资的。经济补偿和赔偿金的标准，按国家有关规定执行。

【自测题】

案情介绍：基本案情：周某为某公司员工，日工资 180 元。10 月，由于项目赶工，公司安排他加班 4 天，其中占用国庆假 2 天，休息日 2 天，没有安排补休。

问题：（1）周某可以获得多少加班工资？（2）如果单位拒绝支付周某加班工资，周某该如何维护自己的合法权益？

【案例分析】

范某与某市某金融服务有限公司、某市某金融服务有限公司某分公司劳动争议一案[1]

范某与某公司签订劳动合同一份，被安排至该公司某分公司工作。合同约定工作时间为标准工作制，其月平均工资为 14 374 元。

后与公司因加班工资发生争议，范某遂申请劳动仲裁。劳动人事争议仲裁委员会裁决某公司应给付范某 2016 年 3 月至 2017 年 2 月休息日和法定节假日加班工资 79 520 元。范某对加班工资数额不服，故诉至法院。

法院认为，用人单位安排劳动者在休息日和法定节假日工作的，应当依法支付相应的加班工资。劳动者主张加班费的，应就加班事实的存在承担举证责任；但劳动者有证据证明用人单位掌握加班事实存在的证据而不提供，由用人单位承担不利后果。

本案中，范某提供了电子打卡考勤记录、工作群微信聊天记录以及日常考核管理制度公示照片等证据，能够印证其休息日及法定节假日加班或者按相关领导要求加班的事实主张，而范某提供的某公司方制作的工资明细从未有加班工资的支付记载。某公司不能提供证明范某不存在加班事实或者仅有电子考勤记载而未有实际加班工作内容的相关证据。本案范某与某公司建立劳动合同关系，范某所举证据初步证实某公司安排其休息日和法定节假日加班的事实，某公司虽不予认可，但无相反证据反驳，故应当承担相应的不利后果，即依法支付加班工资 79 520 元。

[1] 本案例改编自江苏省连云港市中级人民法院（2017）苏 07 民终 4098 号判决书。

第八章

特殊劳动主体的保护制度

【教学难点】

1. 了解女职工特殊劳动保护意义；
2. 女职工“四期”的特殊劳动保护内容；
3. 掌握未成年工与童工的区别；
4. 掌握未成年工的特殊劳动保护。

【内容概要】

劳动法以保护劳动者，倾斜立法为宗旨，劳动法规定了劳动关系中的特殊群体，设立最低限度的保护条件，赋予其特殊劳动权益。特殊劳动保护制度就是专门为女职工和未成年工这两个特殊劳动群体设立的劳动保护法律制度。

通过本章学习，使学生了解女职工特殊劳动保护的含义、主要内容、特殊劳动保健与保障措施，理解未成年工的特殊劳动保护含义、主要内容、特殊劳动保障措施，把握特殊劳动保护制度。

第一节 女职工特殊劳动保护

一、女职工特殊劳动保护的含义

女职工是指以工资收入为主要生活来源的女性职工。女职工特殊劳动保护，是指由于妇女生理机能、身体结构有别于男性，需要对其在劳动过程中的健康安全采取特殊的保护措施，以有效实现其合法劳动权益。

对女职工实行特殊劳动保护，是由其生理结构特点所决定的。从医学角度讲，女性的生理机能、身体结构与男性存在着根本性的差异，特殊的劳动环境和强度可能会对女性健康带来危害。同时，对女职工实行特殊劳动保护，也是现代社会发展的需要。一方面可以促进男女平等就业。法律规定劳动者不因性别不同而受到就业歧视。女职工承担了哺育下一代的繁重任务，用人单位需要对女职工投入长时间的假期、保险等成本。企业作为“理性经济人”在寻求成本最小化，利润最大化的过程中容易滋生出性别歧视，导致女性在就业和职业发展过程中遭遇歧视和晋升困难。另一方面可以保障公民生育权。法律规定生育权是公民的一项基本人权，公民有生育子女或者不生育子女的自由。但是职业女性因其怀孕、生育、哺乳和家庭角色的特殊性，担心职业发展受阻而选择隐婚隐育的现象层出不穷。生育下一代是全社会的责任，不能由女性独自承担，应最大限度地减少女性在抚育下一代过程中，因履行男性无法替代的角色和责任而产生的艰辛和风险。

随着我国经济社会的改革和发展，对女职工进行特殊劳动保护是一项与时俱进的长期任务，也是一个国家文明程度的重要表征，需要不断加强和完备，以有效保护女职工的劳动安全与健康，减轻对女性平等就业的影响。提升全社会在承担生育下一代方面的责任，以维护民生与社会稳定，保障社会公平。

二、女职工特殊劳动保护的主要内容

《妇女权益保障法》明确规定了妇女享有与男性平等的劳动和社会保障权益，《女职工劳动保护特别规定》则是从保护女职工健康，减少女职工在劳动中因生理特点造成的特殊困难为出发点，明确了女职工的劳动禁忌保护、“四期”保护、保健设施等方面的具体措施。

（一）平等就业

1. 妇女享有同男性的平等就业权

男女平等既是宪法的基本原则，也是劳动法的基本原则。劳动者依法享有平等就业和自主择业的权利，不因民族、种族、性别、宗教信仰不同而受歧视。《就业促进法》规定，国家保障妇女享有与男子平等的劳动权利。用人单位招用人员，除国家规定的不适合妇女的工种或者岗位外，不得以性别为由拒绝录用妇女或者提高对妇女的录用标准。用人单位录用女职工，不得在劳动合同中规定限制女职工结婚、生育的内容。因此，为进一步保障平等就业权，《就业促进法》第六十二条规定，实施就业歧视的，劳动者可以向人民法院提起诉讼。2020 年最高人民法院在《民事案件案由规定》中规定了“平等就业权纠纷”这一案由种类，对创造公平就业的环境，保障女性平等就业权，消除就业歧视起到了积极的作用。

2. 男女同工同酬

男女同工同酬遵循的基本原则是男女平等、按劳分配。同等的劳动应获得同等的报酬，不因性别、年龄、民族、区域等不同而不同。《劳动法》规定，工资分配应当遵循按劳分配原则，实行同工同酬。《妇女权益保障法》规定，妇女在享受福利待遇方面享有与男子平等的权利。在晋职、晋级、评定专业技术职务等方面，应当坚持男女平等的原则，不得歧视妇女。任何单位不得因结婚、怀孕、产假、哺乳等情形，降低女职工的工资，辞退女职工，单方解除劳动（聘用）合同或者服务协议。但是，女职工要求终止劳动（聘用）合同或者服务协议的除外。各单位在执行国家退休制度时，也不得以性别为由歧视妇女。

（二）劳动禁忌保护

由于男女在生理机能、身体结构上存在自然的差异，为保护女性劳动过程中的安全与健康，法律规定特殊情况下，用人单位不得安排女职工从事不适合妇女的工作和岗位。从国家对女职工劳动禁忌规定的基准线来看，基本是依据劳动强度的国家标准，禁止安排女性从事重体力高负荷的体力劳动。《女职工劳动保护特别规定》里明确规定，女职工禁忌从事的劳动范畴是：（1）矿山井下作业；（2）体力劳动强度分级标准中规定的第 4 级体力劳动强度作业；（3）每小时负重 6 次以上、每次负重超过 20 公斤的作业，或者间断负重、每次负重超过 25 公斤的作业。在女职工禁忌劳动范畴的基础上，《女职工劳动保护特别规定》还对女性特有的工作安排和禁忌劳动范畴做了进一步规定。

（三）“四期”保护

经期、孕期、产期、哺乳期是女性特有的 4 个生理周期，分别指的是女职工月经、怀孕、生育，以及哺乳未满 1 周岁婴儿期间。在这些特殊时期，用人单位在劳动环境、强度和岗位上的安排都容易对女性的受孕、怀孕、分娩，以及胎儿发育造成重要的影响。

1.“四期”的劳动禁忌保护

以女职工劳动禁忌从事的高强度、高负荷体力劳动为基准，经期、孕期、产期、哺乳期的女职工禁忌从事劳动范畴增加了有毒、有害、高空等条件作业，以及空气浓度超过国家作业标准的范围。不同生理周期，其强度等级有所区别。

女职工在经期禁忌从事的劳动范围：（1）冷水作业分级标准中规定的第2级、第3级、第4级冷水作业；（2）低温作业分级标准中规定的第2级、第3级、第4级低温作业；（3）体力劳动强度分级标准中规定的第3级、第4级体力劳动强度的作业；（4）高处作业分级标准中规定的第3级、第4级高处作业。

女职工在孕期禁忌从事的劳动范围：（1）作业场所空气中铅及其化合物、汞及其化合物、苯、镉、铍、砷、氰化物、氮氧化物、一氧化碳、二硫化碳、氯、己内酰胺。氯丁二烯、氯乙烯、环氧乙烷、苯胺、甲醛等有毒物质浓度超过国家职业卫生标准的作业；（2）从事抗癌药物、己烯雌酚生产，接触麻醉剂气体等的作业；（3）非密封源放射性物质的操作，核事故与放射事故的应急处置；（4）高处作业分级标准中规定的高处作业；（5）冷水作业分级标准中规定的冷水作业；（6）低温作业分级标准中规定的低温作业；（7）高温作业分级标准中规定的第3级、第4级的作业；（8）噪声作业分级标准中规定的第3级、第4级的作业；（9）体力劳动强度分级标准中规定的第3级、第4级体力劳动强度的作业；（10）在密闭空间、高压室作业或者潜水作业，伴有强烈振动的作业，或者需要频繁弯腰、攀高、下蹲的作业。

女职工在哺乳期禁忌从事的劳动范围：（1）孕期禁忌从事的劳动范围的第1项、第3项、第9项；（2）作业场所空气中锰、氟、溴、甲醇、有机磷化合物、有机氯化合物等有毒物质超过国家职业卫生标准的作业。

2.“四期”的合理工作安排

（1）孕期：女职工在孕期不能适应原劳动的，用人单位应根据医疗机构的证明，予以减轻劳动量或者安排其他能够适应的劳动。怀孕7个月以上的女职工，用人单位不得延长劳动时间或者安排夜班劳动，并应当在劳动时间内安排一定的休息时间。怀孕女职工在劳动时间内进行的产前检查，所需时间计入劳动时间。

（2）产期：女职工产期前后的休假通常有两个部分，即基本产假+奖励假。《人口与计划生育法》《女职工劳动保护特别规定》及地方性法规中均有明确规定，女职工因生育可以享受产假、流产假、生育假的奖励或者其他福利待遇。

（3）哺乳期：对于哺乳未满1周岁婴儿的女职工，用人单位不得安排延长劳动时间或者安排夜班劳动。用人单位应当在每天的劳动时间内为哺乳期女职工安排1小时哺乳时间；女职工生育多胞胎的，每多哺乳1个婴儿每天增加1小时哺乳时间。

（四）特殊劳动保健与保障措施

女职工的劳动保健工作是女职工特殊劳动保护的基础。除了劳动过程中的生理期保护以外，日常健康防护也非常重要。

1. 女职工劳动保健

女职工劳动保健以预防为主，主要分为月经期保健、婚前保健、孕前保健、孕期保健、产后保健、哺乳期保健、更年期保健。

2. 特殊劳动保护设施

女职工比较多的用人单位应当根据女职工的需要，建立女职工卫生室、孕妇休息室、哺乳室等设施，妥善解决女职工在生理卫生、哺乳方面的困难。

3. 特殊劳动保护的保障

《妇女权益保障法》规定，国家发展社会保险、社会救助、社会福利和医疗卫生事业，保障妇女享有社会保险、社会救助、社会福利和卫生保健等权益。推行生育保险制度，建立健全与生育相关的其他保障制度。

4. 良好的工作环境

基于劳动法的宗旨，用人单位具有建设良好工作环境，保护劳动者的劳动安全与卫生的义务。《女职工劳动保护特殊规定》要求，用人单位应当采取相应的措施，预防和制止在劳动场所对女职工的性骚扰。

【知识链接】

《女职工劳动保护特别规定》全文。

《妇女权益保障法》第二十二条至第二十九条。

《劳动法》第十二条、第十三条、第五十八条至第六十五条、第九十五条。

《人口与计划生育法》第二十五条、第二十六条。

《就业促进法》第三条、第二十七条、第六十二条。

【自测题】

基本案情：冯女士在A公司任职，但其因怀孕而选择减少工作量，专心养胎。生完宝宝后的冯女士，因在此期间堆积了不少工作任务，领导要求在产假结束后立即回到工作岗位，并要求加班加点完成落下的工作。冯女士无奈之下只得与公司领导协商加班事项。

问题：（1）根据《女职工劳动保护特别规定》，冯女士能够享受多长的生育产假假期？（2）若冯女士怀孕7个月以上，A公司是否应该安排加班？（3）公司领导要求冯女士在产假结束后加班加点完成落下的工作，是否正确？

【案例分析】

某贸易有限公司与虎某劳动争议一案[1]

某公司于2014年1月成立，虎某为其职工。2018年7月，某公司向虎某发出通知，载明因虎某工作疏忽，触犯了公司关于工作职责的规定，导致公司可能会遭受目的经济和商业处罚，为此公司决定解除与虎某的劳动合同关系。后虎某申请劳动仲裁，请求：某公司支付自2015年9月至2016年2月产假工资30 000元。因虎某与某公司均不服仲裁裁决，分别提起诉讼。

法院认为，虽然某公司主张虎某于2016年3月入职，提供了双方签订的劳动合同予以证实。由于虎某未举证证明劳动合同上的签名不属实，故法院对双方签订劳动合同的事实予以采信。但签订劳动合同的时间不等于员工的入职时间，在虎某已举证证实其于2013年9月已入职某公司的情况下，某公司作为用人单位应提供员工入职登记表及职工名册等属于用人单位掌握的资料，如其未完成举证责任，应承担不利后果。其次，鉴于某公司于2014年1月经工商登记成立，认定此时间为虎某的入职时间。最后，依据《女职工特别保护规定》第七条第一款和《某省人口与计划生育条例》第三十一条规定，虎某应享受产假128天。因某公司在虎某生育时未缴纳社保，故依据《女职工特别保护规定》第八条第一款之规定，由某公司按照虎某产假前的工资标准向其支付产假工资。

第二节　未成年工的特殊劳动保护

一、未成年工及未成年工特殊劳动保护的含义

未成年工指年满16周岁未满18周岁，但与单位或者个人发生劳动关系，从事有经济收入的劳动的未成年劳动者。未满16周岁的则称为童工。我国出台了《禁止使用童工规定》和《未成年工特殊保护规定》，设定了劳动者的最低就业年龄为16周岁。

我国法律禁止使用童工。我国实行九年制义务教育，童工这个年龄段正是应该在校接受教育的时期，而且未满16周岁的孩子心智还不成熟，急于工作反而影响其身心健康的发展。因此，法律禁止用人单位招用不满16周岁的未成年人，同时禁止任何单位或者个人为不满16周岁的未成年人介绍就业，禁止不满16周岁的未成年人开业从事个

[1] 本案例改编自广东省广州市中级人民法院（2019）粤01民终24770、24771号判决书。

体经营活动。不满 16 周岁的未成年人的父母或者其他监护人有义务保障其不被用人单位非法招用。对于文艺、体育单位等特殊部门，经未成年人监护人同意，可以招用不满 16 周岁的专业文艺工作者、运动员，但用人单位应当保障其接受义务教育的权利。用人单位非法招用未满 16 周岁的未成年人的，由劳动行政部门责令改正，处以罚款；情节严重的，由市场监督管理部门吊销营业执照。

虽然未成年工的使用是合法的，但是未成年工由于年龄较小，相比成年人而言，心理和身体机能仍然是发展发育过程中，过重的劳动强度和特殊的劳动环境都会影响到他们的劳动安全与健康。因此，《未成年工特殊保护规定》明确规定了未成年工不得从事的劳动范围，要求用人单位定期开展未成年工的健康检查、对未成年工的使用实行登记制度，对未成年工实行特殊保护。用人单位违反未成年工特殊保护规定，侵害其合法权益的，由劳动行政部门责令改正，处以罚款；对未成年工造成损害的，承担赔偿责任。

二、未成年工特殊劳动保护的内容

（一）未成年工劳动禁忌保护

未成年工禁忌劳动保护的基准范围为有毒、有害、高空、低温、高温作业，矿山井下、采石、伐木、守林等危险性大的作业，以及重体力、高强度超过国家标准的作业等。《未成年工特殊保护规定》第三条规定，用人单位不得安排未成年工从事以下范围的劳动：（1）《生产性粉尘作业危害程度分级》国家标准中第 1 级以上的接尘作业；（2）《有毒作业分级》国家标准中第 1 级以上的有毒作业；（3）《高处作业分级》国家标准中第 2 级以上的高处作业；（4）《冷水作业分级》国家标准中第 2 级以上的冷水作业；（5）《高温作业分级》国家标准中第 3 级以上的高温作业；（6）《低温作业分级》国家标准中第 3 级以上的低温作业；（7）《体力劳动强度分级》国家标准中第 4 级体力劳动强度的作业；（8）矿山井下及矿山地面采石作业；（9）森林业中的伐木、流放及守林作业；（10）工作场所接触放射性物质的作业；（11）有易燃易爆、化学性烧伤和热烧伤等危险性大的作业；（12）地质勘探和资源勘探的野外作业；（13）潜水、涵洞、涵道作业和海拔 3 000 米以上的高原作业（不包括世居高原者）；（14）连续负重每小时在 6 次以上并每次超过 20 千克，间断负重每次超过 25 千克的作业；（15）使用凿岩机、捣固机、气镐、气铲、铆钉机、电锤的作业；（16）工作中需要长时间保持低头、弯腰、上举、下蹲等强迫体位和动作频率每分钟大于 50 次的流水线作业；（17）锅炉司炉。对一些身体有缺陷的未成年工，其劳动禁忌保护的范围更广，基准更高。

（二）定期开展未成年工的健康检查

未成年工正处于身体发育期，过度的劳动消耗会对其身体健康造成重大影响，必须定期对其开展健康检查，评估其身体状况，及时进行工作调整。法律规定要求，用人单位至少要在以下期间为未成年工安排健康检查：安排工作岗位之前、工作满 1 年以及年满 18 周岁且距前一次体检时间已经超过半年。用人单位应根据未成年工的健康检查结果安排其从事适合的劳动，对不能胜任原工作岗位的，应根据医务部门的证明，予以减轻劳动量或者安排其他劳动。

（三）对未成年工的使用和特殊保护进行登记

国家对未成年工的使用和特殊保护实行登记制度。用人单位招收使用未成年工，除符合一般用工要求外，还须向所在地的县级以上劳动行政部门办理登记。劳动行政部门根据“未成年工健康检查表”“未成年工登记表”，核发未成年工登记证。各级劳动行政部门审核各用人单位未成年工体检情况和拟安排的劳动范围，未成年工须持未成年工登记证上岗。

【知识链接】

《未成年工特殊保护规定》全文。

《禁止使用童工规定》全文。

《劳动法》第十五条、第五十八条、第六十四条、第六十五条、第九十四条、第九十五条。

【自测题】

1. 我国法律设定劳动者最低就业年龄为________，聘用童工属于__________。
2. 童工身亡按照工伤赔偿吗？

【案例分析】

孙某发、吴某与某串串店劳动争议一案[1]

孙某是孙某发、吴某之女。2018 年 11 月 2 日某人社局作出劳动保障监察行政处罚决定书，某串串店在 2018 年 7 月按小时工招用孙某共计 7 天 38.5 小时，孙某系未满 16 周岁未成年人，决定给予某串串店行政处罚。2018 年 8 月 23 日，孙某在某胸科医院急诊住院，于 2018 年 8 月 26 日死亡。

2018 年 11 月 14 日孙某发、吴某作为申请人，将某串串店作为被申请人向劳动人事争议仲裁委员会申请仲裁，因孙某发、吴某对仲裁裁决不服，诉至法院。

法院认为：孙某发、吴某要求某串串店支付拖欠孙某工资 2 200 元、住院医疗费 27 101.36 元、抚恤金 2 700 元、丧葬费 16 200 元、交通费 6 898 元的主张。本案中，

[1] 本案例改编自新疆维吾尔自治区乌鲁木齐市中级人民法院（2019）新 01 民终 3471 号判决书。

孙某发、吴某要求某串串店支付其女孙某上述费用，首先须对其女孙某于2018年8月3日至2018年8月23日期间在某串串店提供劳动的事实负举证责任，而孙某发、吴某未提供任何证据证明此期间其女孙某在某串串店提供劳动的事实，亦无证据反驳某人社局作出的行政处罚决定书认定的孙某仅于2018年7月在某串串店工作7天38.5小时的事实，法院据此认定2018年8月孙某未向某串串店提供劳动合法有据。基于此事实，孙某发、吴某要求某串串店支付孙某拖欠工资2 200元、住院医疗费27 101.36元、抚恤金2 700元、丧葬费16 200元、停尸费2 370元、交通费6 898元无事实及法律依据，不予支持。

第九章

职业卫生与安全制度

【教学难点】

1. 掌握职业危害知情权的客体；
2. 掌握职业危害知情权的侵害赔偿；
3. 掌握安全卫生环境作业权的内容；
4. 掌握职业病的确定流程与待遇；
5. 掌握拒绝危险作业权及行使的特定条件；
6. 掌握安全卫生事故救助权的内容；
7. 掌握生产安全事故的报告与调查制度。

【内容概要】

职业卫生与安全制度的设立来源于劳动者的职业健康权，即劳动者在劳动过程中，其生命健康与安全享有免受职业危害因素的侵害，获得劳动保护和救济的权利。

通过本章学习，使学生了解职业卫生与安全保护主要内容，理解和把握职业危害知情权、安全卫生环境作业权、拒绝危险作业权和安全卫生事故救助权的含义、客体、内容、救济方法、用人单位及其他主体的义务与责任。

根据《安全生产法》《职业病防治法》的有关规定，劳动者依法享有职业卫生与安全保护的权利。用人单位应当为劳动者创造符合国家职业卫生标准和卫生要求的工作环境和条件，并采取措施保障劳动者获得职业卫生保护。

职业健康权涉及人的生命健康与安全，这是人类需求层次中的低层需求，因此它不仅是一项个体劳动权，还具有基本人权的属性。同时，职业健康权的复杂和特殊性还在于，它的实现不仅仅要靠用人单位履行相应的义务和责任，还在很大程度上依赖于国家公权力的保障。因此，为保障职业健康权的实现，法律设立了相应的安全卫生责任制度、安全技术措施计划制度、安全生产教育制度、安全卫生检查与监察制度、工伤保险制度、生产安全事故报告与调查制度等，及时预防和排除劳动中存在的非法侵害。

依据《安全生产法》《职业病防治法》的有关规定，劳动者应获得的职业安全卫生保护内容包括：获得职业卫生教育、培训；获得职业健康检查、职业病诊疗、康复等职业病防治服务；了解工作场所产生或者可能产生的职业病危害因素、危害后果和应当采取的职业病防护措施；要求用人单位提供符合防治职业病要求的职业病防护设施和个人使用的职业病防护用品，改善工作条件；对违反职业病防治法律、法规以及危及生命健康的行为提出批评、检举和控告；拒绝违章指挥和强令进行没有职业病防护措施的作业；参与用人单位职业卫生工作的民主管理，对职业病防治工作提出意见和建议。由此可见，职业健康权其实是多个子权利的集合。

本章采取从职业健康权的主要子权利职业危害知情权、安全卫生环境作业权、拒绝危险作业权和安全卫生事故救助权的含义、客体、内容、救济方法、用人单位及其他主体的义务与责任等方面入手，学习劳动者职业卫生与安全制度。

第一节　劳动者的职业危害知情权

一、职业危害知情权的含义

我国《劳动合同法》第八条规定，用人单位招用劳动者时，应当如实告知劳动者工作内容、工作条件、工作地点、职业危害、安全生产状况、劳动报酬，以及劳动者要求了解的其他情况。《职业病防治法》第三十三条规定，用人单位与劳动者订立劳动合同（含聘用合同，下同）时，应当将工作过程中可能产生的职业病危害及其后果、职业病防护措施和待遇等如实告知劳动者，并在劳动合同中写明，不得隐瞒或者欺骗；劳动者在已订立劳动合同期间因工作岗位或者工作内容变更，从事与所订立劳动合同中未告知的存在职业病危害的作业时，用人单位应当依照前款规定，向劳动者履行如实告知的义务，并协商变更原劳动合同相关条款。用人单位违反前两款规定的，劳动者有权拒绝从事存在职业病危害的作业，用人单位不得因此解除与劳动者所订立的劳动合同。《安全生产法》第五十二条规定，生产经营单位与从业人员订立的劳动合同，应当载明有关保障从业人员劳动安全、防止职业危害的事项，以及依法为从业人员办理工伤保险的事项。生产经营单位不得以任何形式与从业人员订立协议，免除或者减轻其对从业人员因生产安全事故伤亡依法应承担的责任。该法第五十三条规定，生产经营单位的从业人员有权了解其作业场所和工作岗位存在的危险因素、防范措施及事故应急措施，有权对本单位的安全生产工作提出建议。

从以上法律规定可以看到，我国明确赋予了劳动者职业危害知情权，即劳动者有权了解其在工作过程中存在或者可能存在的职业危险因素、有害因素，以及相应的防范措施和事故应急措施，且用人单位应当如实告知，不得隐瞒或者欺骗。

保障劳动者享有职业危害知情权是保障劳动者职业健康权的前提。在劳动关系中，劳动者与用人单位之间的力量对比是不平衡的，用人单位对工作场地、环境、条件以及产品和生产信息掌握着绝对的主动权，其中就包括了是否可能会对劳动者的生命健康和安全产生危害等信息。如果用人单位不主动告知，甚至是故意隐瞒相关危害信息，极容易造成劳动者无法对自己在劳动过程中的职业健康与安全问题做出科学判断，阻碍了劳动者职业健康权的其他子权利，如安全卫生环境作业权、拒绝危险作业权、安全卫生事故救助权的行使，使得劳动者的自主择业权受到侵害。因此，职业危害知情权是职业健康权的其他各项子权利的前提，是职业健康权得以实现的基础保障。

二、职业危害知情权的客体

职业危害知情权的权利客体是劳动者和用人单位双方主体权利义务共同指向的对象，即劳动过程中存在的有关职业危险因素、有害因素的信息。由于劳动关系的特殊性，双方主体力量不对等、不平衡，所以这些信息通常掌握在用人单位这一方，凭劳动者个人的劳动技能、工作经验往往无法完整获得，因此职业危害知情权要求用人单位在订立劳动合同时，以及在工作岗位或者工作内容变更时，应该告知劳动者相关的职业危害信息。

由于告知的方式有用人单位主动告知和劳动者主动获取两种，因此职业危害知情权的客体主要包括以下两类：一类是法定客体，即用人单位主动告知，劳动者被动获取的信息。《用人单位职业病危害告知与警示标识管理规范》第二条规定，职业病危害告知是指用人单位通过与劳动者签订劳动合同、公告、培训等方式，使劳动者知晓工作场所产生或者存在的职业病危害因素、防护措施、对健康的影响以及健康检查结果等的行为。因此这类信息通过4种形式表现出来：（1）合同告知。合同告知的内容主要为工作过程中可能产生的职业病危害及其后果、职业病危害防护措施和待遇（岗位津贴、工伤保险等）。（2）培训告知。即通过职业卫生培训，使劳动者知悉工作场所存在的职业病危害，掌握有关职业病防治的规章制度、操作规程、应急救援措施、职业病防护设施和个人防护用品的正确使用维护方法及相关警示标识的含义。（3）公告栏告知。在公告栏公布本单位职业卫生管理制度和操作规程，职业病危害因素及岗位、健康危害、接触限值、应急救援措施，以及职业病危害因素检测结果、检测日期、检测机构名称等。（4）职业健康检查结果告知。用人单位应将劳动者在上岗前、在岗期间和离岗时的职业健康检查结果书面告知劳动者本人。除了法定客体以外，法律也主张用人单位应该向劳动者告知其希望了解的情况。所以另一类客体是劳动者向用人单位主动了解后获悉的信息。

劳动者在获取了职业危害相关信息后，需要注意：（1）若劳动者了解的安全卫生方面内容涉及用人单位商业秘密，劳动者不得随意泄露；（2）用人单位不得向劳动者泄露涉及第三方的隐私信息，如第三人的健康信息等；（3）不得违背国家安全利益和法律。

三、职业危害知情权的侵害救济与保护

（一）劳动者可向用人单位申请调换工作岗位

《职业病防治法》第三十三条第二款、第三款规定，用人单位未就职业病危害履行告知义务的，劳动者有权拒绝从事存在职业病危害的作业，用人单位不得因此解除与劳动者所订立的劳动合同。用人单位的告知义务是法定的强制性规定，用人单位必须严格遵照执行。若用人单位未履行法定告知义务，劳动者仍愿意在原单位，只是不愿意继续从事该危险岗位作业，用人单位应当与劳动者协商变更劳动合同，即根据劳动者的申请而协商调换劳动者工作岗位，用人单位无权单方解除劳动合同。

（二）劳动者可以单方解除劳动合同

依据《劳动合同法》第二十六条第一款、第三十八条的规定，以欺诈、胁迫的手段或者乘人之危，使对方在违背真实意思的情况下订立或者变更劳动合同的，劳动合同无效或者部分无效。因此，若用人单位向劳动者故意隐瞒职业危害和安全生产的真实状况，或者故意告知职业危害和安全生产的虚假情况，使劳动者因此陷入对用人单位劳动安全卫生状况的错误认识，进而基于该错误认识，违背真实意思表示而与用人单位订立或者变更劳动合同，应归属于劳动合同无效或者部分无效的情况，劳动者可以向劳动争议仲裁机构申请确认劳动合同无效或者部分无效，进而单方解除劳动合同。

（三）劳动者可以向用人单位索要赔偿

依据《劳动合同法》第四十六条、第八十六条的规定，若用人单位未就职业病危害履行告知义务，劳动者可以向劳动争议仲裁机构申请确认劳动合同无效，一旦劳动合同

被确认无效，鉴于用人单位的过错，劳动者可单方解除劳动合同，有权要求用人单位支付经济补偿金，并赔偿因其过错造成的劳动者的经济损失。

（四）向行政监督管理部门进行投诉

《职业病防治法》第七十一条规定，用人单位在订立或者变更劳动合同时，未告知劳动者职业病危害真实情况的，由卫生行政部门责令限期改正，给予警告，可以并处5万元以上10万元以下的罚款。因此，劳动者可以将用人单位违反职业危害、安全生产状况等告知义务的违法行为向卫生行政部门进行投诉和控告，相关部门将给予违法单位行政处罚。

【知识链接】

《劳动合同法》第八条、第二十六条、第三十八条、第四十六条、第八十六条。

《职业病防治法》第三十三条、第七十一条。

《安全生产法》第五十二条、第五十三条。

《用人单位职业病危害告知与警示标识管理规范》第二条、第六条至第十一条。

【自测题】

1.用人单位与劳动者__________时，应当在劳动合同中写明工作过程可能产生的职业病危害及其后果、职业病危害防护措施和待遇等内容；劳动者在履行劳动合同期间因__________或者__________时，用人单位应当向劳动者履行如实告知的义务，并协商变更原劳动合同相关条款。

2.职业病危害告知有哪些形式？

【案例分析】

马某与某科技股份有限公司劳动争议一案[1]

马某为某科技股份有限公司职工。双方签订劳动合同，约定若马某在工作时间或者工作场所内实施聚众闹事、打架斗殴等行为的，属于严重违反用人单位规章制度情形，公司有权依法解除劳动合同。某日，马某与同事张某因琐事发生肢体冲突。其后，公司通知马某，以马某严重违反劳动合同第二十八条第六项约定及用人单位《员工离职管理制度》5.3.2条规定为由，解除双方的劳动关系。

马某申请仲裁，请求裁决公司支付马某经济赔偿金、职业危害作业岗位津贴等相关待遇。因仲裁委不予受理，马某遂向法院起诉。

法院认为，公司以劳动者严重违反用人单位规章制度，与其解除劳动关系，符合

[1] 本案例改编自重庆市九龙坡区人民法院（2015）九法民初字第13079号判决书。

《劳动合同法》第三十九条的规定。关于马某主张职业危害知情权侵害赔偿金的诉讼请求。当事人对自己提出的诉讼请求所依据的事实或者反驳对方诉讼请求所依据的事实有责任提供证据加以证明。没有证据或者证据不足以证明主张事实的，由负有举证责任当事人承担不利后果。马某主张公司向其给予职业危害知情权侵害赔偿金，但并未提供充分的证据证实其工作岗位存在职业性危害，亦未就工作环境造成其身体损害存在因果关系提供证据予以佐证，马某的主张无事实和法律依据，法院对此不予支持。

第二节　劳动者的安全卫生环境作业权

一、安全卫生环境作业权的含义

安全卫生环境作业权是指劳动者享有符合国家职业安全卫生标准和安全卫生要求的、能保障其生命和健康的工作环境和条件的权利，包括工作场所的环境、设备、设施、劳动防护用品以及与职业安全相适应的管理组织与技术措施。《安全生产法》第二十条规定，生产经营单位应当具备本法和有关法律、行政法规和国家标准或者行业标准规定的安全生产条件；不具备安全生产条件的，不得从事生产经营活动。《职业病防治法》第四条规定，用人单位应当为劳动者创造符合国家职业卫生标准和卫生要求的工作环境和条件，并采取措施保障劳动者获得职业卫生保护。安全卫生环境作业权是劳动者享有职业健康权的子权利之一。

劳动力与劳动者的人身是紧密联系在一起的，劳动时间内，劳动者无法自由支配其行为，因此用人单位就有提供安全环境工作的义务。为劳动者创建良好的工作环境和条件，是保证劳动者生命健康与安全的必要条件，同时也是从工作场所和条件方面体现对“体面劳动”的保障和尊重，提高劳动生产率的重要前提。安全卫生环境作业权的履行，很大程度上要依赖用人单位积极履行义务，承担相应的责任，而劳动者本人也应该在劳动过程中严格遵守安全操作规程。

二、安全卫生环境作业权的内容

由于安全卫生环境作业权很大程度上依赖用人单位的积极作为，因此，该权利的内容主要体现为要求用人单位提供的作业环境不得对劳动者的健康造成威胁或者损害，其义务包含以下 4 个方面：

（1）用人单位提供的生产设备和材料必须符合安全卫生标准。比如，用人单位必须采用有效的职业病防护设施，并为劳动者提供个人使用的职业病防护用品。用人单位为劳动者个人提供的职业病防护用品必须符合防治职业病的要求，不符合要求的，不得使用。用人单位应当优先采用有利于防治职业病和保护劳动者健康的新技术、新工艺、新设备、新材料，逐步替代职业病危害严重的技术、工艺、设备、材料。

（2）用人单位安排的作业方式不得对劳动者的健康造成威胁或者损害。比如，用人单位不得安排未经上岗前职业健康检查的劳动者从事接触职业病危害的作业；不得安排有职业禁忌的劳动者从事其所禁忌的作业；对在职业健康检查中发现有与所从事的职业相关的健康损害的劳动者，应当调离原工作岗位，并妥善安置；对未进行离岗前职业健康检查的劳动者不得解除或者终止与其订立的劳动合同。

（3）作业场所内外的环境不得对劳动者的生命健康造成威胁或者损害。比如，对可能发生急性职业损伤的有毒、有害工作场所，用人单位应当设置报警装置，配置现场急救用品、冲洗设备、应急撤离通道和必要的泄险区。对放射工作场所和放射性同位素的运输、贮存，用人单位必须配置防护设备和报警装置，保证接触放射线的工作人员佩戴个人剂量计。对职业病防护设备、应急救援设施和个人使用的职业病防护用品，用人单位应当进行经常性的维护、检修，定期检测其性能和效果，确保其处于正常状态，不得擅自拆除或者停止使用。

（4）针对特殊劳动主体提供特殊劳动保护措施，保障其安全卫生环境作业条件。比如用人单位不得安排未成年工从事接触职业病危害的作业；不得安排孕期、哺乳期的女职工从事对本人和胎儿、婴儿有危害的作业；对女职工比较多的用人单位应当根据女职工的需要，建立女职工卫生室、孕妇休息室、哺乳室等设施，妥善解决女职工在生理卫生、哺乳方面的困难等。值得注意的是，《女职工劳动保护特别规定》第十一条规定，在劳动场所，用人单位应当预防和制止对女职工的性骚扰。根据这条规定我们可以看到，法律明确规定了用人单位有义务，通过内部合法规章制度有效预防和治理工作场所的性骚扰行为，维护良好的工作秩序与环境，保障劳动者的人身、财产以及心理健康不受损害。

三、职业病的确定与待遇

在劳动者的安全卫生环境作业权被侵害的案例中，最常见的是劳动者因其职业活动过程而患上职业病。所谓职业病是指企业、事业单位和个体经济组织等用人单位的劳动者在职业活动中，因接触粉尘、放射性物质和其他有毒、有害因素而引起的疾病。劳动者在生产过程中长期接触到粉尘、有毒有害物质、高温低温、高压低压、噪声振动等各种有害因素时，会造成身体局部病变，引起职业病。为有效开展对职业病的防治，国务院卫生行政部门会同国务院劳动行政部门制定了职业病的分类和目录，并进行动态调整和公布。

（一）职业病的诊断与鉴定

劳动者是否患了职业病，需要通过专业机构的诊断和鉴定才能确定。因此在职业病的劳动争议纠纷中，有两个比较重要的环节，即职业病的诊断与鉴定。所谓职业病的诊断，是指当劳动者发现自己疑似患有职业病的时候，选择用人单位所在地或者本人户籍所在地、经常居住地的职业病诊断机构申请进行职业病诊断。经职业病诊断后，该劳动者或者用人单位任一方对诊断结论有异议的时候，可以向诊断机构所在地的职业病鉴定机构申请鉴定。职业病鉴定实行两级鉴定制，省级职业病鉴定结论为最终鉴定。

职业病诊断、鉴定机构需要了解工作场所职业病危害因素情况时，可以对工作场所进行现场调查，也可以向卫生行政部门提出，卫生行政部门应当在10日内组织现场调查，用人单位不得拒绝、阻挠，也可以向有关单位调取与职业病诊断、鉴定有关的资料，有关单位应当如实、及时提供。职业病诊断、鉴定费用由用人单位承担。

（二）职业病的工伤认定

经过职业病的诊断或者鉴定后，用人单位应依法向统筹地区社会保险行政部门申请工伤认定，从而进入了职业病的工伤认定程序。若用人单位未提出工伤认定申请，则劳动者或者其近亲属、工会组织可以直接向用人单位所在地统筹地区社会保险行政部门提出工伤认定申请。经认定其属于工伤后，如果劳动者或者用人单位认为该伤害还有可能构成劳动者残疾，造成劳动功能障碍和生活自理障碍的，可向设区的市级劳动能力鉴定委员会申请劳动能力鉴定。劳动者在收到工伤认定或者劳动能力鉴定结论后，可以向用人单位要求支付工伤保险待遇，但如果用人单位拒不支付，劳动者可以提起工伤赔偿的劳动争议仲裁，对仲裁裁决不服的，可以向法院提起劳动争议诉讼。

在这一过程中，职业病的工伤认定需要具备4个基本条件，4个条件应同时具备，缺一不可：

（1）患病主体是企业、事业单位或者个体经济组织的劳动者。

（2）必须是在从事职业活动过程中产生的。

（3）必须是因接触粉尘、放射性物质和其他有毒、有害物质等职业病危害因素引起的。

（4）必须是国家公布的职业病分类和目录所列的职业病。

（三）职业病的待遇

劳动者患上职业病后，有权获得用人单位、国家和社会的积极救助与治疗，并获取相应的损害赔偿，用人单位应当保障职业病病人依法享受国家规定的职业病待遇。

（1）对疑似职业病病人，用人单位应及时安排对其进行诊断，并承担其在诊断、医学观察期间的费用；在疑似职业病病人诊断或者医学观察期间，不得解除或者终止与其订立的劳动合同；对从事接触职业病危害的作业的劳动者，应当给予适当岗位津贴。

（2）对遭受或者可能遭受急性职业病危害的劳动者，用人单位应当及时组织救治、进行健康检查和医学观察，所需费用由用人单位承担。

（3）对职业病病人，用人单位应当安排进行治疗、康复和定期检查；职业病病人的诊疗、康复费用，伤残以及丧失劳动能力的职业病病人的社会保障，按照国家有关工伤保险的规定执行。劳动者被诊断患有职业病，但用人单位没有依法参加工伤保险的，其医疗和生活保障由该用人单位承担。

（4）用人单位对不适宜继续从事原工作的职业病病人，应当调离原岗位，并妥善安置；职业病病人变动工作单位的，其依法享有的待遇不变；用人单位在发生分立、合并、解散、破产等情形时，应当对从事接触职业病危害作业的劳动者进行健康检查，并按照国家有关规定妥善安置职业病病人。

（5）用人单位违反规定，未给劳动者提供符合法律规定的工作环境和条件的，或者危害生命安全和身体健康的，劳动者有权对其进行检举和控告；职业病病人除依法享有工伤保险外，依照有关民事法律，尚有获得赔偿的权利的，有权向用人单位提出赔偿要求。

四、安全卫生环境作业权的保障制度

（一）职业危害因素的监测、评价制度

若劳动者在劳动生产过程中会接触到粉尘、高温、有毒有害物质、噪声或者其他危害因素，则用人单位需要采取相应措施，防止劳动环境中的有害因素对劳动者生命健康与安全造成危害。为此国家出台了《职业病防治法》《关于加强防尘防毒工作的决定》《尘肺病防治条例》《工业企业设计卫生标准》《危险化学品安全管理条例》《使用有毒物品作业场所劳动保护条例》等法律法规，制定了《生产性粉尘作业危害程度分级》《有毒作业分级》《高处作业分级》《冷水作业分级》《高温作业分级》《低温作业分级》等环境标准，对不同有害因素在不同的劳动环境的浓度，以及劳动者在劳动过程中接触有害因素的时间，都做出了明确的要求，并要求用人单位定期对工作场所进行职业病危害因素检测、评价。当发现工作场所职业病危害因素不符合国家职业卫生标准和卫生要求时，用人单位应当立即采取相应治理措施，仍然达不到国家职业卫生标准和卫生要求的，必须停止存在职业病危害因素的作业；职业病危害因素经治理后，符合国家职业卫生标准和卫生要求的，方可重新作业。用人单位还应当将职业病危害因素检测、评价的结果存入用人单位职业卫生档案，定期向所在地卫生行政部门报告并向劳动者公布。

劳动环境中，对职业危害因素的监测、评价其实还只是“体面劳动”的一个底线，为了让劳动者的劳动更有尊严，同时也更有效的提升劳动效率，促进生产发展，为劳动者创造一个舒适安全且有效率的劳动环境尤为重要，因此国家鼓励用人单位优化和改善劳动环境。优化和改善劳动环境的范围非常广泛，包括照明与色彩、噪声、温度和湿

度、绿化等。实践证明，优化和改善了的劳动环境对劳动者的身心健康产生了积极的影响，也进一步提高了劳动效率、促进了生产率的提高。

（二）申报与上报制度

用人单位工作场所存在职业病目录所列职业病的危害因素的，应当及时、如实向所在地卫生行政部门申报危害项目，接受监督。

国家建立职业病统计报告和处理制度。县级以上各级人民政府劳动行政部门、有关部门和用人单位应当依法对劳动者的职业病状况进行统计、报告和处理。用人单位和医疗卫生机构发现职业病病人或者疑似职业病病人时，应当及时向所在地卫生行政部门报告；确诊为职业病的，用人单位还应当向所在地劳动行政部门报告；发生或者可能发生急性职业病危害事故时，用人单位应当立即采取应急救援和控制措施，并及时报告所在地卫生行政部门和有关部门。卫生行政部门接到报告后，应当及时会同有关部门组织调查处理；必要时，可以采取临时控制措施。

（三）“三同时”与预评价制度

建设项目的职业病防护设施所需费用应当纳入建设项目工程预算，并与主体工程同时设计，同时施工，同时投入生产和使用；新建、扩建、改建建设项目和技术改造、技术引进项目（以下统称建设项目）可能产生职业病危害的，建设单位在可行性论证阶段应当进行职业病危害预评价。

（四）职业健康监护档案制度

用人单位应当为劳动者建立职业健康监护档案，并按照规定的期限妥善保存。职业健康监护档案应当包括劳动者的职业史、职业病危害接触史、职业健康检查结果和职业病诊疗等有关个人健康资料。劳动者离开用人单位时，有权索取本人职业健康监护档案复印件，用人单位应当如实、无偿提供，并在所提供的复印件上签章。

五、其他主体的义务与责任

（一）工会组织

工会组织依法对职业病防治工作进行监督，维护劳动者的合法权益。对用人单位违反职业病防治法律、法规，侵犯劳动者合法权益的行为，工会组织有权要求纠正；产生严重职业病危害时，有权要求采取防护措施，或者向政府有关部门建议采取强制性措施；发现危及劳动者生命健康的情形时，有权向用人单位建议组织劳动者撤离危险现场，用人单位应当立即作出处理。同时，工会还是劳动者职业病工伤认定的申请主体之一。

（二）行政监管部门

用人单位的劳动安全设施和劳动卫生条件不符合国家规定，或者未向劳动者提供必要的劳动防护用品和劳动保护设施的，由劳动行政部门或者有关部门责令改正，可以处以罚款；情节严重的，提请县级以上人民政府决定责令停产整顿。

（三）司法机关

用人单位安全生产设施或者安全生产条件不符合国家规定，对职业卫生安全事故隐患不采取措施，致使发生重大伤亡事故或者其他严重后果，造成劳动者生命和财产损失的，直接负责的主管人员和其他直接责任人员将被以重大劳动安全事故罪处以 3 年以下有期徒刑或者拘役；情节特别恶劣的，处 3 年以上 7 年以下有期徒刑。

【知识链接】

《劳动法》第五十三条至第五十六条。

《职业病防治法》第四条、第二十条至第三十二条。

《安全生产法》第二十条。

【自测题】

基本案情：小王是某公司一名普通车间操作工，负责该车间切割工序的操作。由于切割会产生大量粉尘等物质，工作间始终有呛人的气味，而公司只是给工人发放了眼镜和手套，没有给工人配备面罩，甚至连口罩也没有。虽然工资还算过得去，但小王担心长期在这样的环境下工作可能会给身体造成损害。

问题：根据劳动者安全卫生环境作业权的内容，分析小王可以采取的措施。

【案例分析】

某集团矿业有限公司与康小某工伤保险待遇纠纷一案[1]

康小某系原告康某、王某之子。康小某生前系某集团矿业有限公司冶炼车间职工。2004 年 11 月 3 日康小某在工作中一氧化碳中毒，后康小某被认定为工伤。康小某患职业病受伤以来，公司没有按照《职业病防治法》的规定安排职业病病人进行治疗、康复及定期检查，致使某小某的病情不断恶化，最终于 2017 年 1 月 26 日多发性衰竭抢救无效死亡。原告遂申请仲裁，因不服裁决，原告诉至法院，要求判决被告给付治疗费、护理费、交通费。

法院认为，由于被告冶炼车间的安全卫生环境不达标，一氧化碳浓度超标 50 余倍，导致发生安全生产事故，致使康小某吸入有毒气体患职业病，造成脑损伤。且康小某患职业病后，被告不按照法律规定对患病职工积极进行治疗和康复，致使其因患职业病而死亡，给原告造成巨大的精神痛苦。本案争议的焦点是公司对康小某工伤保险外支出的护理费及交通费、医疗费是否应当承担赔偿责任。依据《职业病防治法》第五十八条关

[1] 本案例改编自辽宁省朝阳市中级人民法院（2019）辽 13 民终 559 号判决书。

于“职业病病人除依法享有工伤保险外，依照有关民事法律，尚有获得赔偿的权利的，有权向用人单位提出赔偿要求”的规定。本案中康小某已经死亡，其法定继承人有权针对工伤保险外所受损失请求给予赔偿。

第三节　劳动者的拒绝危险作业权

一、拒绝危险作业权的含义

劳动法律关系建立以后，劳动者应当履行相应的劳动义务，但是这并不意味着劳动者就要无条件地进行用人单位要求的一切工作。为保障劳动者的劳动安全，法律规定了劳动者在法定条件下可以拒绝劳动、撤离工作场所的权利，即拒绝危险作业权。《劳动法》第五十六条规定，劳动者对用人单位管理人员违章指挥、强令冒险作业，有权拒绝执行。

拒绝危险作业权是以劳动者拒绝履行劳动给付义务、排除用人单位的管理权为手段，以保护劳动者自身的生命健康与安全为目的，赋予劳动者进行自我保护的一种特殊的权利。它是职业健康权的子权利之一。职业健康权的实现很大程度上要依赖用人单位和国家社会积极履行义务，为此，国家通过行政监管部门制定了劳动安全卫生相关的法律法规及国家标准，对用人单位实施检查、监测、监督；强制性要求用人单位履行其保护劳动者生命健康与安全的法定义务，为劳动者提供符合国家标准的劳动场所、条件，积极预防职业病和劳动安全事故的发生。但是，即便如此，现实中人类生产活动是不可能做到绝对安全的，劳动者的职业危害风险其实还是无可回避的。比如突发危险情况发生，用人单位来不及做出停止或者撤离的安排，行政部门也很难随时出现在每一个需要紧急保护的场所时，就需要劳动者自身根据情况做出有关职业危险严重程度的判断，通过行使拒绝危险作业权，来实现自我保护，降低职业危害与风险。

二、拒绝危险作业权行使的特定条件

劳动者拒绝危险作业的情况并非一种常态，只有具备特定条件时，劳动者才能行使拒绝危险作业权。

一是用人单位在订立、变更劳动合同过程中未履行告知其职业病危害及其后果、职业病防护措施和待遇的情况下，劳动者可以拒绝相应作业。《职业病防治法》第三十三条规定，用人单位在订立、变更劳动合同过程中未履行告知义务的，劳动者有权拒绝从

事存在职业病危害的作业，用人单位不得因此解除与劳动者所订立的劳动合同。

二是用人单位管理人员违章指挥和强令冒险作业的情况下，劳动者可以拒绝。《安全生产法》第五十四条规定，从业人员有权对本单位安全生产工作中存在的问题提出批评、检举、控告；有权拒绝违章指挥和强令冒险作业。生产经营单位不得因从业人员对本单位安全生产工作提出批评、检举、控告或者拒绝违章指挥、强令冒险作业而降低其工资、福利等待遇或者解除与其订立的劳动合同。

三是当发生严重危及劳动者生命安全的紧急危险情况下，劳动者有权停止作业并撤离。比如《安全生产法》第五十五条规定，从业人员发现直接危及人身安全的紧急情况时，有权停止作业或者在采取可能的应急措施后撤离作业场所。生产经营单位不得因从业人员在前款紧急情况下停止作业或者采取紧急撤离措施而降低其工资、福利等待遇或者解除与其订立的劳动合同。

三、拒绝危险作业权行使的法律后果

（一）对劳动者的后果

（1）用人单位违章指挥、强令冒险作业危及劳动者人身安全的，劳动者可以立即解除劳动合同，不需事先告知用人单位。

（2）用人单位以劳动者拒绝危险作业为由解除劳动合同的，劳动者可以要求用人单位继续履行合同；不愿意继续履行或者不能履行合同的，用人单位应向劳动者支付经济补偿金。

（二）对用人单位的后果

（1）劳动者以用人单位管理人员违章指挥、强令冒险作业为由，拒绝执行作业的，用人单位应当允许，直至提供符合安全标准的工作环境和条件才能要求劳动者继续作业。

（2）用人单位因劳动者拒绝违章指挥和强令进行没有职业病防护措施的作业，而降低劳动者工资、福利等待遇或者解除、终止与其订立的劳动合同的，用人单位的该行为无效。

（3）因用人单位在劳动合同的订立、变更过程中未告知职业病危害及后果、职业病防护措施及待遇，而导致劳动者拒绝从事存在职业病危害的作业的，用人单位不得因此解除与劳动者所订立的劳动合同。

（4）用人单位无视劳动者拒绝危险作业权，违章指挥，强令冒险作业的，由有关部门给予责令限期治理，并处罚款；情节严重的，责令停止作业或者由人民政府责令关闭等处罚。

（5）用人单位的领导者、指挥者、调度者等在明知存在危险或者已经违章，劳动者的人身安全和国家、企业的财产安全没有得到保证，继续生产会发生严重后果的情况下，仍然不顾相关法律规定，以解雇、减薪及其他威胁，强行命令或者胁迫下属进行作业，造成重大伤亡事故或者严重财产损失，将被以强令违章冒险罪处5年以下有期徒刑或者拘役；情节特别恶劣的，处5年以上有期徒刑。

【知识链接】

《劳动法》第五十六条、第九十三条。

《劳动合同法》第三十二条、第三十八条、第四十六条。

《安全生产法》第五十四条、第五十五条。

《职业病防治法》第三十三条、第三十九条。

【自测题】

劳动者可以拒绝危险作业的3种情况是什么？

【案例分析】

黄某与某五金有限公司劳动争议一案[1]

黄某2014年9月到某公司做架模员，2014年11月公司周某让其打机，因为机器没有光电保护措施，这样操作比较危险，遂拒绝作业，周某称不做就离职走人，然后让其签署离职切结书，黄某签字并摁了手印，同日，黄某离职，其在离职申请单上注明是单位提出解除的。后黄某提起劳动仲裁，仲裁委驳回黄某的全部仲裁请求。黄某不服，遂起诉至法院。黄某的诉讼请求为：某公司支付违法解除合同赔偿金4 500元（一个月工资）。

法院认为：劳动者的人身安全受法律保护，用人单位不得强令劳动者冒险作业。本案中，某公司使用的冲压车间，在黄某离职前冲床光电装置失效，经整改后才修复。因此，黄某主张某公司要求其冒险作业的事实，予以认定。依据《劳动合同法》的规定，劳动者对于用人单位强令冒险作业危及人身安全的，有权拒绝，不视为违反劳动合同，亦可以立即解除劳动合同。可见，黄某拒绝危险作业合法有据。从黄某的后续行为看，签署切结书即可视为黄某对于某公司提出解除双方劳动关系的确认。据此，本案宜认定为双方协商一致解除劳动合同，但因系某公司提出，某公司应当依法给予经济补偿金。黄某在某公司工作不满半年，某公司应向其支付半个月工资2 250元作为经济补偿。

[1] 本案例改编自江苏省苏州市中级人民法院（2015）苏中民终字第03346号判决书。

第四节　劳动者的安全卫生事故救助权

一、安全卫生事故救助权的含义

劳动者的安全卫生事故救助权是指当生产经营活动中发生人身伤亡或者直接经济损失，或者劳动者因工作岗位特殊性患上职业病后，劳动者从用人单位、政府和社会获得及时救助的权利，以及职业病患者获得及时治疗的权利。劳动者在劳动关系中往往处于弱势地位，因此在工作过程中发生生产安全事故或者罹患职业病，应当得到及时救助和治疗，以保障他们的生命健康与安全。安全卫生事故救助权作为劳动者享有的职业健康权的子权利之一，必须得到充分行使和保障。

二、安全卫生事故救助权的内容

安全卫生事故救助权的内容包含 3 个方面：

（1）遭受生产安全事故或者患上职业病后，劳动者有权获得用人单位、国家和社会的积极救助。《安全生产法》第五十条规定，生产经营单位发生生产安全事故时，单位的主要负责人应当立即组织抢救，并不得在事故调查处理期间擅离职守。该法第五十六条第一款规定，生产经营单位发生生产安全事故后，应当及时采取措施救治有关人员。

（2）遭受生产安全事故或者患上职业病后，劳动者有获得积极治疗的权利。《工伤保险条例》第三十条规定，职工因工作遭受事故伤害或者患职业病进行治疗，享受工伤医疗待遇。治疗工伤所需费用符合工伤保险诊疗项目目录、工伤保险药品目录、工伤保险住院服务标准的，从工伤保险基金支付。职工住院治疗工伤的伙食补助费，以及经医疗机构出具证明，报经办机构同意，工伤职工到统筹地区以外就医所需的交通、食宿费用从工伤保险基金支付。工伤职工到签订服务协议的医疗机构进行工伤康复的费用，符合规定的，从工伤保险基金支付。

（3）遭受生产安全事故或者患上职业病后，劳动者有权提出损害赔偿请求。《安全生产法》第五十六条第二款规定，因生产安全事故受到损害的从业人员，除依法享有工伤保险外，依照有关民事法律尚有获得赔偿的权利的，有权提出赔偿要求。

三、用人单位的义务与责任

（一）用人单位应当履行的义务

（1）组织制定并实施本单位的安全生产事故应急救援预案，并定期组织演练；（2）不得以任何形式与劳动者订立协议，免除或者减轻其对劳动者因安全生产事故伤亡依法应承担的责任。（3）不得因劳动者依法行使正当权利而降低其工资、福利等待遇或者解除、终止与其订立的劳动合同。（4）发生事故后，应当迅速采取有效措施，组织抢救，防止事故扩大，减少人员伤亡和财产损失，并按照规定立即如实上报监管部门，不得破坏现场或者毁灭证据。

（二）未履行有关义务应当承担的责任

1. 行政处罚

发生或者可能发生急性职业病危害事故时，用人单位未立即采取应急救援和控制措施，或者未按照规定及时报告的，由卫生行政部门给予警告、责令限期改正、罚款、责令停止产生职业病危害的作业，提请有关人民政府按照国务院规定的权限责令关闭等行政处罚；生产经营单位的主要负责人在本单位发生生产安全事故时，不立即组织抢救或者在事故调查处理期间擅离职守或者逃匿的，对生产安全事故隐瞒不报、谎报或者迟报的，给予降级、撤职的处分，并由安全生产监督管理部门处以罚款，对逃匿的处 15 日以下拘留，构成犯罪的，依照刑法有关规定追究刑事责任。

2. 工伤赔偿

用人单位与劳动者订立协议，免除或者减轻其对劳动者因生产安全事故伤亡依法应承担的责任的，该协议无效；当劳动者因安全事故遭受到受伤、残疾、死亡等人身伤害，可以获得相应的工伤赔偿。如果应当参加工伤保险而未参加工伤保险的用人单位职工发生工伤，由该用人单位按照工伤保险待遇项目和标准支付费用。

3. 民事责任

因生产安全事故受到损害的从业人员，除依法享有工伤保险外，依照有关民事法律尚有获得赔偿的权利的，有权向本单位提出赔偿要求。

4. 刑事责任

为更好地保护劳动者的生命安全与健康，保障劳动者在遭受安全事故与职业病后能够得到积极的救助和治疗，刑法规定了不报、谎报安全事故罪，即在安全事故发生后，负有报告职责的人员不报或者谎报事故情况，贻误事故抢救，情节严重的，处 3 年以下有期徒刑或者拘役；情节特别严重的，处 3 年以上 7 年以下有期徒刑。

四、生产安全事故报告与调查制度

生产安全事故报告与调查制度是指对劳动过程中发生的生产安全事故进行统计、报告、调查、处理的制度。这项制度能够最大限度利用行政手段，通过安全事故的统计、报告，有效组织用人单位、国家、社会力量开展对劳动者的救助、治疗，防止事故扩大，减少伤亡和损失，并督促用人单位和相关部门落实防范和整改措施，预防事故再次发生。同时事故的调查、定性、处理，也成为劳动者获得过错方损害赔偿的基本前提。因此，生产安全事故报告与调查制度从行政力量上保障了劳动者安全事故救助权的实现，这是职业健康权作为社会性权利的一个突出属性，体现了这一类权利的实现很大程度上还需要依赖于国家公权力的保障。

（一）生产安全事故的分类

我国将生产安全事故分为 4 个等级：一般事故，指造成 3 人以下死亡，或者 10 人以下重伤，或者 1 000 万元以下直接经济损失的事故；较大事故，指造成 3 人以上 10 人以下死亡，或者 10 人以上 50 人以下重伤，或者 1 000 万元以上 5 000 万元以下直接经济损失的事故；重大事故，指造成 10 人以上 30 人以下死亡，或者 50 人以上 100 人以下重伤，或者 5 000 万元以上 1 亿元以下直接经济损失的事故；特别重大事故，指造成 30 人以上死亡，或者 100 人以上重伤，或者 1 亿元以上直接经济损失的事故。

（二）生产安全事故的报告

对于用人单位而言，事故发生后，事故现场有关人员应当立即向本单位负责人报告；单位负责人接到报告后，应当于 1 小时内向事故发生地县级以上人民政府安全生产监督管理部门和负有安全生产监督管理职责的有关部门报告。情况紧急时，事故现场有关人员可以直接向事故发生地县级以上人民政府安全生产监督管理部门和负有安全生产监督管理职责的有关部门报告。

对于安全生产监督管理部门而言，特别重大事故、重大事故逐级上报至国务院安全生产监督管理部门和负有安全生产监督管理职责的有关部门；较大事故逐级上报至省、自治区、直辖市人民政府安全生产监督管理部门和负有安全生产监督管理职责的有关部门；一般事故上报至设区的市级人民政府安全生产监督管理部门和负有安全生产监督管理职责的有关部门。安全生产监督管理部门上报事故情况时，应当同时报告本级人民政府，必要时可以越级上报。逐级上报事故情况，每级上报的时间不得超过 2 小时。事故报告应当及时、准确、完整，任何单位和个人对事故不得迟报、漏报、谎报或者瞒报。事故发生后，有关单位和人员应当妥善保护事故现场以及相关证据，任何单位和个人不得破坏事故现场、毁灭相关证据。

（三）生产安全事故的调查

特别重大事故由国务院或者国务院授权有关部门组织事故调查组进行调查；重大事故、较大事故、一般事故分别由事故发生地省级人民政府、设区的市级人民政府、县级人民政府负责调查。省级人民政府、设区的市级人民政府、县级人民政府可以直接组织事故调查组进行调查，也可以授权或者委托有关部门组织事故调查组进行调查。未造成人员伤亡的一般事故，县级人民政府也可以委托事故发生单位组织事故调查组进行调查。

事故调查组的组成遵循精简、效能的原则。根据事故的具体情况，事故调查组由有关人民政府、安全生产监督管理部门、负有安全生产监督管理职责的有关部门、监察机关、公安机关以及工会派人组成，并应当邀请人民检察院派人参加。事故调查组可以聘请有关专家参与调查。事故调查组有权向有关单位和个人了解与事故有关的情况，并要求其提供相关文件、资料，有关单位和个人不得拒绝。事故调查组应当自事故发生之日起60日内提交事故调查报告；特殊情况下，经负责事故调查的人民政府批准，提交事故调查报告的期限可以适当延长，但延长的期限最长不超过60日。

（四）生产安全事故的处理

重大事故、较大事故、一般事故，负责事故调查的人民政府应当自收到事故调查报告之日起15日内做出批复；特别重大事故，30日内做出批复，特殊情况下，批复时间可以适当延长，但延长的时间最长不超过30日。有关机关应当按照人民政府的批复，依照法律、行政法规规定的权限和程序，对事故发生单位和有关人员进行行政处罚，对负有事故责任的国家工作人员进行处分。事故发生单位应当按照负责事故调查的人民政府的批复，对本单位负有事故责任的人员进行处理。

【知识链接】

《安全生产法》。

《生产安全事故报告和调查处理条例》。

《工伤保险条例》（2010修订）。

【自测题】

1. 劳动者安全卫生事故救助权是指当安全事故发生后，劳动者从______、______、______获得及时救助的权利和职业病患者获得及时治疗的权利。

2. 用人单位不得以任何形式与劳动者订立协议，______其对劳动者因安全生产事故伤亡依法应承担的责任。

3. 用人单位接到事故报告后，应当迅速采取有效措施，组织抢救，防止事故扩大，减少______和______，并按照规定立即如实报告有关部门。

4. 发生生产安全事故时，不立即组织抢救或者在事故调查处理期间擅离职守或者逃匿的、______、______，对生产经营单位的______给予处分，并由有关部门处罚款；构成犯罪的，依照刑法有关规定追究刑事责任。

【案例分析】

2017年，王某进入一家煤矿公司工作，因王某家中开销巨大，急需用钱。王某与公司商量签订了一份劳动合同，合同规定，公司每个月给王某支付高于王某工作岗位业内行情标准两倍的工资，作为交换，在合同期间发生意外事故，不论什么原因，公司概不负责。3个月后，矿井大面积倒塌，王某受重伤。王某家属要求公司支付医疗费，但公司以合同规定为由，拒不支付医疗费。王某及其家属申请仲裁。

仲裁委认为：《安全生产法》第四十九条（现为第五十二条第二款）规定，生产经营单位不得以任何形式与从业人员订立协议，免除或者减轻其对从业人员因生产安全事故伤亡依法应承担的责任。第一百零三条（现为第一百零六条）规定，生产经营单位与从业人员订立协议，免除或者减轻其对从业人员因生产安全事故伤亡依法应承担的责任的，该协议无效；对生产经营单位的主要负责人、个人经营的投资人处二万元以上十万元以下的罚款。

第十章

职业培训制度

【教学难点】

1. 职业培训的特征及意义；
2. 职业培训的分类及主要形式；
3. 职业技能鉴定的特点；
4. 我国职业资格证书的等级分类。

【内容概要】

职业培训，又称职业技能培训，是指对准备就业和已经就业的人员以开发其技能为目的进行的技术业务知识和实际操作能力的教育和训练。职业培训的重要形式有学徒培训、劳动预备制培训和职工培训。职业培训有职业技能鉴定、职业资格证书两大配套制度。

通过本章学习，使学生了解职业培训的概念及特征、职业培训分类、职业培训形式等内容，理解把握职业培训配套制度，即职业技能鉴定制度和职业资格证书制度。

第一节　职业培训概述

一、职业培训的概念

（一）职业培训的概念

职业培训也称职业技能培训，是指对准备就业和已经就业的人员以开发其技能为目的进行的技术业务知识和实际操作能力的教育和训练。职业培训是国家教育事业的重要组成部分，是促进经济、社会发展和劳动就业的重要途径。

（二）职业培训的特征

1. 职业培训是一种以社会劳动者为特定对象的劳动力资源开发活动

劳动力资源的状况是一个国家基本国情的重要组成部分，也是制定经济、社会发展战略的重要依据之一。因此，合理开发劳动力资源，对于国民经济和社会发展具有决定性的意义。而职业培训的开展，既可以提升劳动力资源的质量，又能够提升潜在的劳动力资源素质，使社会劳动者成为符合经济社会发展的人才。因此，职业培训是劳动力资源开发过程中的一项重要活动。

2. 职业培训是一种以直接满足经济社会发展的某种特定需要为目的的培训

当今社会，经济持续增长、科学知识不断创新、技术日益革新，这一切的发展变化，都决定了劳动力市场上的社会职业需求也在不断更新。怎样才能在高速发展的社会浪潮中不被抛下、勇立潮头，是劳动者面临的重大课题。而职业培训，正是以经济社会发展的特定需要为目标，对劳动者的业务知识和实际操作能力进行针对性、专业化的教育和训练，让劳动者通过学习培训更新现有的知识和技能，从而满足经济社会发展对人才的多元需求。

3. 职业培训是按照一定的职业标准进行的培训

职业标准是指国家依据各行各业的职业分类和职业活动内容，对从业人员工作能力所作的要求。职业培训正是以职业标准为基准，根据职业标准中体现的社会对各行各业人才的要求，对劳动者进行针对性、专业性的教育和训练，让受教育者的知识水平和操作能力同行业的工作能力要求相适应，提升劳动者的就业能力，从而为经济社会发展提供强有力的技能人才支持。

二、职业培训的意义

（一）职业培训是增强劳动者满足感的重要方法

对于劳动者而言，就业不只是为了谋生，更是为了实现自己的人生价值。每一位劳动者都希望在合适的工作岗位上发挥才干，都期望能学到新的知识和技能以提升自己。这些都要通过职业培训来实现。一方面，职业培训可以使劳动者获得新的职业知识与技能，“一招鲜吃遍天”的时代已经过去，只有保持学习，才能在激烈的竞争中立于不败之地；另一方面，职业培训能够让劳动者不断更新对自身价值的认知，使其焕发出更高的工作热情，更好地达成工作目标，以增强工作给自己带来的满足感。

（二）职业培训是促进就业的重要措施

就业是民生之本，是安国之策。国家颁布的《劳动法》《就业促进法》等，都明确把扩大就业放在经济社会发展的突出位置。由此可见，促进就业既是民生，也是国计，事关广大群众切身利益，事关社会和谐稳定，事关社会主义现代化建设。

我国劳动力资源虽然数量丰富，但质量偏低，劳动者的就业能力和劳动力市场需求之间的矛盾比较突出。每年高校毕业生的人数不断攀升，加之现代企业改革改制，大量职工被裁等，让就业创业工作面临着复杂严峻的形势。而职业培训正是扭转这一形势，促进就业的重要措施，它不仅可以有效提高劳动者的就业能力，还能够提升其自主创业能力、职业转换能力和工作能力，从而解决就业总量矛盾和结构性矛盾，达到预防失业、稳定就业、促进再就业的目标。

（三）职业培训是助力经济社会发展的重要手段

党的十九大报告指出，我国经济已由高速增长阶段转向高质量发展阶段，正处在转变发展方式、优化经济结构、转换增长动力的攻关期，这些转变迫切需要一支拥有现代科技知识、精湛技艺技能和较强创新能力的高素质技能人才队伍来完成。而职业培训正是以满足经济社会发展要求为目标，它可以根据经济结构调整、技术进步和劳动力市场的变化，及时调整专业设置，从而切实提高职业培训的针对性和有效性，进而建设出一支知识型、技能型、创新型劳动者大军。因此，职业培训是贯彻落实人才强国战略，加快技能人才队伍建设，建设人力资源强国的重要措施；是加快经济发展方式转变，促进产业结构调整的必然要求；也是推进城乡统筹发展，加快工业化和城镇化进程的有效手段。

三、我国职业培训的立法概况

知识经济时代的到来和信息技术的蓬勃发展，使得劳动力市场上的职业需求处于不断变化和发展之中，怎样培育出符合经济社会发展要求的劳动者，是每一个谋求更好发展的国家所共同面临的问题。

（一）我国的职业培训立法概况

我国的职业培训立法经历了以下三个发展阶段：

1. 职业培训的萌芽阶段（1949—1952 年）

刚刚经历战争后的中华人民共和国，正处于百废待兴的阶段，大量的工人失业，军人也面临着转业。为了解决这些问题，原政务院于 1951 年发布了《关于改革学制的决定》，其中将各种补习学校、干部学校及各级各类业余教育等职业培训提到了与其他各类教育同等的地位。此外，政府劳动部门还委托一些企业单位以师傅带徒弟的形式，对工人进行现场培训。因此，这一阶段虽然没有专门针对职业培训的法律法规颁布，但是《决定》的发布和一系列措施，极大解决了当时的就业问题。

2. 职业培训的探索阶段（1952—1978 年）

这一阶段，国家为培养出符合经济建设所需要的人才，相继出台了一系列法规文件以发展职业培训，主要有 1952 年 2 月国务院为了规范学徒制度而出台的《关于国营、公私合营、合作社营、个体经营的企业事业单位学徒的学习期限和生活补贴的暂行规定》，以及劳动部于 1954 年 4 月发布的《关于技工学校暂行办法草案》、1961 年 5 月颁发的《技工学校通则》等法规文件。

3. 职业培训的发展繁荣阶段（1978 年至今）

党的十一届三中全会实现了拨乱反正，把党和国家的工作重心转回经济建设上来。为适应新的历史发展阶段对各行各业人才的需求，国家出台了大量有关职业培训的法律法规和文件。

（二）我国职业培训立法形式

1. 职业培训法律

1994 年颁布的《劳动法》中对职业培训进行了专章规定；1995 年颁布的《教育法》第十九条中也规定了关于职业教育与职业培训的内容；1996 年颁布的《职业教育法》更是为职业培训的发展做出了强有力保障；2002 年出台的《民办教育促进法》也有着关于职业培训学校及资格证书发放的规定；同年颁布的《安全生产法》中也规定了从业人员要进行安全生产教育和培训、特种作业人员须取得资格证书方可上岗作业等；2007 年通过的《就业促进法》的第五章，专门规定了“职业教育和培训”的内容，突出了国家对职业培训发展的重视。

2. 职业培训行政法规和部门规章

国务院以及中央各部委发布的行政法规、部门规章涉及职业培训的主要有：1991 年劳动部发布的《就业训练中心管理规定》；1994 年劳动部发布的《就业训练规定》《职业培训实体管理规定》；1996 年劳动部、国家经贸委发布的《企业职工培训规定》；1997 年国务院发布的《社会力量办学条例》等。

3. 职业培训政策性文件

这一阶段发布的政策性文件，覆盖领域极广，极大地促进了职业培训的发展，如2000年劳动和社会保障部发布的《劳动预备制培训实施办法》；2002年国务院下发《关于大力推进职业教育改革与发展的决定》；2005年劳动和社会保障部《城镇技能再就业计划》《能力促创业计划》《关于切实做好贫困地区劳动力培训促进就业工作的通知》《关于进一步做好职业培训工作的意见》；2005年国务院发布的《国务院关于大力发展职业教育的决定》；2010年国务院发布的《国务院关于加强职业培训促进就业的意见》等。

4. 职业培训地方性法规

我国不少省市制定了涉及职业培训的地方性法规。如2001年深圳市通过的《深圳特区居民促进就业条例》中，第三章“就业登记与培训”规定了对居民进行就业指导和培训的举措；2009年通过的《天津市就业促进条例》中，规定了在财政预算中安排就业专项资金用于职业培训、职业技能鉴定等项目，且失业人员等参加职业培训合格取得证书的，按规定给予职业培训补贴，这些规定助力了职业培训的开展；2010年5月1日施行的《重庆市就业促进条例》第三十六条规定：“用人单位应当按规定提取职工教育经费。职工教育经费应当专款专用，面向全体职工开展教育培训，加强对高技能人才、一线职工的教育和培训。”

【知识链接】

《劳动法》

第六十六条　国家通过各种途径，采取各种措施，发展职业培训事业，开发劳动者的职业技能，提高劳动者素质，增强劳动者的就业能力和工作能力。

第六十七条　各级人民政府应当把发展职业培训纳入社会经济发展的规划，鼓励和支持有条件的企业、事业组织、社会团体和个人进行各种形式的职业培训。

第六十八条　用人单位应当建立职业培训制度，按照国家规定提取和使用职业培训经费，根据本单位实际，有计划地对劳动者进行职业培训。从事技术工种的劳动者，上岗前必须经过培训。

《就业促进法》

第四十四条　国家依法发展职业教育，鼓励开展职业培训，促进劳动者提高职业技能，增强就业能力和创业能力。

【自测题】

基本案情：郭某在某化工厂工作。7月，工厂安排郭某去A公司接受培训，承诺培训期间产生的培训费、交通费等费用由工厂承担。郭某因此去往A公司参加了为期两月的培训。9月培训结束后，郭某要求化工厂报销其培训期间产生的有关费用，工厂负责人答复道："对工厂来说，这次的培训并没有给我厂来带任何利益，相反，培训的受益者是你，所以这个培训费应该由你自己承担，工厂不予报销。"

问题：请简析化工厂的违法之处。

【案例分析】

甲公司与林某劳动争议纠纷案[1]

林某是甲公司的一名员工，其向甲公司缴纳培训费200元并出具《承诺书》，承诺在甲公司工作满两年，如不满两年，所交培训金视为自动放弃，后林某又向甲公司缴纳培训费800元。不久，林某向店长郝某发送短信表示其母亲生病，需请假回家照顾母亲。郝某回复林某让其在家中好好照顾母亲。林某又向管理人员田总发送短信表示其因母亲住院，近来不能上班。一个月之后，甲公司店长郝某以林某自报家属交通事故脱岗10余天，其间只向公司领导及店长告知此事，并无任何实时证据证明，违反了公司制度，且未及时办理请假手续、无故旷工为由，与林某解除劳动合同，并拒绝返还其所交的培训费。

法院认为，林某因其母亲生病需照顾，通过短信的形式向公司管理人员说明情况并请假，其店长郝某回复林某让其在家中好好照顾母亲，应视为林某履行了请假手续并获批准。甲公司以林某无故旷工为由解除与林某的劳动合同属于违法解除。

同时，依据《中华人民共和国劳动法》第六十八条的规定，用人单位应当建立职业培训制度，按照国家规定提取和使用职业培训经费，根据本单位实际，有计划地对劳动者进行职业培训。故给员工提供培训系用人单位的义务，不应当向员工收取培训费，甲公司应向林某退还其收取的1 000元培训费用。

[1] 本案例改编自海南省海口市中级人民法院（2019）琼01民终1715号判决书。

第二节 职业培训的分类和形式

一、职业培训的分类

《职业教育法》第十四条规定："职业培训包括从业前培训、转业培训、学徒培训、在岗培训、转岗培训及其他职业性培训，可以根据实际情况分为初级、中级、高级职业培训。"因此，根据不同的划分标准，职业培训可以划分为不同的类别：

（一）以培训对象是否就业为标准分类

1. 就业前的职业培训

就业前的职业培训是指对尚未进入职业领域的社会劳动者在走上工作岗位前所进行的职业技能培训活动，主要由各级各类职业学校和就业训练中心等职业培训机构实施。就业前培训的目的是使处于非就业状态的劳动者掌握一定的专业技能，提升其就业能力，从而为其就业创造条件。培训对象既包括初次求职的新生劳动者，也包括失业人员、需要重新转换新职业的企业富余职工、下岗人员以及其他在就业和上岗前需要学习和提高职业技能的劳动者等。

2. 就业后的职业培训

就业后的职业培训是指对已经就业的劳动者进行的技术业务、操作技能等方面的教育和训练活动，一般由单位内部的职工培训机构或者单位委托社会培训机构进行。就业后培训的目的，是让已就业的劳动者通过学习培训更新现有的知识和技能，使其知识水平和操作能力同岗位所要求的工作能力相适应，从而满足本单位对人才的要求。

（二）以培训费用的承担者为标准分类

1. 自费培训

自费培训是指由劳动者自己支付培训费用所进行的学历教育、进修、参加职业资格或者技术等级考试等培训活动，其目的是提升劳动者自身的专业素质水平以及业务能力。自费培训往往是劳动者对自身经济情况以及可能的培训效果进行判断与了解后，结合自身需求进行的。由于属于自费行为，劳动者往往会更加认真地参加培训课程，因此其主观能动性和学习的有效性会大大增强，培训效果也会更加理想。

2. 公费培训

公费培训是指员工按照企业或者单位的工作需要参加技能或者知识培训，所产生的相关费用由企业或者单位承担的活动。由于公费培训的费用不需员工负担，因此这种培训方式可以大大降低员工的心理负担，提高其参与度和积极性。此外，公费培训的项目往往是企业根据本单位的发展方向所选择的，因此不仅员工的职业能力可以得到提升，企业也能更好地提升其核心竞争力，同时也可以吸引和留住有价值的员工。

（三）以培训层次为标准分类

1. 初级职业培训

初级职业培训是指为有从事某一职业愿望的劳动者提供广泛的职业基础教育，使之掌握必需的技能和知识，积累相应的职业经验。培训内容包括一般职业技能、专业基本技能、专业基本知识等。经过初级职业培训后，劳动者初步具备与职业岗位匹配的履职能力，能够利用所学独立从事本行业的基本工作。

2. 中级职业培训

中级职业培训是指针对具有一定职业知识水平与操作能力的劳动者进行的提升技术业务知识与技能的教育训练活动。培训内容与初级职业培训相比，更加注重业务相关的技术问题的解决或者技术方法的掌握，因此对于受培训者而言，能够极大地提升其技术方法以及独立解决比较复杂的技术问题的能力。

3. 高级职业培训

高级职业培训是指对本行业内专业理论知识和操作技能水平较高的劳动者进行的技术或者管理能力等方面的培训。受培训者一般是本行业内从业多年以上或者做出过突出贡献的劳动者，他们往往具有丰富的经验与熟练的技能。因此，高级职业培训更多是对劳动者技术革新、开发或者管理能力的培训。

（四）以职业培训实体为标准分类

1. 就业训练中心的培训

就业训练中心是指劳动部门为城镇待业人员和其他求职人员提高职业技能、增强就业能力而举办的职业技术教学实体。它包括劳动部门办的职业技术学校和职业技术培训中心。就业训练中心的培训往往会根据当地经济建设和社会发展的需要以及社会用工的需求，因地制宜设置专业，因此其培训专业设置和训练期限具有较大的灵活性。

2. 技工学校的培训

技工学校由人力资源和社会保障部主管，是以培养某种专业技术人员为目标的中等职业技术学校，往往侧重于专业技能的教学。经过技工学校培训后的劳动者，技能水平较高，若通过技能考核合格的，可以得到国家认可的学历证书和职业资格证书。

3. 职业学校的培训

职业学校隶属于教育部，是进行学历性职业教育的学校，可分为初等职业学校、中等职业学校和高等职业学校。职业学校的培训贯彻了理论教学和技能教学并重的原则，对初高中毕业生进行职业技能与文化知识的教育。

二、职业培训的主要形式

（一）学徒培训

学徒培训是指由用工单位招收学徒工，使其在师傅的直接教导下通过生产实践活动，学习并掌握生产技艺或者业务技巧，从而成为新技术工人或者专业人员的一种培训形式。学徒培训的对象是与企业签订一年以上劳动合同的技能岗位新招用和转岗等人员。学徒培养目标以符合企业岗位需求的中、高级技术工人为主，培养期限为 1 ~ 2 年，特殊情况可延长到 3 年。培养内容主要包括专业知识、操作技能、安全生产规范和职业素养，特别是工匠精神的培育。学徒培训期满，可参加职业技能鉴定或者结业（毕业）考核，合格者可以取得相应职业资格证书。

（二）劳动预备制培训

劳动预备制培训是指国家为提高青年劳动者素质、培养劳动后备军，组织新生劳动力和其他求职人员，在就业前接受 1 ~ 3 年的职业培训和职业教育，使其取得相应的职业资格或者掌握一定职业技能后，在国家政策的指导和帮助下，通过劳动力市场实现就业的制度。劳动预备制培训的对象是未升入高一级学校学习并有就业愿望的城镇应届初、高中毕业生或者准备向非农产业转移或者进城务工的农村应届初、高中毕业生。对准备从事农业生产劳动的初、高中毕业生，各地可从本地实际出发，另行制订培训办法。各地还可根据实际情况引导城镇失业人员和国有企业下岗职工参加劳动预备制培训。

劳动预备制培训的内容主要包括基本素质知识、职业知识、专业知识与技能与社会实践。其中，基本素质知识和职业知识，由市人力资源和社会保障局确定课程设置、课时安排及使用的教材；专业知识与技能，由培训学校参考培训专业（工种）职业技能鉴定规范的应知、应会内容自行确定课程设置、按时安排及使用教材；社会实践，由培训学校按照专业（工种）培训需要，组织学员到有关企业试工、实习。

（三）职工培训

职工培训也称在职培训，是指按照工作需要，针对本单位劳动者进行的思想政治、职业道德、管理知识、业务技术、操作技能等方面的教育和训练活动。职工培训的目的是使劳动者的能力在原有的知识、技能的基础上得到提高和更新，其培训方式非常灵活，既可以进行在岗业余培训，也可以开展离岗专门培训（即脱产培训）。

1. 职业培训费用的承担

《劳动法》第六十八条规定：“用人单位应当建立职业培训制度，按照国家规定提取和使用职业培训经费，根据本单位实际，有计划地对劳动者进行职业培训。”《就业促进法》第四十七条第三款规定：“企业应当按照国家有关规定提取职工教育经费，对劳动者进行职业技能培训和继续教育培训。”由此可以看出，对劳动者进行职业培训是用人单位应尽的义务，该部分费用应由用人单位承担。

一般而言，专项培训费用数额较大，如出国留学、对外交流、获得学历教育等。而短期培训班、讲座、岗位训练等形式所花费的费用则相对较少。

2. 服务期

服务期是指用人单位为劳动者提供专业技术培训，双方约定劳动者应当为用人单位提供服务的工作期限。

《劳动合同法》第二十二条规定："用人单位为劳动者提供专项培训费用，对其进行专业技术培训的，可以与该劳动者订立协议，约定服务期。"

3. 约定服务期的条件

（1）对劳动者进行的是专业技能培训，包括专业知识和职业技能培训。

（2）约定服务期的年限，没有具体规定。但应当遵守两点：一是体现公平合理的原则；二是用人单位与劳动者约定服务期的，不影响按照正常的工资调整机制提高劳动者在服务期期间的劳动报酬。

4. 劳动者违反服务期的责任

（1）劳动者违反服务期约定的，或者未到服务期劳动者提出解除合同的，应当按照约定向用人单位支付违约金。

（2）违约金的数额不得超过用人单位提供的培训费用。

（3）用人单位要求劳动者支付的违约金不得超过服务期尚未履行部分所应分摊的培训费用。

5. 劳动合同期与服务期不一致

根据国务院《劳动合同法实施条例》的规定，用人单位与劳动者约定的服务期未到期的，劳动合同应当延续至服务期满，双方另有约定的，从其约定。

【知识链接】

《职业教育法》

第十四条　职业培训包括从业前培训、转业培训、学徒培训、在岗培训、转岗培训及其他职业性培训，可以根据实际情况分为初级、中级、高级职业培训。职业培训分别由相应的职业培训机构、职业学校实施。其他学校或者教育机构可以根据办学能力，开展面向社会的、多种形式的职业培训。

《劳动合同法》

第二十二条　用人单位为劳动者提供专项培训费用，对其进行专业技术培训的，可以与该劳动者订立协议，约定服务期。

劳动者违反服务期约定的，应当按照约定向用人单位支付违约金。违约金的数额不得超过用人单位提供的培训费用。用人单位要求劳动者支付的违约金不得超过服务期尚未履行部分所应分摊的培训费用。

用人单位与劳动者约定服务期的，不影响按照正常的工资调整机制提高劳动者在服务期期间的劳动报酬。

【自测题】

基本案情：员工冯某接受培训回来后，企业按照培训协议的要求，让冯某提供一个5年的服务期，但服务期才履行了1年，冯某的合同就到期了。企业遂与冯某商量续订合同，但冯某表示不想续订，并且想终止合同。企业认为冯某的5年服务期未到，若冯某终止合同，应当向企业支付培训费。而冯某则认为劳动合同已经到期，自己没有违约，并不需要支付培训费，是否续订合同属双方自愿的行为。遂发生争议。

问题：（1）用人单位是否可以与冯某约定服务期？（2）冯某的做法对吗？

【案例分析】

陈某诉某医院人事争议纠纷案[1]

1995年7月，陈某被分配到某医院工作。2014年9月，某医院与陈某签订进修协议，约定陈某到某医科大学进修，进修结束后，必须回某医院工作，服务期不得低于10年。凡在10年内离开医院，陈某应赔偿违约金共计13万元。后陈某违反约定，于2016年1月向某医院提出辞职，在某医院不同意的情况下到其他医院工作，某医院于2016年2月将陈某作离职解聘处理。2016年7月，陈某遂申请仲裁，后不服仲裁裁决，向法院起诉，要求某医院签署同意其调离的意见、赔偿损失并判令陈某不向某医院赔偿违约金。

法院认为，鉴于目前人事法律、行政法规、国务院其他规定对劳动者服务期及违约金未作出特别规定，因此双方关于服务期和违约金的争议，应当适用《劳动合同法》第九十六条和第二十二条规定。双方当事人所签进修协议已经明确陈某培训后在某医院的服务期限为10年，若违约，违约金为25万元。陈某擅自离职的行为已构成违约。作为劳动者，即使其享有自主择业的权利，但其违反约定的行为，不为社会所提倡。某医院关于陈某应承担违约责任的主张，应予以支持。故法院依法判决：陈某以该培训费为限，向某医院支付违约金12 347元。

[1] 本案例改编自四川省高级人民法院（2012）川民提字第506号判决书。

第三节 职业培训的配套制度

一、职业技能鉴定制度

职业技能鉴定制度基于职业技能水平的考核活动，属于标准参照型考试。它是指由经过政府批准的考核鉴定机构对从业人员从事某种职业所应掌握的理论知识和操作技能做出客观的测量和评价的制度，是国家职业资格证书制度的重要组成部分。

《劳动法》第六十九条规定：“国家确定职业分类，对规定的职业制定职业技能标准，实行职业资格证书制度，由经备案的考核鉴定机构负责对劳动者实施职业技能考核鉴定。”

（一）职业技能鉴定的特点

1. 职业技能鉴定以职业活动为导向

职业技能鉴定不同于其他教育和考试领域中以知识体系为导向或者以学科为导向，而是以职业活动为导向，鉴定劳动者所达到的职业技能等级，从而赋予劳动者一定的职业资格。

2. 职业技能鉴定以实际操作为主要依据

由于职业技能鉴定可以赋予劳动者以一定的职业资格，因此，对劳动者的职业技能鉴定，尤其强调其实际工作能力，只有这样才能反映出劳动者是否真正符合有关工作岗位的需要。

3. 职业技能鉴定由政府批准的鉴定机构负责实施

职业技能鉴定实行政府指导下的社会化管理体制，即由政府批准的鉴定机构对劳动者的职业技能作出认证，政府行政部门负责管理、指导和监督。

（二）职业技能鉴定的机构

1. 劳动部所属职业技能鉴定指导中心

劳动部所属职业技能鉴定指导中心的主要职责：参与制定国家职业技能标准和组建国家职业技能鉴定题库；开展职业分类、标准、技能鉴定理论研究及咨询服务；推动全国职业技能竞赛活动。

2. 各省、自治区、直辖市劳动行政部门所属职业技能鉴定指导中心

各省、自治区、直辖市劳动行政部门所属职业技能鉴定指导中心的主要职责：组织本地区职业技能鉴定工作和具体实施考评员的资格培训；开展职业技能鉴定有关问题的研究和咨询服务；推动本地区职业技能竞赛活动。

3. 有关行业职业技能鉴定指导中心

经劳动部批准，有关行业可建立行业的职业技能鉴定指导中心，其主要职责：参与

制定国家职业技能标准以外非社会通用的本行业特有工种的职业技能标准；组织本行业特有工种的职业技能鉴定工作和考评员的资格培训；开展职业技能鉴定及有关问题的研究和咨询服务；推动本行业的职业技能竞赛活动。

职业技能鉴定指导中心是事业性机构，在管理上实行中心主任负责制。

4. 职业技能鉴定站（所）

职业技能鉴定站（所）是具体承担对待业人员、从业人员、军地两用人才、各级各类职业技术院校和其他职业培训机构的毕（结）业生，进行职业技能鉴定的事业性机构。在管理上实行站（所）长负责制。

（三）职业技能鉴定的对象

根据我国《职业技能鉴定规定》第十五条的规定，职业技能鉴定的对象包括以下 3 类：

（1）各类职业技术学校和培训机构毕（结）业生。这类对象所从事的凡属技术等级考核的工种，逐步实行职业技能鉴定。

（2）企业、事业单位学徒期满的学徒工。根据规定，此类对象必须进行职业技能鉴定。

（3）企业、事业单位的职工以及社会各类人员。这类对象可以根据需要，自愿申请职业技能鉴定。

（四）职业技能鉴定的程序

1. 申请和受理

申报职业技能鉴定的单位或者个人，可向当地职业技能鉴定站（所）提出申请，符合申报条件的人员应按规定程序履行报名手续，职业技能鉴定所（站）负责对申请人的资格进行审查，在报当地职业技能鉴定指导中心核准后，由职业技能鉴定所（站）签发准考证。

2. 考核（或者考评）

职业技能鉴定所（站）负责考场管理和组织监考工作，其在签发准考证后，应当按规定的时间、方式进行考核或者考评，当地职业技能鉴定指导中心派员巡视检查。对于考评人员，要严格执行考评员对其亲属的职业技能鉴定回避制度。此外，职业技能鉴定试题必须从国家规定的试题库提取，不得自行编制试题。

3. 颁发证书

对职业技能鉴定合格的人员，在劳动行政部门或者国务院行业主管部门劳动工资机构核定后，由职业技能鉴定所（站）颁发国家职业资格证书。

二、职业资格证书制度

职业资格证书制度是指按照国家制定的职业技能标准或者任职资格条件，通过政府批准的鉴定机构，对劳动者的技能水平或者职业资格进行客观公正、科学规范的评价和鉴定后，对合格者授予相应的国家职业资格证书的制度。

职业资格证书是表明劳动者具有从事某一职业所必备的学识和技能的证明，是国家对申请人专业（工种）学识、技术、能力的认可，是求职、任职、独立开业和单位录用的主要依据。作为职业技能鉴定的凭证，它是职业标准在社会劳动者身上的体现和定位。国家职业资格证书由中华人民共和国劳动和社会保障部核发，全国通用。

我国《劳动法》第六十九条规定："国家确定职业分类，对规定的职业制定职业技能标准，实行职业资格证书制度，由经备案的考核鉴定机构负责对劳动者实施职业技能考核鉴定。"《就业促进法》第五十一条规定："国家对从事涉及公共安全、人身健康、生命财产安全等特殊工种的劳动者，实行职业资格证书制度，具体办法由国务院规定。"此外，《职业教育法》第八条也规定："实施职业教育应当根据实际需要，同国家制定的职业分类和职业等级标准相适应，实行学历证书、培训证书和职业资格证书制度。"

（一）职业资格证书的等级分类

我国职业资格证书共分为 5 个等级：初级（5 级）、中级（4 级）、高级（3 级）、技师（2 级）和高级技师（1 级）。其具体要求如下：

1. 国家职业资格 5 级

即初级技能，该等级要求劳动者能够运用基本技能独立完成本职业的常规工作。

2. 国家职业资格 4 级

即中级技能，该等级要求劳动者能够熟练运用基本技能独立完成本职业的常规工作；在特定情况下，能够运用专门技能完成较为复杂的工作；能够与他人进行合作。

3. 国家职业资格 3 级

即高级技能，该等级要求劳动者能够熟练运用基本技能和专门技能完成较为复杂的工作，包括完成部分非常规性工作；能够独立处理工作中出现的问题；能够指导和培训初、中级工。

4. 国家职业资格 2 级（技师）

该等级要求劳动者能够熟练运用专门技能和特殊技能完成本职业复杂的、非常规性的工作；掌握本职业的关键技术技能，能够独立处理和解决技术或者工艺难题；在技术技能方面有创新；能够指导和培训初、中、高级工；具有一定的技术管理能力。

5. 国家职业资格 1 级（高级技师）

该等级要求劳动者能够熟练运用专门技能和特殊技能在本职业的各个领域完成复杂的、非常规性工作；熟练掌握本职业的关键技术技能，能够独立处理和解决高难度的技术问题或者工艺难题；在技术攻关和工艺革新方面有创新；能够组织开展技术改造、技术革新活动；能够组织开展系统的专业技术培训；具有技术管理能力。

（二）职业资格证书的办理程序

根据《职业技能鉴定工作规则》第五章第二十八条的规定，对职业技能鉴定合格人员，颁发国家职业资格证书。证书办理程序为：

通用工种职业技能鉴定所（站）将鉴定合格人员名单报相应职业技能鉴定指导中心审查汇总，由劳动行政部门核定。证书由职业技能鉴定指导中心按照劳动部规定的填写格式和编码方案统一办理，经劳动行政部门验印后颁发，职业技能鉴定所（站）负责将证书送交本人。

行业特有工种职业技能鉴定站将鉴定合格人员名单报行业职业技能鉴定指导中心审查汇总，由国务院行业主管部门劳动工资机构核定。证书由行业职业技能鉴定指导中心按照劳动部规定的填写格式和编码方案统一办理，经国务院行业主管部门劳动工资机构验印后颁发，职业技能鉴定站负责将证书送交本人。

行业特有工种职业技能鉴定站须将取得证书人员名单汇总报当地劳动行政部门备案。

此外，《职业资格证书规定》第五条规定："职业资格证书制度遵循申请自愿，费用自理，客观公正的原则。凡中华人民共和国公民和获准在我国境内就业的其他国籍的人员都可按照国家有关政策规定和程序申请相应的职业资格。"第八条规定："国家职业资格证书参照国际惯例，实行国际双边或者多边互认。"

【知识链接】

《劳动法》

第六十九条　国家确定职业分类，对规定的职业制定职业技能标准，实行职业资格证书制度，由经备案的考核鉴定机构负责对劳动者实施职业技能考核鉴定。

《职业技能鉴定规定》

第十三条　职业技能鉴定站（所），必须遵守劳动行政部门的有关规定、实施办法。职业技能鉴定试题必须从国家规定的试题库提取，不得自行编制试题。

第十四条　职业技能鉴定站（所），应受理一切符合申报条件、规定手续人员的职业技能鉴定，要严格执行考评员对其亲属的职业技能鉴定回避制度。

第十五条　职业技能鉴定的对象：（一）各类职业技术学校和培训机构毕（结）业生，凡属技术等级考核的工种，逐步实行职业技能鉴定；（二）企业、事业单位学徒期满的学徒工，必须进行职业技能鉴定；（三）企业、事业单位的职工以及社会各类人员，根据需要，自愿申请职业技能鉴定。

第十六条　申报职业技能鉴定的单位或者个人，可向当地职业技能鉴定站（所）提出申请，由职业技能鉴定站（所）签发准考证，按规定的时间、方式进行考核或考评。

《职业资格证书规定》

第四条　职业资格证书是国家对申请人专业（工种）学识、技术、能力的认可，是求职、任职、独立开业和单位录用的主要依据。

第五条　职业资格证书制度遵循申请自愿，费用自理，客观公正的原则。凡中华人民共和国公民和获准在我国境内就业的其他国籍的人员都可按照国家有关政策规定和程序申请相应的职业资格。

第八条　国家职业资格证书参照国际惯例，实行国际双边或者多边互认。

【自测题】

基本案情：雷某为某企业的学徒工，2019年，雷某在该企业的两年学徒培训期满。

问题：（1）学徒期满的雷某是否必须进行职业技能鉴定？

（2）如果雷某的职业技能鉴定考核（考评）合格，可以得到什么形式的认可？

【案例分析】

张某与某公司劳动争议一案[1]

张某为某公司的职工。2012年12月，张某因病住院治疗。张某回到某公司上班后，因张某原从事的岗位已不存在，且考虑到张某所患疾病不宜从事原工作，某公司安排张某从事物料管理，后认为张某仍无法胜任该工作，遂决定与其解除劳动合同。

因张某不服仲裁裁决，向法院起诉，请求判令：1. 某公司单方解除劳动合同无效；2. 某公司向张某支付未付工资及赔偿金。

法院认为：本案的关键在于张某是否属于“不能从事由用人单位另行安排的工作”或者“经过培训或者调整工作岗位，仍不能胜任工作”的情形。某公司用于证明张某调整工作岗位后仍不能胜任事实的证据，仅有严某和高某签署的《关于张某物料管理工作考评意见》，因高某、严某未出庭作证，某公司无其他证据证明上述内容属实，不予采信。而且，岗位调动后，某公司应当安排张某进行培训，帮助其适应新岗位的工作。某公司未提供其安排张某进行岗前培训之证据。因此，不能认定张某“不能从事由用人单位另行安排的工作”，也不能认定张某“经过培训或者调整工作岗位，仍不能胜任工作”。某公司关于其解除与张某的劳动合同符合《中华人民共和国劳动合同法》第四十条第（一）项规定的主张，缺乏事实和法律依据，法院未予采纳。

[1] 本案例改编自福建省高级人民法院（2016）闽民再335号判决书。

第十一章

社会保险和福利制度

【教学难点】

1. 职工基本养老保险的范围及待遇支付方式；
2. 职工基本医疗保险的覆盖范围及待遇支付方式；
3. 工伤认定的标准和程序及工伤保险享受待遇条件；
4. 失业保险基金的构成及享受失业保险待遇条件；
5. 生育保险费的缴纳及待遇内容；
6. 住房公积金制度的内容；
7. 年金制度的内容。

【内容概要】

社会保险是指国家通过立法建立社会保险基金，在被保险人因年老、疾病、失业、工伤、生育等原因丧失劳动能力或者失去收入来源时给予必要物质帮助的制度，包括养老保险、医疗保险、工伤保险、失业保险和生育保险等。社会保险具有非营利性、强制性、广泛性、保障性、经济性等特点。住房公积金，是指国家机关、国有企业、城镇集体企业、外商投资企业、城镇私营企业及其他城镇企业、事业单位、民办非企业单位、社会团体及其在职职工缴存的长期住房储金。职业年金是指机关事业单位及其工作人员在参加机关事业单位基本养老保险的基础上，建立的补充养老保险制度。企业年金是指企业及其职工在依法参加基本养老保险的基础上，自主建立的补充养老保险制度。

通过本章学习，使学生了解职工基本养老保险、职工基本医疗保险、工伤保险、失业保险和生育保险等内容，理解和把握住房公积金、职业年金与企业年金制度的基本内容。

我国劳动者与用人单位之间的劳动争议有很大一部分与劳动者的社会保险和福利有关。社会保险与劳动者的基本生活息息相关，用人单位应当保障劳动者在社会保险方面的基本权利，履行应尽的义务。

社会保险与商业保险有很大不同。商业保险是指通过订立保险合同，以营利为目的的保险形式，由专门的保险企业经营。主要分为财产保险、人寿保险。商业保险是保险人与被保险人的自愿行为，法律不强制性要求；最根本的目的在于营利。二者的区别如下：

（1）性质不同。社会保险属于政府行为，具有强制性。《劳动法》第七十二条规定，用人单位和劳动者必须依法参加社会保险，缴纳社会保险费。因此，参加社会保险是国家规定的强制性义务；商业保险则是一种商业行为，不具有强制性。

（2）目的不同。社会保险是由国家立法强制实施，属于政府行为，不以营利为目的；但是商业保险的目的则是获取利润，由投保人自愿购买。

（3）资金来源不同。社会保险一般由国家、用人单位和个人共同承担；但是商业保险则完全由投保人个人承担，国家与用人单位不予缴纳。

（4）政府角色和责任不同。在社会保险中，政府一般承担财务上的兜底责任；但在商业保险中，政府主要是依法对商业保险实行监督，保护投保人的利益。

（5）适用法律不同。社会保险适用《社会保险法》，商业保险适用《保险法》。两者法律依据不同。

第一节　职工基本养老保险

一、职工基本养老保险

（一）职工基本养老保险的范围

我国《社会保险法》第十条规定："职工应当参加基本养老保险，由用人单位和职工共同缴纳基本养老保险费。无雇工的个体工商户、未在用人单位参加基本养老保险的非全日制从业人员以及其他灵活就业人员可以参加基本养老保险，由个人缴纳基本养老保险费。"根据上述规定，职工基本养老保险覆盖的人员范围包括：

（1）职工，指在中国境内的企业、事业单位中以工资收入为主要生活来源的体力劳动者和脑力劳动者。这里的职工包括我国境内的各种所有制、各种组织形式企业的职工。

（2）灵活就业人员，主要包括无雇工的个体工商户、未在用人单位参加基本养老保险的非全日制从业人员以及其他灵活就业人员。

另外，依据《在中国境内就业的外国人参加社会保险暂行办法》（人力资源和社会保障部令第 16 号）第三条的规定，在中国境内依法注册或者登记的企业、事业单位、社会团体、民办非企业单位、基金会、律师事务所、会计师事务所等组织（以下简称“用人单位”）依法招用的外国人，应当依法参加职工基本养老保险、职工基本医疗保险、工伤保险、失业保险和生育保险，由用人单位和本人按照规定缴纳社会保险费。

（二）职工基本养老保险待遇的支付

依据《社会保险法》和人力资源和社会保障部《实施〈社会保险法〉若干规定》的规定，参加基本养老保险的个人依法退休后可领取基本养老金，职工基本养老金由统筹养老金和个人账户养老金组成。职工每月领取的统筹养老保险金数额将根据个人累计缴费年限、缴费工资、当地职工平均工资、个人账户金额、城镇人口平均预期寿命等因素确定。职工基本养老保险金实行社会化管理，一般由养老保险经办机构委托商业金融机构代为发放。

（1）统筹养老金的支付，参加基本养老保险的个人，达到法定退休年龄时累计缴费满 15 年的，按月领取统筹养老金。参加基本养老保险的个人，达到法定退休年龄时累计缴费不足 15 年的，可以缴费至满 15 年，按月领取统筹养老金；也可以转入居民基本养老保险，按照国务院的规定享受相应的养老保险待遇。参加基本养老保险的个人，因病或者非因工死亡的，其遗属可以领取丧葬补助金和抚恤金；在未达到法定退休年龄时因病或者非因工致残完全丧失劳动能力的，可以领取病残津贴。这两种情形所需资金从基本养老保险金中支付。

（2）个人账户养老金的支付。参加基本养老保险的个人领取的个人账户养老金数额，将根据本人基本养老保险个人账户所有的基金数额按照国家规定的计算公式确定。职工基本养老保险个人账户不得提前支取。个人在达到法定的领取基本养老金条件前离境定居的，其个人账户予以保留，达到法定领取条件时，按照国家规定享受相应的养老保险待遇。其中，丧失中华人民共和国国籍的，可以在其离境时或者离境后书面申请终止职工基本养老保险关系。社会保险经办机构收到申请后，应当书面告知其保留个人账户的权利以及终止职工基本养老保险关系的后果，经本人书面确认后，终止其职工基本养老保险关系，并将个人账户储存额一次性支付给本人。参加职工基本养老保险的个人死亡后，其个人账户中的余额可以全部依法继承。

二、职工养老保险关系的转移接续

（一）职工基本养老保险关系的转移接续

职工基本养老保险关系的转移接续是指企业职工基本养老保险关系由原参保地的职工基本养老保险系统转出，而由新参保地的职工基本养老保险系统、机关事业单位工作人员基本养老保险系统或者居民基本养老保险系统承接。《城镇企业职工基本养老保险关系转移接续暂行办法》（国办发〔2009〕66 号）规定，参加城镇企业职工基本养老保险的所有人员，包括农民工跨省流动就业的，由原参保所在地社会保险经办机构开具参保缴费凭证，其基本养老保险关系随同转移到新参保地。2017 年 1 月人力资源和社会保障部、财政部发布的《关于机关事业单位基本养老保险关系和职业年金转移接续有关问题的通知》规定，参保人员从企业流动到机关事业单位的，在转移基本养老关系的同时，个人缴费部分和单位缴费部分转移比照国办发〔2009〕66 号文件相关规定执行。

（二）企业年金关系的转移接续

尽管企业年金具有很强的企业身份性，劳动者获得企业年金待遇的前提是取得企业职工身份，一旦失去该身份，企业年金关系将被终止。但企业年金是企业为其职工建立的具有一定福利性质的补充养老保险，是企业对所在单位职工劳动的承认和肯定。因此，职工变动工作单位时，企业年金基金中的个人账户资金可以随同转移，但企业缴费形成的资金不能转出。如果转入企业也有企业年金计划，则该职工企业年金基金中的个人账户资金直接转入新建的企业年金的个人账户中；职工升学、参军、失业期间或者新就业单位没有实行企业年金制度的，其原企业年金个人账户可由原管理机构继续管理，并按原企业年金方案支取。

【知识链接】

《社会保险法》

第十条　职工应当参加基本养老保险，由用人单位和职工共同缴纳基本养老保险费。

第十一条　基本养老保险实行社会统筹与个人账户相结合。基本养老保险基金由用人单位和个人缴费以及政府补贴等组成。

第十二条　用人单位应当按照国家规定的本单位职工工资总额的比例缴纳基本养老保险费，记入基本养老保险统筹基金。职工应当按照国家规定的本人工资的比例缴纳基本养老保险费，记入个人账户。

第十四条　个人账户不得提前支取，记账利率不得低于银行定期存款利率，免征利息税。个人死亡的，个人账户余额可以继承。

第十五条　基本养老金由统筹养老金和个人账户养老金组成。 基本养老金根据个人累计缴费年限、缴费工资、当地职工平均工资、个人账户金额、城镇人口平均预期寿命等因素确定。

第十六条　参加基本养老保险的个人，达到法定退休年龄时累计缴费满15年的，按月领取基本养老金。参加基本养老保险的个人，达到法定退休年龄时累计缴费不足15年的，可以缴费至满15年，按月领取基本养老金；也可以转入新型农村社会养老保险或者城镇居民社会养老保险，按照国务院规定享受相应的养老保险待遇。

【自测题】

基本案情：周大爷已享受养老保险6年。不料，周大爷某日身感不适，从此一病不起。周大爷自知时日不多，要求儿女提前将自己基本养老保险中个人账户的钱取出来，但遭到社会保险机构的拒绝。周大爷不幸去世，其儿女要求继承父亲周大爷的个人账户余额。

问题：（1）周大爷要求提前支取基本养老保险中的个人账户，是否可以得到支持？

（2）周大爷的儿女要求继承周大爷的个人账户是否能够得到支持？

【案例分析】

许某与某化工集团有限公司劳动争议一案[1]

许某于1980年进入某化工厂工作。1991年某化工厂与某氮肥厂组建某化工集团，许某成为该公司员工。1996年某化工厂、某氮肥厂与某化工集团关系进行调整，省政府办公厅文件中对相关员工的安置措施为“现某化工集团的人员从哪个单位来回那个单位去，人员待遇按现有待遇保留，回原单位后一视同仁、妥善安置”。但许某并未回某化工厂工作。后许某申请仲裁，劳动人事争议仲裁委员会作出不予受理通知书。许某诉至法院，请求某化工集团公司赔偿其劳动关系存续期间内的养老保险损失42 916.5元。

法院认为，经审查，许某原为某化工厂工人，在组建某化工集团公司后，成为其职工。该化工集团公司解散后，许某并未按省政府办公厅文件规定回某化工厂工作。许某自述其回到某化工厂办理了停薪留职手续，但其未提交相应证据，且许某又自述已转到外贸企业从事业务工作，后又以社会人员身份办理了社保手续，未再回某化工厂及某化工集团公司上班。上述事实足以证实，许某基于其自主意愿已经解除与原某化工厂的劳动关系，亦已放弃与某化工集团公司续建劳动关系。许某所称其与某化工集团公司仍然存在劳动关系与查明事实相悖，其要求某化工公司赔偿其养老保险损失和解除劳动关系赔偿金的请求不能成立，法院不予支持。

[1] 本案例改编自湖南省高级人民法院（2019）湘民终967号判决书。

第二节　职工基本医疗保险

一、职工基本医疗保险的覆盖范围

职工基本医疗保险是针对城镇所有用人单位和职工，以强制参保为原则的一项基本医疗保险制度。职工基本医疗保险制度由计划经济时期的劳保医疗制度演变而来。国务院 1998 年 12 月发布了《关于建立城镇职工基本医疗保险制度的决定》，标志着我国城镇基本医疗保险制度的在全国普遍建立。

城镇职工基本医疗保险的保障对象既包括机关事业单位和国有企业的职工，也包括非国有企业的职工。这种保障对象的广泛性，既体现了国家对劳动者基本权益的保障，也扩大了筹资渠道，提高了医疗保险基金防范风险的能力。职工基本医疗保险打破了所有制的界限，规定了城镇所有用人单位，无论何种性质，无论何种形式，都必须参加职工基本医疗保险。《社会保险法》第二十三条规定，职工应当参加职工基本医疗保险，由用人单位和职工按照国家规定共同缴纳基本医疗保险费。无雇工的个体工商户、未在用人单位参加职工基本医疗保险的非全日制从业人员以及其他灵活就业人员可以参加职工基本医疗保险，由个人按照国家规定缴纳基本医疗保险费。随着社会公众对社会保障平等权益的不懈追求，原来因身份不同而享受不同医疗保险的不平等现象正在得到改善。

二、职工基本医疗保险基金的筹资

一般来说，职工基本医疗保险基金的来源是用人单位和职工个人缴纳的医疗保险费、政府补贴、基金的投资收益和企业缴纳的滞纳金及罚金等。其中，用人单位和职工个人缴费是基金最主要的来源。

从医疗保险基金的筹资方式看，主要有现收现付制、基金积累制和混合制三种模式。现收现付制的特点是“以支定收”，每年筹集的基金用于支付当年各种医疗给付和运行支出。基金积累制的特点是“以收定支”，即被保险人将来的保险金给付水平完全由基金积累的情况决定。混合制的筹资方式则是二者的结合，既在一定人群中进行横向分配，又利用“个人账户”等进行纵向积累。我国城镇职工基本医疗保险制度采取社会统筹与个人账户相结合的模式。一方面，在一定区域内的人群之间横向调剂医疗保险基金，费用共济、风险共担；另一方面，医疗保险费中的部分资金进入个人账户进行纵向积累，以劳动者年轻力壮时积累的资金弥补老年体弱时的费用缺口，自我缓解后顾之忧。

（一）缴费基数和费率

《社会保险法》第二十三条规定，用人单位和职工按照国家规定共同缴纳基本医疗保险费。职工个人以本人工资收入作为缴费基数，用人单位以在职职工工资总额作为缴费基数。依据国务院《关于建立城镇职工基本医疗保险制度的决定》，用人单位缴费率应控制在职工工资总额的 6% 左右，职工缴费率一般为本人工资的 2%，具体缴费比例由统筹地区根据社会经济情况确定。用人单位以在职职工工资总额作为缴费基数，一是考虑以在职职工工资总额作为社会保险缴费基数是国际惯例；二是与其他社会保险统一缴费基数，便于统一管理；三是为公平新老企业的缴费负担。之所以规定个人缴费比例，是因为这样不仅可以扩大基本医疗保险基金的来源，更重要的是明确职工个人在基本医疗保险中的责任和义务，可以增强职工自我保障的意识和节约费用的意识。个人缴纳医疗保险费也是国际上社会医疗保险的通行做法，而以职工工资为基数确定缴费标准，有助于实现职工基本医疗保险筹资的公平。

（二）统筹基金和个人账户

职工基本医疗保险实行“统账结合”的制度，基本医疗保险基金由统筹基金和个人账户构成，各自划定支付范围、分别核算，不得互相挤占。

统筹基金主要由用人单位缴费构成，统筹地区所有用人单位为职工缴纳的基本医疗保险费中，扣除划入职工个人账户的 30%，剩余资金 70% 左右进入社会统筹基金。统筹基金的来源还包括统筹基金利息收入、基本医疗保险费的滞纳金、财政补贴和依法纳入统筹基金的其他资金等。统筹基金由医疗保险经办机构管理使用，按照规定用于参保人员医疗保险待遇的支付。

个人账户是为满足职工个人基本医疗支出而设立的专用账户。依据国务院《关于建立城镇职工基本医疗保险制度的决定》的规定，个人账户的注入资金来源于两部分：个人缴费的全部和单位缴费的一部分（一般为 30% 左右），总计达到职工本人工资比例的 3.8% 左右（2%+6%×30%），具体比例由统筹地区根据个人账户的支付范围和职工年龄等因素确定。

（三）缴费年限

《社会保险法》第二十七条规定，参加职工基本医疗保险的个人，达到法定退休年龄时累计缴费达到国家规定年限的，退休后不再缴纳基本医疗保险费，按照国家规定享受基本医疗保险待遇；未达到国家规定年限的，可以缴费至国家规定年限。

（四）医疗保险跨地区的转移接续

2009 年 12 月 31 日，人力资源和社会保障部、卫生部、财政部发布《流动就业人员基本医疗保险保障关系转移接续暂行办法》规定了职工流动异地就业时的医疗保险关系的转移接续办法，已于 2010 年 7 月 1 日实施生效。《社会保险法》第三十二条也明确规定，个人跨统筹地区就业的，其基本医疗保险关系随本人转移，缴费年限累计计算。

三、职工基本医疗保险待遇的支付

医疗保险待遇的支付是指参加职工基本医疗保险的职工生病后，医疗保险经办机构按照事先规定的条件和待遇标准，向生病职工提供医疗保险服务并为其支付医疗保险费用。医疗保险待遇的支付包括病假医疗期的待遇和医疗费用的支付。

《社会保险法》第二十八条规定，符合基本医疗保险药品目录、诊疗项目、医疗服务设施标准以及急诊、抢救的医疗费用，按照国家规定从基本医疗保险基金中支付。因此，职工享受到的医疗保险待遇是国家规定的治理疾病所需的基本医疗服务，而非全部的医疗服务。

（一）起付线标准以下的医疗费用的支付

参保人发生医疗费用后，首先需自付一定额度的医疗费用，超过此额度标准的医疗费用才由医疗保险经办机构以统筹基金支付，这个自付额度的标准即为“起付线”。起付线在医疗费用控制中起“门槛”作用，其功能在于：一是防止因信息不对称，接诊时医患双方在疾病严重程度上的弄虚作假；二是制约或者限制一部分非必需的医疗需求，达到事前控制不合理的医疗消费行为，抑制“门诊挤住院”“小兵大养”的现象；三是减少医疗保险经办机构对处方的审核以及支付的工作量，降低管理成本。起付线的主要优点是费用分担有利于产生费用意识，控制消费行为，从而控制医疗费用；减少管理成本；当起付线定得较高时，起到了保大病、保高额费用的作用。其主要缺点在于，当起付线未能与家庭收入挂钩时，对于低收入家庭，起付费可能是一个较大的经济负担，成为一些个人和家庭获得必要医疗服务的障碍。

依据《关于建立城镇职工基本医疗保险制度的决定》，起付线标准原则上控制在当地职工平均工资的10%左右，起付线标准以下的门诊医疗费用（检查费、药费等相关费用）由职工个人账户支付，职工个人账户资金用完后，职工个人必须自行承担。

（二）起付线标准以上、最高支付限额以下的医疗费支付

最高支付限额是指年度内对于参保职工的医疗费用，由统筹基金承担的最高支付额度。起付线标准以上、最高支付额以下的职工医疗费用，由医疗保险统筹基金按照一定的比例支付，即比例共付。比例共付是指被保险人支付医疗费用时，要与医疗保险经办机构各自按一定比例共同负担费用，该分担比例可以恒定，也可以随医疗费用额度的变化而递减或者递增。

比例共付制的优点在于会对被保险人整个求医过程产生影响，起到调解医疗消费、控制医疗费用的作用。由于价格需求弹性，促使被保险人选择相对价格较低的服务，从而可以起到降低医疗服务价格的作用。其主要缺点是由于家庭收入和健康情况的差别，可能产生享有医疗服务的不公正情况。当自付比例过高时，可能抑制被保险人的基本医疗需求，导致小病拖延治疗、大病放弃治疗等问题。而当自付比例定得过低时，又可能导致医疗需求膨胀，典型的表现是小病大养。国际上的自付比例一般为20%，当自付比

例达到 25% 或者以上时，被保险人就医将明显受到抑制。

依据《关于建立城镇职工基本医疗保险制度的决定》，在起付线标准以上、最高支付限额以下的医疗费用，主要从统筹基金中支付，个人也需要负担一定比例，最高支付限额原则上控制在当地职工平均工资的 4 ~ 6 倍。统筹基金支付职工住院的大部分医疗费用，职工使用个人账户支付一定比例的住院医疗费用，个人医疗账户资金不足支付的由职工个人自付。

最高支付限额以及比例共付中的个人负担比例，由统筹地区根据以收定支，收支平衡的原则确定。另外，超出统筹基金最高支付限额的医疗费用，不在职工基本医疗保险范围内支付，另由大额医疗保险、职工补充医疗保险、商业保险等支付。

（三）医疗费支付的除外规定

职工参加基本医疗保险，因病、伤所产生的医疗费用并非都由医疗保险基金支付，由于一些客观原因引起的病、伤所产生的医疗费用具有专门的支付渠道，而不属于职工基本医疗保险待遇的支付范围。依据《社会保险法》第三十条的规定，下列医疗费用不纳入基本医疗保险基金支付范围：

1. 应当从工伤保险基金中支付的医疗费用

职工因工负伤或者患职业病，经鉴定属于工伤的，由工伤保险基金支付相关医疗费用。

2. 应当由第三人负担的医疗费用

第三人侵权造成参保人人身伤害而产生的治理医疗费用由侵权行为人承担，赔偿参保人的经济损失。对于医疗费用依法应当由第三人负担、而第三人不支付或者无法确定第三人的，由基本医疗保险基金先行支付。基本医疗保险基金先行支付后，有权向第三人追偿。应当指出的是，“第三人”既包括自然人，也包括法人或者其他组织；同时，“第三人不支付”的情形既包括第三人有能力支付而拒不支付的，也包括第三人没有能力而不能支付或者不能立即支付的。

3. 应当由公共卫生负担的费用

公共卫生是指政府针对社区或者社会而非个人的医疗服务，通过全社会共同努力，改善社会卫生条件，预防控制传染病和其他疾病流行，达到预防疾病、促进国民身体健康的目的。我国现阶段的基本公共卫生服务主要是指在免疫规划、妇幼保健、应急救治、采供血以及传染病、慢性病、地方病的预防控制等领域，由国家免费向城乡居民提供的医疗服务，其所需费用纳入政府预算安排。

4. 在境外就医的医疗费用

该费用一般由出境人员自行购买境外商业保险来解决，或者通过参加所在国的医疗保险方式解决，不属于国内基本医疗保险的支付范围。

【知识链接】

《社会保险法》

第二十三条　职工应当参加职工基本医疗保险，由用人单位和职工按照国家规定共同缴纳基本医疗保险费。

第二十五条　国家建立和完善城镇居民基本医疗保险制度。城镇居民基本医疗保险实行个人缴费和政府补贴相结合。享受最低生活保障的人、丧失劳动能力的残疾人、低收入家庭六十周岁以上的老年人和未成年人等所需个人缴费部分，由政府给予补贴。

第二十七条　参加职工基本医疗保险的个人，达到法定退休年龄时累计缴费达到国家规定年限的，退休后不再缴纳基本医疗保险费，按照国家规定享受基本医疗保险待遇；未达到国家规定年限的，可以缴费至国家规定年限。

第三十条　下列医疗费用不纳入基本医疗保险基金支付范围：（一）应当从工伤保险基金中支付的；（二）应当由第三人负担的；（三）应当由公共卫生负担的；（四）在境外就医的。医疗费用依法应当由第三人负担，第三人不支付或者无法确定第三人的，由基本医疗保险基金先行支付。基本医疗保险基金先行支付后，有权向第三人追偿。

第三十二条　个人跨统筹地区就业的，其基本医疗保险关系随本人转移，缴费年限累计计算。

【自测题】

基本案情：宋小江、伍小松、鲁小深、吴小勇对不纳入基本医疗保险基金支付范围的情形展开了一次激烈的讨论。下列讨论哪个人的说法错误？（　　）

宋小江：应当从工伤保险基金中支付的，其基本医疗保险就不用再次支付了。

伍小松：无论在境外还是境内就医的，其都可以享受基本医疗保险。

鲁小深：因为其他人造成职工伤害的，他人负担后，基本医疗保险就可以不支付了。

吴小勇：应当由公共卫生负担的情形，基本医疗保险也可以不再支付了。

A. 宋小江　　B. 伍小松　　C. 鲁小深　　D. 吴小勇

【案例分析】

陈某与某矿业有限公司劳动争议一案[1]

陈某于2007年8月到某矿业公司务工，双方签订了劳动合同。在此期间，某矿业公司没有为陈某缴纳医疗保险等社会保险。2014年7月14日，陈某申请仲裁，要求某矿业公司支付未为其购买的医疗保险等社会保险金。陈某因不服仲裁裁决，起诉请求：

[1] 本案例改编自四川省高级人民法院（2018）川民再250号判决书。

某矿业公司支付因其未为陈某办理社会保险手续，且社会保险经办机构不能补办导致陈某无法享受社会保险待遇的损失 78 189 元。

法院认为，依据《最高人民法院关于审理劳动争议案件适用法律若干问题的解释（三）》第一条："劳动者以用人单位未为其办理社会保险手续，且社会保险经办机构不能补办导致其无法享受社会保险待遇为由，要求用人单位赔偿损失而发生争议的，人民法院应予受理"的规定[1]，劳动者要获得赔偿必须以无法享受国家给予的相应社会保险待遇为事实前提，其主张损失赔偿应以损失实际产生为基础事实。陈某未提供因某矿业公司未为其购买社会保险，社会保险经办机构不能补办且导致陈某无法享受社会保险待遇的证据。故对陈某主张某矿业公司支付因未缴纳社会保险费而导致其无法享受社会保险待遇的损失依法不予支持。

第三节　工伤保险

一、工伤保险的概念和特点

（一）工伤保险的概念

工伤保险是指劳动者在工作中因遭受事故伤害或者患职业病而致伤、致病、致死时依法所享受的一种社会保险。工伤有广义和狭义之分，广义的工伤包括因为工作而受到的伤害和罹患的职业疾病，狭义的工伤仅指工作中的遭受事故伤害。我国的工伤保险制度所称的工伤是广义的。工伤保险是世界上产生最早、覆盖范围最广的一种社会保险，德国于 1884 年就制定了《劳工伤害保险法》。大多数国家或者地区都普遍建立了工伤保险制度。我国《社会保险法》和 2010 年 12 月修订的《工伤保险条例》，对现行工伤保险制度进行了系统规范。

（二）工伤保险的特点

与其他种类的社会保险相比，工伤保险具有下列特点：

1. 责任性质的无过错性

工伤保险是基于对工伤职工的赔偿责任而设立的社会保险，其起源于"雇主责任制"理论，根据"雇主责任制"理论，劳动者在职业场所因执行职务所受到的伤害应由雇主负担。由于雇主责任与其主观过错相连，因此对过失与否的认定常常是劳资双方争

[1] 该规定现调整至《最高人民法院关于审理劳动争议案件适用法律问题的解释（一）》第一条。

议的焦点，劳动者只有在证明雇主对事故损害有过错的情况下才有权要求雇主支付赔偿，这使劳动者的损害赔偿请求权受到诸多限制。而且，雇主责任能否实现，与雇主承担责任的能力息息相关，因雇主破产或者其他无力承担责任的情形发生，往往导致劳动者的损害赔偿请求权落空。随着经济的发展和劳动者保障意识增强，各国纷纷以社会保险代替雇主责任。工伤保险中体现“雇主责任制”属性的有关规定有：工伤保险由用人单位承担全部社会保险费，职工个人不缴费；工伤保险实行无过错责任原则，工伤事故的构成与雇主和受害劳动者的主观过错无关。

2. 覆盖主体的特定性

与其他类别的社会保险覆盖对象不同，工伤保险仅覆盖劳动者。工伤保险是分散职业灾害风险的手段，职业灾害与职业活动相关，不是全体国民都会面临该风险。养老保险、医疗保险等类别的保险，基本覆盖全体国民，因为他们都面临年老、疾病等社会风险。

3. 补偿内容的有限性

各国工伤保险补偿仅限于明确的经济损失，包括因伤残、死亡引起的损失和医疗成本。之所以限定补偿的内容，除了因工伤保险以无过错责任为基础，还在于避免因工伤标准过高而引发一定的道德风险。

二、工伤预防

（一）工伤预防的概念

工伤预防是指通过提供安全、健康的职业环境条件，完善安全健康管理制度，减少或者杜绝职业损害事故和职业病的发生，从源头上保障劳动者免受职业伤害。工伤预防是一种事前防范工伤的措施，预防措施得当，工伤预防和工伤康复支出就会小。在工伤保险的预防、补偿和康复三种功能中，预防是基础，任何工作都应当以安全、健康为主，减少职业损害的发生；预防也是最有效的保障措施，最符合成本效益原则。工伤预防功能的发挥需要通过一个系统工程来实现，制度的设计和执行、必要的费用投入以及广泛的宣传和教育都必不可少。工伤预防主体主要是用人单位和劳动者，相关的预防措施也需要通过这些主体发挥作用。

（二）工伤保险中的预防措施

为实现工伤预防功能，工伤保险制度构建了一系列预防措施。工伤预防措施从不同的视角可以作不同的分类。从预防措施的主体来看，可以分为用人单位采取的预防措施、劳动者采取的预防措施和行政管理主体实施的预防措施；从预防措施的性质看，可以分为经济措施和行政管理措施。具体而言，主要包括以下 3 个方面：

1. 工伤保险费差别率机制

工伤保险差别费率是指依据用人单位所处的行业风险大小和本单位前期的工伤风险

发生概率而确定不同比例的工伤保险社会统筹基金缴费。工伤保险费率与其他类别的保险费率不同，既不依收入确定，也不实现统一费率，而是根据风险大小实现差别费率。用人单位的行业风险大，保险费率相应增加，整个行业的生产成本高。在同一行业，由于不同用人单位的安全管理水平存在差异，风险发生状况不同，安全管理水平低，风险发生频率高，工伤费率自然高；但如果安全生产投入大，管理水平高，风险发生频率低，保险费率也相应会低。这样用人单位会从经济的角度评估安全管理投入和保费投入关系，从中作出选择。合理的保险费率机制，不仅可以为工伤保险补偿聚集充足的资金，而且能有效预防工伤事故。《工伤保险条例》第八条规定，国家根据不同行业的工伤风险程度确定行业的差别费率，并根据工伤费使用、工伤发生率等情况，适用所属行业内相应的费率档次确定单位缴费费率。

2. 工伤保险基金向用人单位提供工伤预防费用

用人单位改善安全生产设施、建立安全健康管理制度、对员工进行安全卫生教育和培训，不仅可以有效减少安全事故，而且可以向保险基金申请支付相关费用。通过这种经济激励措施，可以有效促进用人单位实施安全预防措施。从基金利益角度而言，有效的工伤预防措施，不仅可以减少工伤保险基金的工伤救治和康复支出，而且劳动者不会因工伤和职业病退出劳动领域，反而会增加工伤保险基金的供款。《工伤保险条例》第十二条规定，工伤保险基金存入社会保障基金财政专户，用于本条例规定的工伤保险待遇，劳动能力鉴定，工伤预防的宣传、培训等费用，以及法律、法规规定的用于工伤保险的其他费用的支付。工伤预防费用的提取比例、使用和管理的具体办法，由国务院社会保险行政部门会同国务院财政、卫生行政和安全生产监督管理部门规定。

3. 工伤保险行政主管部门的管理措施

差别费率机制和保险基金预防费用支出主要是通过减少用人单位的保险费用和劳动场所的安全健康支出等措施，来激励用人单位采取工伤预防措施，而政府的管理措施则是通过行政手段从外部实行监管、指导，促进和辅助用人单位采取预防措施。有效的行政管理，不仅可以使用人单位违反安全卫生管理规范的行为得到有力的制裁，而且可以促进用人单位自觉遵守安全卫生规范，减少事故的发生。从有关国家的法律实践看，工伤保险政府主管部门的管理措施一般包括：颁布安全卫生法规和规程，监督实施相关规范，对工作场所进行调查、检测，为用人单位提供有关安全生产和卫生环境方面的咨询、对用人单位进行安全生产方面的培训教育等。我国工伤保险管理由社会保险主管部门负责。

三、工伤保险的基本原则

工伤保险制度的基本原则贯彻于整个工伤保险制度中，其基本内容主要有：

（一）无过错责任原则

第一，劳动者在职业活动中遭受事故伤害或者罹患职业病，无论事故责任属于本人、用人单位或者第三人，均可依法定标准享受工伤保险待遇；第二，企业或者其他用人单位不直接承担工伤损害补偿责任，而是由工伤保险基金统一支付，并不受用人单位是否依法缴纳工伤保险费的影响；第三，国家强制要求所有的用人单位参加工伤保险，工伤保险待遇的构成、计发标准、支付方式以及缴费标准均依法规定；第四，在工伤认定标准中，劳动者的过失并不影响工伤的构成，法律只将劳动者因为故意造成的伤害或者死亡排除在外；第五，在工伤补偿方面，用人单位是否对事故存在主观过错，不影响工伤保险基金的补偿范围和标准。无过错责任原则不仅能适应现代化工业生产的风险分摊需要，而且可以极大地提高补偿效率。为了避免用人单位的道德风险，工伤保险制度一般规定，用人单位因故意违反安全管理规章给劳动者造成职业伤害的，应当在工伤补偿之外另外给予受害人一定的损害赔偿。

（二）经济补偿原则

经济损失补偿原则与工伤保险的无过错责任原则相对应。劳动者发生工伤损害后，应给予经济补偿，但该补偿范围仅限于经济方面的损失，一般包括医疗费用、误工损失以及因劳动力的减损或者丧失而造成经济方面的损失，不包括劳动者因此受到的精神损失。工伤保险制度之所以将劳动者的职业风险通过保险方式加以分摊，一是可以避免对受害人的补偿因为赔偿主体的能力受到影响；二是通过赔偿范围的标准化和程式化，使受害人的补偿能够尽可能地快捷、及时；三是用人单位可以通过缴纳保险费将职工的职业风险分散出去，避免其因为不可预见、不能克服的风险而影响企业的正常运营。与此同时，工伤保险费率机制的建立主要为解决用人单位的道德风险问题，而工伤保险赔偿范围限缩的目的则是为解决受害人的道德风险问题。这与侵权损害赔偿的范围不同，侵权损害赔偿包括直接损失、间接损失，还包括精神损失。而社会保险因覆盖范围广，补偿标准一般低于侵权损害赔偿。

（三）预防、补偿与康复相结合的原则

工伤保险制度与传统的人身损害赔偿制度相比，其优越性之一是将工伤预防、工伤补偿与康复相结合，形成完整、系统的工伤保障机制，这样不仅能有效地减少或者消除职业危害，保障劳动者健康和安全，还可以直接减少工伤保险基金支出。世界各国的工伤保险制度都将工伤预防放在首位。工伤补偿是针对已经发生的职业伤害实现的补救措施，使遭受工伤的劳动者恢复健康以及使其受到的损失被补偿。工伤康复是使受到工伤损害的劳动者回归正常生活、回归劳动领域的有效措施。各国对职业康复采取了不同的方式：有的国家组织残疾人就业培训活动，恢复其工作能力；有的国家规定社会保险机构与职业安全与福利机构合作，对工伤人员进行康复和就业培训；有的国家规定劳动者应得到充分的善后处理，包括医疗、手术及住院治疗，直至恢复劳动能力；有的国家规

定建立设置完善的康复中心，以恢复残疾人智力、体力及职业所需的技术能力。《工伤保险条例》第十二条规定，工伤保险基金用于本条例规定的工伤保险待遇，劳动能力鉴定，工伤预防的宣传、培训等费用。第三十条规定，工伤职工到签订服务协议的医疗机构进行工伤康复的费用，符合规定的，从工伤保险基金支付。

四、工伤认定的标准和程序

工伤认定是整个工伤保险制度的第一环节，也是其核心和难点。工伤认定有着法定的认定标准和程序，我国对工伤认定标准采取了列举式立法。

（一）工伤认定标准

工伤认定是指劳动行政部门依据法定的标准和程序，确认劳动者的伤害或者疾病是否属于工伤保险事故的活动。被认定为工伤是职工能够享受工伤保险待遇的前提和基础，工伤认定是整个工伤保险制度的核心和难点。因此，各国普遍通过立法明确工伤认定标准或者构成要素。我国工伤认定标准包括两个方面：

第一，受到伤害或者患病的主体是职工。在我国，工伤和特定劳动关系相对应，被认定为工伤的主体，必须与接受其劳动的主体之间形成劳动法上的劳动关系。在用人单位的场所提供劳动的独立承揽人，不得因为职业伤害或者罹患疾病申请工伤认定。

第二，职工所受的伤害或者罹患的疾病属于工伤保险的范围。一般而言，工伤保险的事故包含工作中的事故伤害、职业疾病和通勤事故三类。我国的工伤保险制度根据事故伤害的性质和发生情形，将工伤保险事故分为“工伤”和“视同工伤”两类。

属于“工伤”的情形，主要是指职工的事故伤害在工作时间和工作场所内，因为工作原因导致的，即所谓具备“三工”要素的事故。对于工作时间要素，既包括执行职务的时间，也包括执行职务前后从事预备性和收尾性活动的时间，还包括上下班途中。工作场所要素，包括常规执行职务的场所，和受单位指派或者认可的其他活动场所。工作原因要素，其范围除了劳动者的本职工作之外，其他与职务相关的活动，或者由单位指派、认定的其他业务活动，以及其他对用人单位有益的活动，都应当认定符合工作原因的内涵。《工伤保险条例》第十四条对此进行了明确的列举，职工有下列情形之一，应当认定为工伤：（1）在工作时间和工作场所内，因工作原因受到事故伤害的；（2）工作时间前后在工作场所内，从事与工作有关的预备性或者收尾性工作受到事故伤害的；（3）在工作时间和工作场所内，因履行工作职责受到暴力等意外伤害的；（4）患职业病的；（5）因工外出期间，由于工作原因受到伤害或者发生事故下落不明的；（6）在上下班途中，受到非本人主要责任的交通事故或者城市轨道交通、客运轮渡、火车事故伤害的；（7）法律、行政法规规定应当认定为工伤的其他情形。“三工要素”被认为是工伤构成的三个标准，其中工作原因是核心要素，工作时间、工作场所要素主要为辅助确定工作原因要素而设定，没有工作时间，工作场所要素，并不能排除属于工伤范围。

“视同工伤”的情形，主要是指欠缺工作原因要素的特殊疾病和其他虽与职业活动无关、但需要纳入工伤风险分摊体系加以补偿的事故伤害。《工伤保险条例》第十五条规定的视同工伤的情形主要有三种：（1）在工作时间和工作岗位，突发疾病死亡或者在48小时之内经抢救无效死亡的；（2）在抢险救灾等维护国家利益、公共利益活动中受到伤害的；（3）职工原在军队服役，因战、因公负伤致残，已取得革命伤残军人证，到用人单位后旧伤复发的。

职业病属于一种特殊的工伤。从医学角度而言，职业病是指因职业活动引起或者在职业活动中形成的疾病。但从法律规范角度，我国《职业病防治法》所称职业病，是指企业、事业单位和个体经济组织等用人单位的劳动者在职业活动中，因接触粉尘、放射性物质和其他有毒、有害因素而引起的疾病。根据国家卫生计生委、人力资源和社会保障部、安全监管总局、全国总工会四部门于2013年12月23日联合印发的《职业病分类和目录》，我国职业病分为职业性尘肺病及其他呼吸系统的疾病、职业性皮肤病、职业性眼病、职业性耳鼻喉口腔疾病、职业性化学中毒、物理因素所致职业病、职业性放射性疾病、职业性传染病、职业性肿瘤以及其他职业病共10类132种。能够被诊断为职业病，认定为工伤而享受工伤保险待遇的职业病，是指规范意义上的职业病，必须符合以下条件：第一，必须是法定范围的劳动者，即企业、事业单位和个人经济组织等用人单位的劳动者；第二，所患疾病必须属于国家规定范围的职业疾病；第三，该疾病应当是因接触粉尘、放射性物质和其他有毒、有害因素而引起；第四，必须经过法定的医疗卫生机构诊断、鉴定为职业病。

除了“应当认定工伤的情形”“视同工伤的情形”，法律还特别强调“不得认定工伤的情形”。工伤保险尽管实行无过错责任原则，但为避免工伤保险中的道德风险，因此将受害人的故意伤害行为等排除在工伤保险事故范围之外。按照《工伤保险条例》第十六条的规定，虽然职工符合前述说法认定为工伤的情形，但是有下列情形之一的，不得认定为工伤或者视同工伤：（1）故意犯罪的；（2）醉酒或者吸毒的；（3）自残或者自杀的。

（二）工伤认定程序

工伤认定是指劳动行政部门依法在职工发生事故伤害或者按照职业病防治法规定被诊断、鉴定为职业病的情形下，依申请判定职工是否属于工伤的行为。依据《社会保险法》规定，职工发生事故伤害或者被诊断、鉴定为职业病后，不能直接享受工伤医疗待遇，必须经过劳动行政管理部门依照法定的工伤认定程序认定为工伤，才能享受工伤医疗待遇。按照《工伤保险条例》第十七条的规定，我国工伤认定的主体是统筹地区社会保险行政部门，工伤认定的性质是行政确认行为。

工伤认定主要包括以下程序规则：

（1）申请。法律规定工伤认定程序应当经过申请而启动。在我国，工伤认定申请人一般包括用人单位和受害人及其近亲属以及工会组织。劳动行政部门可否直接启动工伤认定程序，在理论上存在争议。

对于用人单位而言，申请工伤认定是其法定义务。按照《工伤保险条例》第十七条的规定，职工发生事故伤害或者按照职业病防治法规定被诊断、鉴定为职业病，所在单位应当自事故伤害发生之日或者被诊断、鉴定为职业病之日起30日内，向统筹地区社会保险行政部门提出工伤认定申请，遇有特殊情况，经报社会保险行政部门同意，申报时限可以适当延长。用人单位未依法履行认定申请义务的，在此期间发生的工伤待遇等有关费用由该用人单位负担。

工伤职工或者近亲属申请工伤认定，是法律赋予的一项权利。工伤认定直接关系到受害职工的工伤待遇，赋予其申请权是实现工伤职工赔偿利益的必然要求。用人单位未按前款规定提出工伤认定申请的，工伤职工或者其直系亲属，在事故伤害发生之日或者被诊断、鉴定为职业病之日起1年内，可以直接向用人单位所在地统筹地区社会保险行政部门提出工伤认定申请。

工会依法有权提出工伤认定申请。与工伤职工不同，工会并不是利害关系人，工会是否行使权利并不影响其利益，如何督促工会行使该项权利是法律必须解决的问题，现行法律对此并无规定。

提出工伤认定申请应当提交下列材料：工伤认定申请表；与用人单位存在劳动关系（包括事实劳动关系）的证明材料；医疗诊断证明或者职业病诊断证明书（或者职业病诊断鉴定书）。工伤认定申请人提供材料不完整的，社会保险行政部门应当一次性书面告知工伤认定申请人需要补正的全部材料。申请人按照书面告知要求补正材料后，社会保险行政部门应当受理。

（2）统筹地区社会保险行政部门进行工伤认定。社会保险行政部门受理工伤认定申请后，根据审核需要可以对事故伤害进行调查核实，用人单位、职工、工会组织、医疗机构以及有关部门应当予以协助。

在工伤认定程序中，用人单位和劳动者双方争执的焦点往往是双方是否存在劳动关系。依据我国现行法律规定，劳动者的伤害或者疾病被认定为工伤的必要条件是其必须与该用人单位存在劳动关系，属于该用人单位的职工。行政部门在认定工伤的过程中往往涉及劳动关系的确认问题。

对劳动关系进行确认的主体归属，是行政部门还是劳动争议处理机关，在实践中形成三种有代表性的观点：第一种观点认为，劳动关系的确认权应当由劳动人事争议仲裁委员会和法院行使；第二种观点认为，工伤认定中的劳动关系确认权应由工伤认定机构行使；第三种观点认为，工伤认定中的劳动关系确认争议可以分为事实争议和法律争议，前者由行政部门行使，后者由劳动争议处理机关行使。《工伤保险条例》没有明确规定工伤认定中的劳动关系确认权归属。2005年劳动和社会保障部《关于确立劳动关系有关事项的通知》第五条规定，劳动者和用人单位就是否存在劳动关系引发争议的，可以向有管辖权的劳动人事争议仲裁委员会申请仲裁。2009年7月20日最高人民法院行政审判庭在《关于劳动保障行政部门在工伤认定程序中是否具有劳动关系确认权请示》的批复中明确指出，依据《劳动法》第九条和《工伤保险条例》第五条、第十八条的规定，劳动行政部门在工伤认定过程中，具有认定受到伤害的职工与企业之间是否存在劳动关系的职权。以上两条规定明显存在冲突。对此，2011年12月修订的《职业病防治法》第五十条规定职业病诊断、鉴定过程中，在确认劳动者职业史、职业病危害接触史时，当事人对劳动关系、工种、工作岗位或者在岗时间有争议的，可以向当地的劳动人事争议仲裁委员会申请仲裁。但是，劳动行政部门在工伤认定程序中缺乏劳动关系确认权，以及劳动关系确认剥离于工伤认定是造成工伤认定程序耗时复杂的重要原因之一。

工伤认定中的举证责任，原则上遵循民事诉讼中“谁主张，谁举证”的原则。主张工伤的劳动者应当举证证明受伤的事实和经过，如果用人单位认为不是工伤，由用人单位举证证明。劳动者在劳动关系中受用人单位的管理和控制，其弱势地位明显，一旦发生工伤，用人单位对证据的收集和掌控更为有利，所以，《工伤保险条例》第十九条第二款规定，职工或者其近亲属认为是工伤，用人单位不认为是工伤的，由用人单位承担举证责任。

按照《工伤保险条例》第五十五条的规定，申请工伤认定的职工或者其近亲属、该职工所在单位对工伤认定申请不予受理的决定不服的；申请工伤认定的职工或者其近亲属、该职工所在单位对工伤认定结论不服的，均可以依法申请行政复议，也可以依法向人民法院提起行政诉讼。

（三）职业病的认定程序

职业病认定是指依法享有职业病诊断、鉴定资格的主体确认劳动者所患疾病属于职业病的行为，包括职业病诊断和职业病鉴定。根据《职业病防治法》第四十三条、第五十三条的规定，职业病的诊断主体是具备资质的医疗卫生机构；另外，人民法院在案件审理过程中需要进行职业病鉴定时，可以直接聘请相关专家作为鉴定人员。实际上，职业病鉴定不是一个独立的程序，而是诊断行为的救济程序。职业病认定程序可以分为诊断程序的启动，诊断过程以及对诊断结论的救济程序。

1. 职业病诊断启动程序

依据《职业病防治法》第四十五条、第五十一条、第五十六条的规定，职业病诊断作为一种医疗技术判断行为，可能因为劳动者要求而开始，也可能因为用人单位的安排而开始；医疗卫生机构可否在医疗过程中直接对符合条件的劳动者诊断为职业病，法律并未规定，而是要求医疗卫生机构将疑似职业病的情况向劳动者和用人单位说明，并向卫生行政部门和安全生产监督管理机关报告。

2. 对相关材料进行诊断分析

职业病诊断是医疗卫生机构根据相关材料，依据专业知识和法定条件判断劳动者的疾病是否属于法定范围内的职业疾病，所以，诊断所依据的材料是职业病诊断的核心问题。《职业病防治法》第四十六条规定，职业病诊断，应当综合分析下列因素：病人的职业史，职业病危害接触史和工作场所危害因素情况，临床表现以及辅助检查结果等。职业病诊断争议往往集中在证明劳动者的职业经历和职业场所的危害因素等材料上。《职业病防治法》第四十七条明确规定，用人单位应当如实提供职业病诊断、鉴定所需的劳动者职业史和职业病危害接触史、工作场所职业病危害因素检测结果等资料，同时赋予诊断机构调查权和要求卫生行政部门调查的权利。《职业病防治法》第四十九条明确在职业病诊断的过程中如果涉及劳动关系的认定，应当按照劳动争议处理程序处理。

3. 职业病诊断结论的救济

根据《职业病防治法》第五十二条的规定，当事人对职业病诊断有异议的，可以向作出诊断的医疗卫生机构所在地地方人民政府卫生行政部门申请鉴定。职业病诊断争议由设区的市级以上地方人民政府卫生行政部门根据当事人的申请，组织职业病鉴定委员会进行鉴定。当事人对设区的市级职业病诊断鉴定委员会的结论不服的，可以向省、自治区、直辖市人民政府卫生行政部门申请再鉴定。

职工确诊为职业病后，必须经过上述工伤认定程序，即提出申请，经过劳动行政部门的工伤认定及争议处理程序，确认为工伤。《工伤保险条例》第十九条规定，对依法取得职业病诊断证明或者职业病诊断鉴定书的，劳动行政部门不再进行核实调查。

五、劳动能力鉴定

（一）劳动能力鉴定的含义

劳动能力的鉴定是给予受伤害职工工伤保险待遇的前提条件，是指劳动鉴定机构根据法定的鉴定标准，对遭受工伤事故伤害或者罹患职业病的劳动者的劳动功能障碍程度和生活自理障碍程度进行的等级鉴定。劳动功能障碍分为 10 个伤残等级，最重的为 1 级，最轻的为 10 级。生活自理障碍分为 3 个等级：生活完全不能自理、生活大部分不能自理和生活部分不能自理。职工发生工伤，经医治伤情相对稳定后存在残疾、影响劳动能力的，应当进行劳动能力鉴定。经过劳动能力鉴定，丧失劳动能力的，享受伤残待遇。

（二）劳动能力鉴定的程序

鉴定劳动能力的程序，基本遵循申请、鉴定和救济程序。劳动能力鉴定必须以申请而为，相关当事人对鉴定结论不服的，只能申请再次鉴定。具体程序如下：

1. 申请

劳动能力鉴定由用人单位、工伤职工或者直系亲属向设区的市级劳动能力鉴定委员会提出申请，并提供工伤认定决定和职工工伤医疗的有关资料。劳动能力鉴定主体是劳动能力鉴定委员会。省、自治区、直辖市劳动能力鉴定委员会和设区的市级劳动能力鉴定委员会分别由省、自治区、直辖市和设区的市级劳动行政部门、人事行政部门、卫生行政部门、工会组织、经办机构代表以及用人单位代表组成。

2. 鉴定

申请人向设区的市级劳动能力鉴定委员会提出申请；劳动能力鉴定委员会收到劳动能力鉴定申请后，应当从其建立的医疗卫生专家库中随机抽取 3 名或者 5 名相关专家组成专家组，由专家组提出鉴定意见。设区的市级劳动能力鉴定委员会根据专家组的鉴定意见做出工伤职工劳动能力鉴定结论；必要时，可以委托具备资格的医疗机构协助进行有关的诊断。

3. 再次鉴定

申请鉴定的单位或者个人对设区的市级劳动能力鉴定委员会作出的鉴定结论不服的，可以在收到该鉴定结论之日起 15 日内向省、自治区、直辖市劳动能力鉴定委员会提出再次鉴定申请。省、自治区、直辖市劳动能力鉴定委员会作出的劳动能力鉴定结论为最终结论。

4. 复查鉴定

自劳动能力鉴定结论作出之日起 1 年后，工伤职工或者其近亲属、所在单位或者经办机构认为伤残情况发生变化的，可以申请劳动能力复查鉴定。

六、工伤保险待遇

（一）含义、享受条件与支付规定

工伤保险待遇是工伤职工依法享有的、请求工伤保险的保险人提供的工伤保险给付。工伤保险待遇是对被保险对象因工伤受到损害的补偿，包括有关医疗支出的补偿和不能工作期间所损失的补偿。工伤保险待遇按照不同的标准可以作不同的分类。从社会保险的给付内容看，可分为劳务给付、物质给付和现金给付三种，及分别以人力照顾、物质给付、现金给付的方式对被保险人予以帮助。我国现行法律规定工伤保险待遇分为工伤医疗期待遇、因工致残待遇和因工死亡待遇。

职工享受工伤保险待遇的条件有二：一是劳动者属于我国工伤保险制度覆盖范围内的职工；二是劳动者所受伤害或者疾病被依法认定为工伤。符合这两个条件的，工伤职工在工伤医疗期享受医疗待遇；经过劳动能力鉴定的，享受伤残待遇；劳动者受伤害致死的，享受死亡待遇。我国在确定工伤待遇支付主体时，区分用人单位是否缴纳保险费，以及工伤是否因为第三人的原因造成等情形。在用人单位依法参加保险、缴纳保险费用的情形下，职工发生工伤，原则上由工伤保险基金支付保险待遇，但《社会保险法》第三十九条国家规定的部分费用外。

依据《社会保险法》第四十一条、第四十二条的规定，用人单位未缴纳工伤保险费的，职工发生工伤事故后，由用人单位支付工伤保险待遇。用人单位不支付的，从工伤保险基金中先行支付。由于第三人的原因造成工伤的，应当由第三人支付医疗保险待遇；在第三人不支付或者无法确定第三人的情形下，由工伤保险基金先行支付。工伤保险待遇先行支付制度是我国《社会保险法》确定的一项新的制度，对用人单位未缴纳保险费用的工伤职工或者第三人原因造成工伤的职工，先由工伤保险基金垫付补偿待遇，事后再向用人单位或者第三人追缴的制度。但这种新制度的理论基础和实施细则还未明确。根据该法规定，工伤保险基金先行支付的第一种情形是，职工虽然被认定为工伤，但其所在用人单位没有缴纳工伤保险费，而法律强调工伤保险基金支付保险待遇的前提条件与用人单位的缴费关系对应，即工伤职工所在用人单位必须缴纳工伤保险费，如果单位未缴费，工伤职工的相关待遇应当只能向用人单位请求给付。工伤保险基金先行支付的第二种情形是，职工因为第三人的原因造成的工伤，虽然用人单位已缴纳工伤保险费用，法律规定工伤职工只能先请求侵权人赔偿医疗费用。法条中的："用人单位不支付""第三人不支付"的标准，应当理解为这些主体有能力支付而拒不支付，或者没有能力而无力支付或者无法立即支付。工伤保险基金先行支付后，工伤职工对"用人单位"和"第三人"的请求权自动转移至工伤保险基金。

（二）工伤医疗期待遇

工伤医疗期待遇是指职工因工作原因受到事故伤害或者罹患职业病后，在工伤医疗期内享受的待遇。工伤医疗期的待遇包括医疗待遇、工资福利待遇、生活护理待遇和工伤康复待遇。职工因工受到伤害可以停工休息，并接受治疗。该期间为工伤医疗期（或者称为停工留薪期）。工伤医疗期依据受伤程度、治疗需求等因素确定，一般不能超过12个月，伤情严重或者情况特殊，经设区的市级劳动能力鉴定委员会确定可以适当延长，但延长不得超过12个月。工伤职工在停工留薪期满后仍需治疗时，仅继续享受工伤医疗待遇。

职工享受工伤医疗期待遇的前提条件是有关伤害或者疾病被认定为工伤。因为工伤认定需要经历一定的程序，劳动者在被认定为工伤之前，需要停工修养并接受治疗的，其医疗费用和生活费用由谁垫付，法律并未明确。从《安全生产法》第八十三条和《职业病防治法》第三十七条第二款的规定看，相关费用应由用人单位垫付。待工伤认定之后，医疗费用依据《工伤保险条例》规定由工伤保险基金承担，停工期间的工资福利则由用人单位负担。但是，依据《工伤保险条例》第十七条规定，用人单位在事故发生之日或者被诊断为职业病之日起30日内应当提出工伤认定申请；如果未在该时间内提出申请，自工伤事故发生之日或者职业病发生之日起，一直到劳动行政部门受理工伤认定申请之日止，相关费用由用人单位承担。

1. 医疗待遇

劳动者因工伤遭遇事故伤害或者患职业病需要治疗的，可以享受工伤医疗待遇。工伤保险和医疗保险一样，社会保险经办机构需要委托第三方医疗服务机构为被保险人提供医疗服务，所以，需要强调职工治疗工伤应当在签订服务协议的医疗机构就医，只有在情况紧急时才可以先到就近的医疗机构急救。为有效控制医疗服务费用，政府主管部门一般明确规定工伤诊疗目录、工伤保险药品目录、工伤保险住院服务标准等，该标准和范围内的医疗费用支出从工伤保险基金支付。在该目录和标准之外所需的费用，我国工伤保险基金不予承担。不过从理论上讲，这些药品和医疗服务支出只要存在必要性，工伤保险基金就应当支付。职工住院治疗工伤期间，相关的生活费用以及到外地就医的费用，属于工伤职工因为工伤事故而支付的额外费用，应当从工伤保险基金中支付。工伤职工需要安装的自助器具亦如此，《工伤保险条例》第二十九条对此作了明确规定。

2. 工资福利待遇

职工因工作遭受事故伤害或者职业病需要暂停工作接受工伤医疗的，在停工留薪期内，因为未按照劳动合同约定提供劳动，工资福利自然无法获得，相应的误工损失应当得到补偿。我国《工伤保险条例》规定，工伤职工在停工留薪期间，原工资福利待遇不变，由所在单位按月支付。停工留薪期一般不超过 12 个月，伤情严重或者情况特殊，经设区的市级劳动能力鉴定委员会确认，可以适当延长，但延长不得超过 12 个月。工伤职工评定伤残等级后，停发原待遇，按照有关规定享受伤残待遇。工伤职工在停工留薪期满后仍需治疗的，继续享受工伤医疗待遇。工伤职工伤情稳定，评定伤残等级后，停发原待遇，按照有关规定享受伤残待遇。

3. 护理费用

劳动者在工伤医疗期内生活不能自理、需要护理的，相关费用由所在单位负责。

4. 康复治疗费用

工伤职工到签订服务协议的医疗机构进行工伤康复的费用，符合规定的，从工伤保险基金中支付。

七、因工伤致残待遇

遭遇事故伤害或者罹患职业病的职工，经治疗伤情相对稳定后残疾、影响劳动能力的，或者停工留薪期届满，工伤职工或者用人单位应当及时申请劳动能力鉴定。工伤职工经劳动能力鉴定委员会确认具有残疾的，可以享受伤残待遇。

（一）生活护理费

工伤职工已经评定伤残等级并经劳动能力鉴定委员会确认需要生活护理的，从工伤保险基金按月支付生活护理费。生活护理费按照生活完全不能自理、生活大部分不能自理和生活部分不能自理 3 个不同等级支付，其标准分别为统筹地区上年度职工月平均工资的 50%、40% 或者 30%。

（二）伤残的其他待遇

《工伤保险条例》将职工伤残等级分为 1 至 10 级，1 级最重，10 级最轻。伤残等级 1 至 4 级的劳动者，丧失了基本的劳动能力，个人生活也完全不能自理。法律规定该劳动者应当退出工作岗位，但要求用人单位保留其劳动关系。这一规定与我国计划经济时期形成的“单位保障”理念有关。随着职工职业风险保障社会化理念的建立及社会保险制度的完善，推出劳动领域的职工生活应当由社会保险基金承担。这部分工伤职工的伤残待遇包括：（1）从工伤保险基金按伤残等级支付一次性伤残补助金，标准为：1 级伤残为 27 个月的本人工资，2 级伤残为 25 个月的本人工资，3 级伤残为 23 个月的本人工资，4 级伤残为 21 个月的本人工资。（2）从工伤保险基金按月支付伤残津贴，标准为：1 级伤残为本人工资的 90%，2 级伤残为本人工资的 85%，3 级伤残为本人工资的 80%，4 级伤残为本人工资的 75%。伤残津贴实际金额低于当地最低工资标准的，由工伤保险基金补足差额。（3）工伤职工达到退休年龄并办理退休手续后，停发伤残津贴，按照国家有关规定享受基本养老保险待遇。基本养老保险待遇低于伤残津贴的，由工伤保险基金补足差额。职工因工伤致残被鉴定为 1 至 4 级伤残的，由用人单位和职工个人以伤残津贴为基数，缴纳基本医疗保险费。

职工因工伤致残被鉴定为 5 级、6 级伤残的，具备一定的劳动能力，其伤残待遇如下：（1）从工伤保险基金按伤残等级支付一次性伤残补助金，标准为：5 级伤残为 18 个月的本人工资，6 级伤残为 16 个月的本人工资。（2）保留与用人单位的劳动关系，由用人单位安排适当工作。难以安排工作的，由用人单位按月发给伤残津贴，标准为：5 级伤残为本人工资的 70%，6 级伤残为本人工资 60%，并由用人单位按照规定为其缴纳各项社会保险费。伤残津贴实际金额低于当地最低工资标准的，由用人单位补足差额。原则上用人单位不得解除与工伤职工的劳动关系，但如果职工本人提出，用人单位可以解除或者终止劳动关系，这时，工伤保险基金支付应当向职工支付一次性工伤医疗补助金，用人单位支付一次性伤残就业补助金。

职工因工伤致残被鉴定为 7 至 10 级伤残的，劳动能力基本没有损伤，生活自理能力完全具备，其伤残待遇如下：（1）从工伤保险基金按伤残等级支付一次性伤残补助金，标准为：7 级伤残为 13 个月的本人工资，8 级伤残为 11 个月的本人工资，9 级伤残为 9 个月的本人工资，10 级伤残为 7 个月的本人工资。（2）劳动、聘用合同期满终止，或者职工本人提出解除劳动、聘用合同的，由工伤保险基金支付一次性工伤医疗补助金，由用人单位支付一次性伤残就业补助金。一次性工伤医疗补助金和一次性伤残就业补助金的具体标准由省、自治区、直辖市人民政府规定。

八、因工死亡待遇

因工死亡是指职工因工伤事故死亡，以及在工作时间工作岗位突发疾病死亡或者在 48 小时内经抢救无效死亡。另外，在停工留薪期间因工伤导致的死亡和停工留薪期满因旧伤复发死亡，均属于因工死亡。职工因为死亡，其近亲属享有下列待遇。

（一）丧葬补助金

丧葬补助金是指工伤保险经办机构在职工因工死亡后提供的丧葬补助费用。该费用的标准为6个月的统筹地区上年度职工月平均工资。

（二）供养亲属抚恤金

供养亲属抚恤金是工伤保险基金对工亡职工生前抚养的近亲属提供的生活费用。受工亡职工生前抚养的对象，因扶养人的死亡而失去生活来源，相应的遗属扶养费用属于工伤保险基金的支付范围。我国《工伤保险条例》规定，社会保险经办机构按照职工本人工资的一定比例发给由因工死亡职工生前提供主要生活来源、无劳动能力的亲属一定数额的抚恤金。具体标准为：配偶每月40%，其他亲属每人每月30%，孤寡老人或者孤儿每人每月在上述标准的基础上增加10%。核定的各供养亲属的抚恤金之和不应高于因工死亡职工生前的工资。供养亲属的具体范围由国务院劳动行政部门规定。

（三）工亡补助金

工亡补助金属于对因工死亡职工近亲属的抚慰金。《工伤保险条例》第三十九条规定，一次性工亡补助金的标准为上一年度全国城镇居民人均可支配收入的20倍。工亡补助金支付对象包括因为工伤事故当时死亡、在工作过程中突发疾病死亡、经抢救无效48小时死亡、在停工留薪期间因工伤导致死亡以及停工留薪期满后因工伤死亡的职工。停工留薪期死亡的职工，其工亡待遇与前者相同，包括丧葬补助金、供养亲属抚恤金与工亡补助金三项。但1至4级伤残职工在停工留薪期间届满后死亡的，其近亲属只能享有丧葬补助和抚恤金，不能享受一次性工亡补助金。这是因为这类主体在停工留薪期届满时已经经过劳动能力的鉴定，享受了相关等级的伤残待遇。

【知识链接】

《社会保险法》

第三十六条　职工因工作原因受到事故伤害或者患职业病，且经工伤认定的，享受工伤保险待遇；其中，经劳动能力鉴定丧失劳动能力的，享受伤残待遇。

第三十八条　因工伤发生的下列费用，按照国家规定从工伤保险基金中支付：（一）治疗工伤的医疗费用和康复费用；（二）住院伙食补助费；（三）到统筹地区以外就医的交通食宿费；（四）安装配置伤残辅助器具所需费用；（五）生活不能自理的，经劳动能力鉴定委员会确认的生活护理费；（六）一次性伤残补助金和一至四级伤残职工按月领取的伤残津贴；（七）终止或者解除劳动合同时，应当享受的一次性医疗补助金；（八）因工死亡的，其遗属领取的丧葬补助金、供养亲属抚恤金和因工死亡补助金；（九）劳动能力鉴定费。

第三十九条　因工伤发生的下列费用，按照国家规定由用人单位支付：（一）治疗工伤期间的工资福利；（二）五级、六级伤残职工按月领取的伤残津贴；（三）终止或者解除劳动合同时，应当享受的一次性伤残就业补助金。

第四十三条 工伤职工有下列情形之一的，停止享受工伤保险待遇：（一）丧失享受待遇条件的；（二）拒不接受劳动能力鉴定的；（三）拒绝治疗的。

《工伤保险条例》

第七条 工伤保险基金由用人单位缴纳的工伤保险费、工伤保险基金的利息和依法纳入工伤保险基金的其他资金构成。

第十四条 职工有下列情形之一的，应当认定为工伤：（一）在工作时间和工作场所内，因工作原因受到事故伤害的；（二）工作时间前后在工作场所内，从事与工作有关的预备性或者收尾性工作受到事故伤害的；（三）在工作时间和工作场所内，因履行工作职责受到暴力等意外伤害的；（四）患职业病的；（五）因工外出期间，由于工作原因受到伤害或者发生事故下落不明的；（六）在上下班途中，受到非本人主要责任的交通事故或者城市轨道交通、客运轮渡、火车事故伤害的；（七）法律、行政法规规定应当认定为工伤的其他情形。

第十五条 职工有下列情形之一的，视同工伤：（一）在工作时间和工作岗位，突发疾病死亡或者在48小时之内经抢救无效死亡的；（二）在抢险救灾等维护国家利益、公共利益活动中受到伤害的；（三）职工原在军队服役，因战、因公负伤致残，已取得革命伤残军人证，到用人单位后旧伤复发的。职工有前款第（一）项、第（二）项情形的，按照本条例的有关规定享受工伤保险待遇；职工有前款第（三）项情形的，按照本条例的有关规定享受除一次性伤残补助金以外的工伤保险待遇。

【自测题】

1. 基本案情：孙某在某建筑工地做了两年的保安，负责看管工地的各种器材，维护工地基本安全秩序。这天上午，孙某在值班过程中，几个来历不明的人准备偷盗工地的钢管等器材。孙某在阻拦过程中被这几人打伤，送往医院治疗，伤愈后，落下残疾。

问题：孙某的伤残能否被认为是工伤？为什么？

2. 基本案情：吴某是某棉纺织厂的一名员工，在某一次工作时受伤，导致右手截肢。在休养病情期间，吴某因与人发生争执，双方动起手来，吴某失手导致对方死亡，被法院判处两年有期徒刑。

问题：（1）吴某在因工受伤后享受哪些工伤保险待遇？

（2）被判处有期徒刑的吴某是否还能继续享受这些工伤保险待遇？

【案例分析】

李某与某机械公司劳动争议一案[1]

2013年8月，李某在某公司工作时，左上臂被碎砂轮片击伤。经县人社局认定李某所受伤害为工伤，李某伤情经市劳鉴委鉴定为工伤9级伤残。李某申请仲裁，请求某公司支付其伤残补助金、就业补助金等费用。后李某因不服仲裁裁决，诉至法院。诉讼期间，省劳鉴委出具鉴定结论为未构级，但之后省劳鉴委又出具了《关于更正李某劳动能力再次鉴定结论的通知》。

为进一步查明事实，法院向省劳鉴委就鉴定相关事宜发函调查，该委向法院出具了《关于李某劳动能力再次鉴定结论更正说明》，其中载明“综合考虑李某有神经源性损害，建议评定为10级”。法院认为，上述文件，能够证明经复检，李某的工伤伤残构成10级，《通知》已经撤销了省劳鉴委此前的劳动能力鉴定结论，并认定李某的工伤致残等级评定为10级。因此，李某主张其工伤致残程度为10级，法院予以采信。本案中，李某确认在发生案涉工伤事故后就未再到某公司上班，双方的劳动关系事实上已经终止。综上，李某依法可以享受伤残补助金、一次性就业补助金、一次性医疗补助金等10级伤残相应的工伤待遇。因用人单位未参加工伤保险统筹，故应由用人单位按照国家的有关标准负担工伤职工的工伤保险待遇。李某主张的相应损失合理部分，予以支持。

第四节　失业保险

一、失业保险的概念和特点

失业是市场经济的普遍现象。马克思曾指出：“资本在两方面同时起作用。它的积累一方面扩大对劳动的需求，另一方面又通过‘游离’工人来扩大工人的供给，与此同时，失业工人的压力又迫使就业工人付出更多的劳动，从而在一定程度上使劳动的供给不依赖于工人的供给。”失业会使失业人员处于困苦之中，而且也会造成浪费劳动资源、加剧贫富分化，甚至形成失业恐慌，影响社会秩序。但失业同时也会在效率上发挥作用，一定数量失业者的存在为生产发展提供了劳动力后备军，不仅可以调节劳动力结构和供求关系，促进劳动力的流动，也可以增加就业压力，刺激在职人员和失业者之间

[1] 本案例改编自浙江省高级人民法院（2019）浙民再405号判决书。

的竞争，迫使人们提高劳动技能，进而促进生产效率的提高和产业的发展。因此，各国均致力于将失业控制在合理区间之内，实现充分就业而非完全就业。

（一）失业及其分类

我国并无明确法定的失业概念，根据国际劳工组织的规定，在规定的调查期内达到一定年龄并满足以下条件者为失业：（1）没有工作，即不在有报酬的职业或者自营职业中；（2）本人当前可以工作，具有劳动能力；（3）正在寻找工作。简而言之，失业是指具有劳动能力和劳动意愿的劳动者暂时丧失劳动机会的一种无业状态。

按照不同标准，可以将失业划分为不同的类型。最常见的分类是根据失业的成因将其分为摩擦性失业、结构性失业、周期性失业、季节性失业和技术性失业，其意义在于法律应针对不同失业原因采取不同的失业管制措施。摩擦性失业是指因信息不畅，求职的劳动者与需要提供的岗位之间在匹配时间上存在差异而导致的失业；结构性失业是指在经济发展过程中，因经济结构的变动和产业的兴衰转移所造成的失业；周期性失业是指由于经济周期或者经济波动，整个社会对劳动力的有效需求不足，劳动力市场供求失衡所形成的失业；季节性失业是指由于某些行业生产经营活动受气候条件、社会风俗和购买习惯的影响，对劳动力的需求出现季节性变化而导致的失业；技术性失业是指由于使用新设备和新材料、采用新的生产技术和生产管理方式所导致的失业。

（二）失业保险的概念

失业保险是指国家通过立法强制建立失业保险基金，对因失业而中断生活来源的劳动者在法定期间内提供失业保险待遇以维持其基本生活，促进其再就业，并积极预防或者避免失业人员产生的一项社会保险制度。

失业保险立法较之其他社会保险立法起步较晚，失业保险的强制构建则更晚。1911年英国颁布的《国民保险法》对失业保险作出规定，首开强制失业保险先河。我国改革开放后，配合国营企业劳动用工制度的改革，1986年《国营企业职工实行待业保险暂行规定》的颁行开启我国失业保险制度的建立，1999年《失业保险条例》的颁行则标志着失业保险法制化程度的进一步提升。

（三）失业保险的特点

失业保险具有社会保险的一般特点，与其他社会保险相比，还具有以下特点：

1. 对象的特定性

失业保险的对象特定为失业人员，失业人员是指在法定劳动年龄内、具有劳动能力和劳动意愿，但无工作岗位、无劳动机会的人员。未达到法定劳动年龄的人员不得就业，不具有劳动能力的人员不能就业，自然亦无失业问题。已达到退休年龄的人处于颐养天年阶段且可享受养老保险等保障，无须失业保险。无劳动意愿的人员也不应纳入失业保险，因为其工作系主观原因所致，失业保险也无法消除其自愿失业的心态，若纳入失业保险反而与失业保险的促进就业功能相悖。

2. 待遇的期限性

失业保险待遇只能在法定期限内享受，超过法定期限，即使仍处于失业状态也不能享受失业保险待遇，以实现失业保险的促进就业功能，督促失业劳动者及时寻找工作，防止“逆向选择”和养“懒汉”。

3. 风险的特殊性

失业保险所针对的社会风险，是劳动者暂时丧失劳动机会；而其他社会保险所针对的社会风险，均以永久或者暂时丧失劳动能力为风险基础。

（四）设立失业保险的目的与意义

失业保险制度的目的不是消灭失业，而是减少、防止失业问题所产生的种种弊端。失业保险制度能在生活保障、促进就业和预防失业三大方面发挥功能。在失业保险覆盖范围内的用人单位和劳动者均须参加失业保险，并按规定缴纳失业保险费。在符合法定条件时，可享受失业保险基金支付的失业保险待遇。失业保险待遇的内容、标准、期限等均由有关法律规范事先确定。

失去工作的劳动者不仅失去了收入的来源和生活的稳定，还可能导致精神的痛苦和人格发展的受限，若对失业群体放任自流，还会对社会秩序造成重大的影响。失业保险有利于解除失业劳动者的困苦，有利于社会的和谐稳定。失业保险制度的建立丰富了社会保险制度的内涵，使社会保险制度的内容更加充实、体系更加完善。

二、失业保险的功能

失业保险具有社会保险的一般功能，但失业保险制度与就业密切相关，是社会保险法与就业促进法的交叉领域，因此失业保险还具有三方面功能。

（一）生活保障

以劳动获得工资，是多数劳动者及其家庭成员生存、生活的主要方式，劳动者因失业而丧失工资收入时，势必影响他们的基本生活。失业保险向失业人员发放失业保险金，就失业人员而言，能使其在失业期间仍有一定的生活来源，保障其生存和生活所需，舒缓其失业困苦；就社会而言，对失业人员的保障有利于消除社会紧张因素，熨平经济波动导致的社会动荡，维持社会秩序和劳动力的再生产。

（二）促进就业

失业保险需要统筹就业与保障之间的关系，变单纯的消极生活保障为综合的积极促进就业，杜绝失业人员的依赖心理，激励其寻找工作的积极性。失业保险通过向失业人员提供便利的职业介绍、职业培训等服务，限制失业保险待遇的享受期限，适当降低失业保险待遇水平，加大促进就业的支出项目、支出比例，建立起以就业为导向的失业保险机制来促进失业人员就业。

（三）预防失业

预防失业的功能，在国外主要体现在将用人单位缴纳的失业保险金与其解雇的劳动者挂钩（因劳动者原因或者过错的解雇除外）的机制中，用人单位解雇的人数越多，其缴纳的失业保险金越多，反之则越少，即以经济激励的手段来调动用人单位稳定就业的积极性。在我国，预防失业功能主要体现在岗位补贴的发放上。当长期参加失业保险的用人单位因经济原因而不得不大量裁员时，失业保险通过向用人单位支付稳岗补贴等形式，鼓励用人单位通过调整工时、工资等措施减少裁员，从而稳定就业，这不仅有利于调动用人单位参加失业保险的主动性，而且其失业保险基金的负担往往也要轻松一些。稳岗补贴主要用于职工生活补助、缴纳社会保险费、转岗培训、技能提升培训等相关支出。

三、失业保险的覆盖范围

失业保险的覆盖范围，即失业保险的对象，是指依法应当参加失业保险的主体范围。各国失业保险的覆盖范围都经历了一个由窄变宽的过程，“从各国的失业保险立法来看，在失业保险产生之初，受社会经济发展水平和失业保险管理手段的限制，其保障对象一般只包括有稳定职业、暂时失去工作的劳动者，而不包括职业不稳定、不正规的季节性工人、农业工人、临时工、家庭雇工等，甚至不包括职业相当稳定的国家公务员以及有独立收入的个人劳动者”。但随着社会经济的发展、就业方式的多样化和人们对失业理解的深入，失业保险覆盖范围不断扩大，包括各种新型用工形态下的劳动者都被普遍纳入，甚至一些国家对于毕业即失业的大专毕业生或者辍学者，即使其并无工作经历和参保记录，也可申请领取失业保险待遇。

我国失业保险的覆盖范围也呈现不断扩展的趋势。1986 年《国营企业职工待业保险暂行规定》只覆盖了国营企业的 4 类人员，1993 年《国有企业职工待业保险规定》将其扩大到 7 类人员，1999 年《失业保险条例》则进一步扩展。《失业保险条例》第二条规定：“城镇企业事业单位、城镇企业事业单位职工依照本条例的规定，缴纳失业保险费。城镇企业事业单位失业人员依照本条例的规定，享受失业保险待遇。本条所称城镇企业，是指国有企业、城镇集体企业、外商投资企业、城镇私营企业以及其他城镇企业。”第三十二条规定：“省、自治区、直辖市人民政府根据当地实际情况，可以决定本条例适用于本行政区域内的社会团体及其专职人员、民办非企业单位及其职工、有雇工的城镇个体工商户及其雇工。”据此，我国失业保险的覆盖范围已扩大到城镇所有企业、事业单位及其职工，但不包括乡镇企业及其职工。《社会保险法》第五章“失业保险”中并未明文规定覆盖范围，但从其法条中使用的“用人单位”“职工”等术语来看，也为将来覆盖范围的扩容留下足够的空间。

四、失业保险基金的筹集

失业保险基金是依法征收而形成的用于各项失业保险待遇支付的专项基金，是失业保险制度的物质基础。

（一）失业保险基金的构成

大多数国家和地区的失业保险基金主要由用人单位和劳动者承担。用人单位缴纳失业保险费源自其与失业问题密切相关，某种程度上，失业保险不仅在保劳动者之险，亦在保用人单位之险。首先，用人单位从失业群体中获得丰富的劳动力资源；其次，失业亦因用人单位经营问题而引起；最后，失业风险之降低对于稳定劳动者心理，增强劳动者敬业观念，提升劳动者素质都有积极意义。因此，用人单位应当为劳动者之事业风险而支付用工成本。劳动者参加失业保险的原因在于，失业保险本身就是保劳动者之险，失去工作意味着失去了生活来源，因此，基于防范自身风险亦应参加失业保险。此外，失业保险制度是社会政策实施之一环，是构建社会稳定器之组成部分，保失业之险亦在保社会之险，国家一般都会对失业保险基金予以财政补贴。《失业保险条例》第五条规定："失业保险基金由下列各项构成：（1）城镇企业事业单位、城镇企业事业单位职工缴纳的失业保险费；（2）失业保险基金的利息；（3）财政补贴；（4）依法纳入失业保险基金的其他资金。"

（二）失业保险费的缴纳

各国失业保险费缴纳规定不尽一致，主要有 4 种类型：（1）均等费率制，即无论用人单位与劳动者收入高低一律按相同数额缴费；（2）比例费率制，即按照一定工资的比例缴费；（3）单一费率制，即无论行业或者用人单位有何不同，一律按照统一费率缴费；（4）经验费率制，即根据用人单位解雇原因、数量等情况确定费率并缴费。4 种类型的缴费各有优劣，我国采用的是比例费率制。《失业保险条例》第六条规定："城镇企业事业单位按照本单位工资总额的 2% 缴纳失业保险费。城镇企业事业单位职工按照本人工资的 1% 缴纳失业保险费。"第九条规定："省、自治区、直辖市人民政府根据本行政区域失业人员数量和失业保险基金数额，报经国务院批准，可以适当调整本行政区域失业保险费的费率。"2015 年 2 月，国务院将失业保险费率由现行条例规定的 3% 统一降至 2%，单位和个人缴费具体比例由各地在充分考虑提高失业保险待遇、促进失业人员再就业、落实失业保险稳岗补贴政策等因素的基础上确定。

（三）失业保险基金的统筹层次

失业保险基金的统筹层次，亦即失业保险费筹集的行政区划范围。针对我国事业保险基金统筹层次偏低的情况，《失业保险条例》第七条规定："失业保险基金在直辖市和设区的市实行全市统筹；其他地区的统筹层次由省、自治区人民政府规定。"因此，我国 4 个直辖市实行全市统筹（省级统筹）；设区的市，包括计划单列市和地级市，也实行全市统筹；自治州、县级市等其他地区的统筹层次各省有所不同。按照《社会保险法》第六十四条明确规定，我国失业保险将逐步实行省级统筹，具体时间、步骤由国务院规定。

依据《失业保险条例》第八条的规定，省、自治区可以建立失业保险调剂金；失业保险调剂金以统筹地区依法应当征收的失业保险费为基数，按照省、自治区人民政府规定的比例筹集；统筹地区的失业保险基金不敷使用时，由失业保险调剂金调剂、地方财政补贴；失业保险调剂金的筹集、调剂使用以及地方财政补贴的具体办法，由省、自治区人民政府规定。

五、失业保险待遇及其支付的条件

失业人员在满足法定条件时，有权享受失业保险待遇。失业人员可以向社会保险经办机构提出申请，请求支付相应的失业保险待遇。根据《社会保险法》第四十五条的规定，失业人员享受失业保险待遇需符合 3 个条件：

（一）失业前用人单位和本人已经缴纳失业保险费满 1 年

失业保险作为社会保险之一，遵循社会保险权利与义务对等原则，要享受失业保险待遇须以履行缴费义务为前提。因此，符合本条件的失业人员必须属于曾经在工作而现在失业者，从未参加工作或者未参加失业保险，缴费时间未满 1 年的劳动者，不得享受失业保险待遇。依据人力资源和社会保障部《实施〈中华人民共和国社会保险法〉若干规定》第十四条的规定，失业人员因当期不符合失业保险金领取条件的，原有缴费时间予以保留，重新就业并参保的，缴费时间累计计算。

（二）非因本人意愿中断就业

非因本人意愿中断就业即非自愿性失业，是指失业人员在主观上对于失去工作岗位不具有可归责性，属于主观上愿意继续劳动但客观上却没有劳动机会的情形。依据《实施〈中华人民共和国社会保险法〉若干规定》第十三条的规定，非因本人意愿中断就业包括下列情形：（1）依照《劳动合同法》第四十四条第一项、第四项、第五项规定终止劳动合同的；（2）由用人单位依照《劳动合同法》第三十九条、第四十条、第四十一条规定解除劳动合同的；（3）用人单位依照《劳动合同法》第三十六条规定向劳动者提出解除劳动合同并与劳动者协商一致解除劳动合同的；（4）由用人单位提出解除聘用合同或者被用人单位辞退、除名、开除的；（5）劳动者本人依照《劳动合同法》第三十八条规定解除劳动合同的；（6）法律、法规、规章规定的其他情形。目前，学界对由用人单位依照《劳动合同法》第三十九条解除劳动合同是否属于因本人意愿中断就业存在争议。

（三）已经进行失业登记并有求职要求

我国失业保险待遇实行申请主义，当事人必须履行失业登记义务，并有再就业意愿。进行失业登记的目的，一是审查申请人是否符合条件，二是确定计发失业保险金的起算日。依据《失业保险条例》第十六条的规定，城镇企业事业单位应当及时为失业人员出具终止或者解除劳动关系的证明，告知其按照规定享受失业保险待遇的权利，并将失业人员的名单自终止或者解除劳动关系之日起7日内报社会保险经办机构备案；城镇企业事业单位职工失业后，应当持本单位为其出具的终止或者解除劳动关系的证明，及时到指定的社会保险经办机构办理失业登记。失业保险金自办理失业登记之日起计算。

六、失业保险待遇的内容和标准

失业保险待遇内容与标准的设置，不仅需要考虑失业保险基金的承受能力，更应考虑失业保险制度功能的发挥；不仅需要考虑失业人员正当权益的保障，更应考虑失业保险制度的优化和导向。

（一）失业保险待遇的内容

依据《社会保险法》和《失业保险条例》的规定，失业保险待遇的内容主要包括：

（1）失业保险金。失业保险金是社会保险经办机构依法支付给符合法定要件的失业人员的基本生活费用，是最主要的失业保险待遇。

（2）医疗待遇。《社会保险法》第四十八条规定："失业人员在领取失业保险金期间，参加职工基本医疗保险，享受基本医疗保险待遇。失业人员应当缴纳的基本医疗保险费从失业保险基金中支付，个人不缴纳基本医疗保险费。"为此，人力资源和社会保障部发布了《关于领取失业保险金人员参加职工基本医疗保险有关问题的通知》，对领取失业保险金的失业人员参加职工基本医疗保险的缴费、待遇、接续等作了具体规定。

（3）丧葬补助金和抚恤金。《社会保险法》第四十九条规定："失业人员在领取失业保险金期间死亡的，参照当地对在职职工死亡的规定，向其他遗属发给一次性丧葬补助金和抚恤金。所需资金从失业保险基金中支付。个人死亡同时符合领取基本养老保险丧葬补助金、工伤保险丧葬补助金和失业保险丧葬补助金条件的，其遗属只能选择领取其中的一项。"

（4）接受职业培训、职业介绍补贴。失业人员在领取失业保险金期间，应当积极求职，接受职业指导和职业培训，按规定享受就业服务减免费用等优惠待遇，接受职业介绍、职业培训的补贴由失业保险基金按照规定支付。

（5）国务院规定或者批准的与失业保险有关的其他费用。

（二）失业保险待遇的标准

失业保险制度的首要功能在于生活保障，失业保险待遇的标准既不可太低以致基本生活不保，也不可过高，造成失业人员拒绝再就业劳动的"养懒汉"现象，甚至造成在职人员劳动积极性受损而宁愿失业的"逆向选择"现象。确定失业保险待遇的标准应遵循以下原则：一是生存保障原则。失业保险待遇首先应当满足失业人员及平均赡养人口的基本生活需求。二是低于舒适原则。失业保险待遇的支付标准应当低于失业人员失业前的工资水平，以抑制其依赖性并激发其求职意愿。三是权利义务对等原则。失业保险制度应当以公平为目的，但也不能完全抛开效率和激励，失业保险金的支付应与失业人员的原工资水平、缴费年限等相关联。

由于社会经济状况不同，各国失业保险金支付标准也不相同，主要有以下类型：（1）工资比例制，即失业保险金以失业人员失业前一定时期内的工资为基数按比例支付。（2）固定金额制度，即失业保险金按照统一标准或者金额支付。（3）混合制，即上述二者的结合。我国采取固定金额制，但各地规定略有差别，有的省市规定固定金额，有的省市将固定金额与缴费年限，缴费工资相挂钩。《社会保险法》第四十七条规定："失业保险金的标准，由省，自治区，直辖市人民政府确定，不得低于城市居民最低生活保障标准。"

七、失业保险待遇的支付期限和终止

基于失业保险促进就业的功能，各国都限制了失业保险待遇的最长支付期限。各国确定支付期限的方法主要有两种：一是均一期限制，即不考虑失业人员工龄，缴费年限等因素，对所有失业人员提供相同期限的待遇支付；二是差别期限制，即考虑不同因素，对不同情况的失业人员提供不同期限的待遇支付。例如日本，支付期限与缴费年限，年龄有关，劳动者年龄越大就业越难，保险待遇支付期限相应延长；又如美国，支付期限与失业率有关，根据失业率划分正常时期和非正常时期，对经济不景气，失业率高的非正常时期，支付期限相应延长。我国采用差别期限制，根据缴费期限确定最长支付期限。《社会保险法》第四十六条规定："失业人员失业前用人单位和本人累计缴费 1 年不足 5 年的，领取失业保险金的期限最长为 12 个月；累计缴费满 5 年不足 10 年的，领取失业保险金的期限最长为 18 个月；累计缴费 10 年以上的，领取失业保险金的期限最长为 24 个月。重新就业后，再次失业的，缴费时间重新计算，领取失业保险金的期限与前次失业应当领取而尚未领取的失业保险金的期限合并计算，最长不超过 24 个月。"

当失业人员在享受失业保险待遇期间情况发生变化，从而导致其享受失业保险的主体资格丧失或者其享受失业保险待遇与失业保险宗旨相冲突，则应终止失业保险待遇。依据《社会保险法》第五十一条的规定，失业人员在领取失业保险金期间有下列情况之一的，停止领取失业保险金，并同时停止享受其他失业保险待遇：（1）重新就业的；（2）应征服兵役的；（3）移居境外的；（4）享受基本养老保险待遇的；（5）无正当理由，拒不接受当地人民政府指定部门或者机构介绍的适当工作或者提供的培训的。

【知识链接】

《社会保险法》

第四十四条　职工应当参加失业保险，由用人单位和职工按照国家规定共同缴纳失业保险费。

第四十五条　失业人员符合下列条件的，从失业保险基金中领取失业保险金：（一）失业前用人单位和本人已经缴纳失业保险费满一年的；（二）非因本人意愿中断就业的；（三）已经进行失业登记，并有求职要求的。

《失业保险条例》

第五条　失业保险基金由下列各项构成：（一）城镇企业事业单位、城镇企业事业单位职工缴纳的失业保险费；（二）失业保险基金的利息；（三）财政补贴；（四）依法纳入失业保障基金的其他资金。

第十条　失业保险基金用于下列支出：（一）失业保险金；（二）领取失业保险金期间的医疗补助金；（三）领取失业保险金期间死亡的失业人员的丧葬补助金和其供养的配偶、直系亲属的抚恤金；（四）领取失业保险金期间接受职业培训、职业介绍的补贴，补贴的办法和标准由省、自治区、直辖市人民政府规定；（五）国务院规定或者批准的与失业保险有关的其他费用。

第十五条　失业人员在领取失业保险金期间有下列情形之一的，停止领取失业保险金，并同时停止享受其他失业保险待遇：（一）重新就业的；（二）应征服兵役的；（三）移居境外的；（四）享受基本养老保险待遇的；（五）被判刑收监执行或者被劳动教养的；（六）无正当理由，拒不接受当地人民政府指定的部门或者机构介绍的工作的；（七）有法律、行政法规规定的其他情形的。

【自测题】

1. 享受失业保险待遇的条件有哪些？

2. 失业人员在领取失业保险金期间出现何种情形，停止领取失业保险金，并同时停止享受其他失业保险待遇？

【案例分析】

于某与某照明电器股份有限公司劳动争议一案[1]

于某为某照明公司员工。自 2012 年 8 月起于某未再到公司提供劳动。于某的失业保险交纳至 2005 年 9 月。2018 年 4 月，某法院作出裁定书，裁定某照明公司破产清算。

[1] 本案例改编自山东省高级人民法院（2019）鲁民终 2368 号判决书。

因不服仲裁裁决，2018 年 11 月，于某向法院起诉。

法院认为，本案为劳动争议纠纷。争议的焦点问题为：①自 2012 年 8 月至 2018 年 4 月期间，于某与某照明公司之间的劳动关系是否处于中止状态；②于某对某照明公司是否享有失业保险待遇赔偿的职工债权。

于某自 2003 年 12 月进入某照明公司工作，自 2012 年 8 月起未到某照明公司提供劳动。公司未再安排于某工作，亦未依法与其解除劳动关系。作为企业职工，为企业提供劳动才能依法享有工资、社会保险等劳动待遇，于某没有提供劳动，且未提供充分证据证明因单位原因未提供劳动，单位亦未按照法定程序对双方的劳动关系做出明确的处理，可以认定在此期间劳动关系处于中止履行状态。

作为企业职工，为企业提供劳动才能依法享有工资、社会保险等待遇，于某没有提供劳动，其主张某照明公司单方面通知放长假回家待岗等候上班，但未提交充分证据证明，因此，于某关于支付无法享受失业保险待遇赔偿金、待岗期间生活费的主张不能成立，不予支持。

第五节　生育保险

一、生育保险的定义、特点及覆盖范围

生育保险是指女职工因怀孕和分娩造成暂时丧失劳动能力、中断正常收入来源时，从国家和社会获得物质帮助的一种社会保险制度。该制度有 3 个特点：其一，生育保险是对女职工专门建立的一项社会保险；其二，生育保险是对女职工生育子女全过程的物质保障；其三，生育保险是对女职工合法生育而实行的一项社会保险。

我国生育保险制度最初是由 1951 年政务院颁布的《劳动保险条例》确定的，该条例规定生育保险的实施范围主要是国营企业和基本建设单位。1955 年 4 月 26 日，国务院颁布了《关于女工作人员生育假期规定的通知》，对机关、事业单位女职工生育保障做出了规定，从而将女职工在生育保障的对象和范围由企业扩大到了机关、事业单位的所有女职工。由此可见，作为制度化的生育保障制度，覆盖了所有就业的女性劳动者。

1994 年 12 月 14 日，原劳动部颁发了《企业职工生育保险试行办法》，建立了生育保险社会统筹制度。该办法规定，生育保险的对象和范围包括城镇各类企业及其职工。参加生育保险社会统筹的用人单位向当地社会保险经办机构缴纳生育保险费，职工个人

不缴费。根据《社会保险法》的规定，生育保险的覆盖范围包括我国境内用人单位（包括无雇主的个体工商户、非全日制等）的女职工，首次从国家立法层面上作出了生育保险不与户籍挂钩的规定，覆盖范围扩大。

二、生育保险基金的筹集

生育保险在缴费方式上与工伤保险相同，都是由用人单位缴纳，职工不缴纳。这是在女性职工遵守计划生育政策的基础上对其生育权利的保障，并能通过社会统筹来分担企业的生育保险负担。同时，生育保险是为了保障职工与其婴儿在产前、产后得到物质帮助和照顾而制定的一项社会保险制度，因此，由企业缴纳更能体现对妇女权益的保障。

生育保险基金是为了使生育保险有可靠的资金保障，国家通过立法在全社会建立统一的，用于支付生育保险所需费用的各项资金。

生育保险基金和其他社会保险基金相比，具有以下特点：（1）基金来源的单一性。生育保险基金由用人单位缴纳的生育保险费、生育保险基金的利息收入和依法纳入生育保险基金的其他资金构成。由用人单位按照职工工资总额的一定比例向社会保险经办机构缴纳生育保险费，建立生育保险基金。（2）基金筹集的可预见性。由于我国实行计划生育政策，每年能享受生育保险待遇的人数基本上是确定的，由于只涉及生育，每个职工享受待遇的标准也是事先能确定的。（3）基金负担的均衡性。所有参加生育保险的用人单位，不论其是否有女职工，也不管其女职工人数多少，一律按统一标准缴费。

《社会保险法》第五十三条规定，职工应当参加生育保险，由用人单位按照国家规定缴纳生育保险费，职工不缴纳生育保险费，从而强调了用人单位的责任。在生育保险基金筹集方面，应当坚持以下原则：

1. 生育保险基金按照“以支定收，收支基本平衡”的原则筹集

依据《企业职工生育保险试行办法》第四条的规定，生育保险根据“以支定收，收支基本平衡”的原则筹集资金，由企业按照其工资总额的一定比例向社会保险经办机构缴纳生育保险费，建立生育保险基金。由于我国的生育保险与人口政策挂钩，因此每年能享受生育保险待遇的人数基本上是确定的，每个职工享受待遇的标准也是事先确定的，这样每年的生育保险基金支出数额就能准确预算出来。计划生育规定调整后，生育保险基金的收支情况要根据生育率进行相应调整。

2. 生育保险费用实行社会统筹

在市场经济条件下，实行生育费用社会统筹和社会化管理服务，对于均衡企业负担、改善妇女就业环境、切实保障女职工生育期间的基本权益发挥了重要作用。生育保险基金由社会保险经办机构在国家规定的范围内统一筹集和使用，以实现互助互济、风

险共担，为生育者提供基本的物质帮助。生育保险实现社会统筹，实际上就是从社会角度履行对生育妇女给予补偿的责任。

3. 生育保险费的提取比例有上限

生育保险费的提取比例由当地政府根据计划内生育人数和生育津贴、生育医疗费等项费用确定，并可根据费用支出情况适时调整，但最高不得超过工资总额的1%。

4. 生育保险按属地原则组织

生育保险基金按属地原则组织，是指生育保险以按行政区域划分的市、区（县）为单位组织实施，在同一区域内所辖的各类企业，不分其所有制性质，不论其隶属关系，一律参加所在地的生育保险，执行当地的缴费标准和有关政策规定。

三、生育保险待遇的支付

生育保险待遇是指参加生育保险制度的职工可以享受到的各种经济补偿和医疗服务。

依据《社会保险法》第五十四条规定，用人单位已经缴纳生育保险费的，其职工享受生育保险待遇。职工未就业配偶按照国家规定享受生育医疗费用待遇，所需资金从生育保险基金中支付。享受生育保险待遇的主体范围包括参保的职工以及参保职工的未就业配偶，按照“谁参保，谁收益”的原则，参保的职工无论女职工还是男职工，当其本人或者配偶生育时都有从生育保险制度获得经济补偿和医疗服务的权利。

从内容上看，生育保险待遇主要包括生育医疗费用和生育津贴两部分：（1）生育医疗费用。生育医疗费用是生育保险待遇的重要项目，是按照相关法律、法规规定，女职工在生育期间接受的医疗服务中可以报销的费用，包括女职工因怀孕、生育发生的检查费、接生费、手术费、住院费、药费和计划生育费。依据《女职工劳动保护特别规定》的规定，女职工生育或者流产的医疗费用，按照生育保险规定的项目和标准，对已经参加生育保险的，由生育保险基金支付；对未参加生育保险的，由用人单位支付。（2）生育津贴。生育津贴是指根据国家法律、法规规定对职业妇女因生育而离开工作岗位期间给予的生活费用，用于保障女职工产假期间的基本生活需求。《女职工劳动保护特别规定》第八条规定，女职工产假期间的生育津贴，对已经参加生育保险的，按照用人单位上年度职工月平均工资的标准由生育保险基金支付；对未参加生育保险的，按照女职工产假前工资的标准由用人单位支付。支付期限一般与产假期限一致，不少于98天。

【知识链接】

《社会保险法》

第五十五条　生育医疗费用包括下列各项：（一）生育的医疗费用；（二）计划生育的医疗费用；（三）法律、法规规定的其他项目费用。

第五十六条　职工有下列情形之一的，可以按照国家规定享受生育津贴：（一）女职工生育享受产假；（二）享受计划生育手术休假；（三）法律、法规规定的其他情形。生育津贴按照职工所在用人单位上年度职工月平均工资计发。

《女职工劳动保护特别规定》

第八条　女职工产假期间的生育津贴，对已经参加生育保险的，按照用人单位上年度职工月平均工资的标准由生育保险基金支付；对未参加生育保险的，按照女职工产假前工资的标准由用人单位支付。女职工生育或者流产的医疗费用，按照生育保险规定的项目和标准，对已经参加生育保险的，由生育保险基金支付；对未参加生育保险的，由用人单位支付。

【自测题】

基本案情：张某年初应聘到C公司工作，过完年后，她到公司报道。公司人事部门经理为她办理了入职手续，并向她说明每个月工资会先扣除失业保险、生育保险费用后，再向其发放剩余部分的情况。

问题：公司的做法是否正确？

【案例分析】

马某与某购物休闲广场有限公司劳动争议一案[1]

某公司根据工作需要及岗位空缺，对马某等4名员工岗位进行调整，马某收到某公司调岗通知后，以调整后的工作内容、待遇、作息时间与原工作岗位不同，拒绝到新岗位工作。公司派人与马某谈话，传达公司的调岗决定，并再次向马某发出催促到岗通知书，但马某仍未到新的岗位开展工作。某公司遂决定与马某解除劳动合同。马某申请仲裁，要求某公司继续履行劳动合同，恢复工作岗位，补缴2015年3月至劳动合同存续期间的养老、医疗、工伤、失业及生育保险费。因不服仲裁裁决，马某诉至法院。

法院认为，某公司根据工作需要及岗位空缺情况，在合同约定的相关待遇不变的情况下，将马某的工作岗位适当调整，该用工行为未超出合同约定范围，也未违反法律法规的强制性规定。马某拒不到新岗位工作的行为，已严重违反某公司的规章制度。某公司据此解除与马某劳动合同关系，符合法律规定。马某基于某公司违法解除劳动合同为前提提出的给付2015年3月至劳动合同存续期间的工资、养老保险、医疗保险及工伤、失业、生育保险等费用均不能得到支持。

[1] 本案例改编自辽宁省高级人民法院（2019）辽民再112号判决书。

第六节　住房公积金与年金制度

一、住房公积金制度

（一）住房公积金概述

所谓住房公积金是指国家机关、国有企业、城镇集体企业、外商投资企业、城镇私营企业及其他城镇企业、事业单位、民办非企业单位、社会团体（以下统称单位）及其在职职工缴存的长期住房储金。

为建立与社会主义市场经济相适应的住房体制，形成稳定的住房资金来源，转换住房机制，按照“个人存储、单位资助、统一管理、专项使用”的原则，提高职工解决自住住房能力，逐步实现住房商品化、社会化。

住房公积金是一项政策性的长期住房储金，由单位和职工个人分别按职工工资总额的一定比例逐月缴交，单位和职工缴交的公积金均归职工个人所有，存入个人公积金账户专项用于购、建、大修住房，职工离退休时，本息余额一次结清，退还职工本人。职工个人缴存的住房公积金和职工所在单位为职工缴存的住房公积金，属于职工个人所有。

住房公积金的管理实行住房公积金管理委员会决策、住房公积金管理中心运作、银行专户存储、财政监督的原则。住房公积金应当用于职工购买、建造、翻建、大修自住住房，任何单位和个人不得挪作他用。

住房公积金的存、贷利率由中国人民银行提出，经征求国务院建设行政主管部门的意见后，报国务院批准。国务院建设行政主管部门会同国务院财政部门、中国人民银行拟定住房公积金政策，并监督执行。省、自治区人民政府建设行政主管部门会同同级财政部门以及中国人民银行分支机构，负责本行政区域内住房公积金管理法规、政策执行情况的监督。

（二）住房公积金基本内容

1. 住房公积金范围和对象

具有法人资格、独立核算、独立发薪的单位，均属实行公积金制度的范围；具有当地城镇常住户口的国家机关、人民团体、事业单位和企业的固定职工、劳动合同制职工和三资企业中方员工，均属实行公积金制度的对象。

实行出售公有住房、集资合作建房的单位及其职工，亦要执行住房公积金制度。

离休、退休职工、临时工和三资企业外方职工不实行住房公积金制度。

2. 住房公积金的缴交

住房公积金管理中心应当在受委托银行设立住房公积金专户。单位应当向住房公积金管理中心办理住房公积金缴存登记，并为本单位职工办理住房公积金账户设立手续。每个职工只能有一个住房公积金账户。住房公积金管理中心应当建立职工住房公积金明细账，记载职工个人住房公积金的缴存、提取等情况。

职工住房公积金的月缴存额为职工本人上一年度月平均工资乘以职工住房公积金缴存比例。单位为职工缴存的住房公积金的月缴存额为职工本人上一年度月平均工资乘以单位住房公积金缴存比例。

职工个人和所在单位公积金的缴交率，1995 年定为职工个人工资和职工工资总额的 5%，以后随着经济的发展和个人收入的提高，适当调整，适时公布。公积金缴交额等于职工个人月工资额和单位职工月工资总额乘以公积金缴交率。计算缴交数额时低于 5 元的按 5 元缴交，5 元以上的以元为单位 9 四舍五入，逢角进元。

职工月工资额的计算，以国家统计局《关于工资总额组成的规定》为准。

支付公积金的渠道有：

第一个渠道为职工个人缴交的部分由个人支付。

第二个渠道为单位为职工提供的部分：（1）企业在提取的住房折旧和其他划转资金中列支，不足部分经财政、税务部门核定列入成本、费用；（2）全额预算的行政事业单位列入财政预算；（3）差额预算的事业单位，按差额比例由财政预算拨付，其余用自有资金支付；（4）自收自支或实行企业化管理的事业单位，比照企业开支渠道列支。

亏损企业及其职工亦要缴交公积金。当企业出现严重亏损时，需要暂缓缴交的，须企业法人代表提出，由职工代表大会或职工大会讨论通过，经主管部门同意，报市住房资金管理中心审定。

职工个人缴交的公积金，由单位代为扣缴。各单位在每月发工资日后的五天内，连同单位提供的部分，一并缴交到经市级承办银行房贷部指定的营业网点，记入该单位名下职工个人的公积金户名。

单位应当按时、足额缴存住房公积金，不得逾期缴存或者少缴。住房公积金自存入职工住房公积金账户之日起按照国家规定的利率计息。凡迟缴的，从迟缴之日起，按日加收迟缴额 5‰的滞纳金，由单位自有资金中列支，不得进入成本。滞纳金作为公积金的积累，不计入相关单位账户；拒不缴纳滞缴金的，不享受相关银行住房贷款。未实行公积金制度的单位，不得购置经济适用住房，专业银行房地产信贷部不予住房建设贷款，税费部门不予办理房改相关税费减免。

3. 公积金的管理

直辖市和省、自治区人民政府所在地的市以及其他设区的市（地、州、盟），应当设立住房公积金管理委员会，作为住房公积金管理的决策机构。住房公积金管理委员会的成员中，人民政府负责人和建设、财政、人民银行等有关部门负责人以及有关专家占 1/3，工会代表和职工代表占 1/3，单位代表占 1/3。住房公积金管理委员会主任应当由具有社会公信力的人士担任。

直辖市和省、自治区人民政府所在地的市以及其他设区的市（地、州、盟）应当按照精简、效能的原则，设立一个住房公积金管理中心，负责住房公积金的管理运作。县（市）不设立住房公积金管理中心。住房公积金管理中心与其分支机构应当实行统一的规章制度，进行统一核算。住房公积金管理中心是直属城市人民政府的不以营利为目的的独立的事业单位。

住房公积金管理委员会应当按照中国人民银行的有关规定，指定受委托办理住房公积金金融业务的商业银行（以下简称“受委托银行”）；住房公积金管理中心应当委托受委托银行办理住房公积金贷款、结算等金融业务和住房公积金账户的设立、缴存、归还等手续。住房公积金管理中心应当与受委托银行签订委托合同。

4. 公积金的使用

职工购买、建造和大修自住住房，经单位和有关部门审查同意和住房资金管理中心确认后，可使用本人及其同住家庭成员积累的公积金本息。职工在使用本人及其同住家庭成员的公积金和自筹资金购买、建造和大修自住住房仍不足时，可使用直系亲属中职工的公积金，但必须经其本人书面同意，交缴单位认可，住房资金管理中心审定。

职工使用本人或者使用本户成员以及直系亲属的公积金购、建的住房出售后，必须将原提取的公积金如数存入各职工的户名内。职工离、退休，调出本市或者出国定居，由本人及所在单位填报申请书，经住房资金管理中心批准后，可提取该职工结存的公积金本息。职工在职期间去世，其继承人和受遗赠人提供有关证明，向住房资金管理中心申请并得到确认后，可提取该职工结存的公积金本息。

按规定缴交公积金的单位和个人，可向市住房资金管理中心申请购、建住房抵押贷款。单位申请额度不超过本单位缴交公积金余额的 80%；个人申请额度不超过购建款的 50%。借贷公积金必须按时归还，不按时归还要加收逾期利息。住房公积金贷款属于个人房屋抵押贷款的一种，是国家推行的一种政策性住房贷款，住房公积金贷款职工享受比商业贷款更低的贷款利率。

二、年金制度

（一）年金概述

年金是职业年金、企业年金合称。我国已初步建立了基本养老、企业补充养老和个人储蓄性养老组成的三支柱养老保障体系，其中职业年金、企业年金归入第二支柱。养老保障第二支柱的发展对建立健全社会保障体系、提高职工退休后的生活品质，具有相当重要的作用。

年金的基本特点：（1）年金是基本养老保险的补充；（2）缴费由机关事业单位或者用人单位和劳动者（职工）共同承担；（3）年金能够进行市场化运营；（4）年金计

划的缴费和运营享受国家的免税优惠政策。

年金的功能：第一，补充养老。第二，福利激励。第三，合理避税。第四，资源配置。

职业年金和企业年金最主要的区别：

第一，强制性不同。机关事业单位的职业年金是强制缴纳的。而企业年金是指企业及其职工在依法参加基本养老保险的基础上，自愿建立的补充养老保险制度。这也是被人们认为职业年金与企业年金最大的区别。

第二，对象不同。职业年金主要针对机关事业单位及其工作人员，而企业年金除企业外，社会团体、基金会、民办非企业单位也可以建立，工作人员较少的社会组织还可以参与企业年金方案。

第三，缴费比例不同。职业年金单位缴纳比例为本单位工资总额的 8%，个人缴费为本人工资的 4%；企业缴费每年不超过本企业职工工资总额的 8%。企业和职工个人缴费合计不超过本企业职工工资总额的 12%。具体所需费用，由企业和职工一方协商确定。

（二）职业年金

职业年金是一种补充养老保障制度，既不是社会保险，也不是商业保险，而是一项单位福利制度，是机关事业单位及其职工依据自身经济状况建立的保障制度，机关事业单位及其职工承担因实施职业年金计划所产生的所有风险。

根据《机关事业单位职业年金办法》（国办发〔2015〕18 号）的规定，机关事业单位自 2014 年 10 月 1 日起开始实施职业年金制度。机关事业单位在参加基本养老保险的基础上，应当为其工作人员建立职业年金。

职业年金是指机关事业单位及其工作人员在参加机关事业单位基本养老保险的基础上，建立的补充养老保险制度。职业年金所需费用由单位和工作人员个人共同承担。人员范围为，机关事业单位及其工作人员：（1）按照《公务员法》管理的单位；（2）参照《公务员法》管理的机关（单位）、事业单位及其编制内的工作人员。单位缴纳职业年金费用的比例为本单位工资总额的 8%，个人缴费比例为本人工资的 4%，由单位代扣。单位和个人缴费基数与机关事业单位工作人员基本养老保险缴费基数一致。

参加人员在同一统筹范围内的机关事业单位之间流动，只转移养老保险关系，不转移基金。跨统筹范围流动或在机关事业单位与企业之间流动，转移养老保险关系的同时，基本养老保险个人账户储存额随同转移。

（三）企业年金

企业年金也称企业退休金计划，是指在政府强制实施的基本养老保险之外，企业在国家政策指导下，根据自身经济实力自愿建立的，为本企业劳动者提供一定程度退休收入保障的补充养老保险制度。企业年金不仅是劳动者退休生活保障的重要补充形式，也是企业调动职工积极性、吸引高素质人才、稳定职工队伍、增强企业竞争力和凝聚力的重要手段，具有分配、激励和保障的制度功能。

1. 企业年金的覆盖范围

我国《企业年金办法》第六条与第七条规定："符合下列条件的企业，可以建立企业年金：（1）依法参加基本养老保险并履行缴费义务；（2）具有相应的经济负担能力；（3）已建立集体协商机制。"目前，我国职业年金只适用于符合上述规定并依法正式建立了企业年金计划的企业的正式职工。

2. 企业年金的管理

（1）企业年金方案的制定。企业决定建立企业年金，应当由企业与工会或者职工代表通过集体协商确定，并制定企业年金方案。国有及国有控股企业的企业年金方案草案应当提交职工大会或者职工代表大会讨论通过。企业年金方案应当包括参加人员范围、资金筹集方式、职工企业年金个人账户管理方式、基金管理方式、计发办法和支付方式、支付企业年金待遇的条件、组织管理和监督方式、中止缴费的条件、双方约定的其他事项等内容。

（2）企业年金基金的筹集。企业年金所需费用由企业和职工个人共同缴纳。企业缴费每年不超过本企业上年度职工工资总额的1/12，企业和职工个人缴费合计一般不超过本企业上年度职工工资总额的1/6。企业年金基金由企业缴费、职工个人缴费和企业年金基金投资运营收益组成。

（3）企业年金基金的管理。企业年金基金实行完全积累，采用个人账户方式进行管理。企业年金基金可以按照国家规定投资运营。企业年金基金的投资运营收益并入企业年金基金。

3. 企业年金待遇的支付

依据《企业年金办法》的规定，参加企业年金计划的职工在达到国家规定的退休年龄时，可以从本人企业年金个人账户中一次性或者定期领取企业年金。职工未达到国家规定的退休年龄，不得从个人账户中提前取出资金。出境定居人员的企业年金个人账户资金，可根据本人要求一次性支付给本人。职工变动工作单位时，企业年金个人账户资金可以随同转移。职工升学、参军、失业期间或者新就业单位没有实行企业年金制度的，其企业年金个人账户可由原管理机构继续管理。职工或者退休人员死亡后，其企业年金个人账户余额由其指定的受益人或者法定继承人一次性领取。

【知识链接】

《住房公积金管理条例》全文。

《机关事业单位职业年金办法》（国办发〔2015〕18号）。

《企业年金办法》（人力资源社会保障部令第36号）。

【自测题】

基本案情：用人单位不办理住房公积金缴存登记或者不为本单位职工办理住房公积金账户设立手续的，可以向劳动人事争议仲裁委员会申请仲裁。

问题：这种说法是否正确？为什么？

【案例分析】

民办幼儿园为职工在职期间所欠住房公积金补缴行政诉讼案[1]

袁某系某市某区英语中心幼儿园职工，与其存在劳动关系。2013年8月，袁某向某市公积金中心投诉，反映某市某区英语中心幼儿园欠缴其2004年3月至2005年10月期间的住房公积金。某市公积金中心收到上述投诉后，作出核查通知，要求某市某区英语中心幼儿园对其与袁某之间是否存在劳动关系等事项进行核实。某市某区英语中心幼儿园提出异议：一是单位员工曾表示不愿意缴存住房公积金；二是对第三人住房公积金的计缴基数偏高，与实际不符。某市公积金中心于2013年9月27日作出责令限期办理决定，责令某市某区英语中心幼儿园为袁某补缴住房公积金。某市某区英语中心幼儿园向某市人民政府申请行政复议。某市人民政府于2013年12月9日作出行政复议决定，维持该公积金中心作出的责令限期办理决定。某市某区英语中心幼儿园不服，提起行政诉讼。

用人单位的现实困难是否可以阻碍其为员工缴存其在职期间所欠缴的住房公积金的义务。二审法院认为，为职工缴存住房公积金系用人单位的法定义务。因此，用人单位应当按照《住房公积金管理条例》第十五条第一款的规定，为员工缴存住房公积金。用人单位的困难应通过其他途径解决，不构成其不履行法律义务的理由。

[1] 本案例改编自广州市中级人民法院（2014）穗中法行终字第726号判决书。

程序篇

第十二章

劳动争议协商和解制度

【教学难点】

1. 总体把握六种处理解决劳动争议的方法；
2. 掌握协商和解方法；
3. 理解协商和解方法的原理；
4. 劳动争议协商的技巧与方法。

【内容概要】

劳动争议与人事争议，习惯上合称劳动人事争议；为了方便论述，劳动人事争议统称为劳动争议。任何用人单位或者劳动者，在实现劳动权利或者履行劳动义务的劳动过程中，均有可能出现劳动争议；劳动争议的存在具有客观性、普遍性和不可避免性。出现劳动争议是劳动者不愿意的，也是用人单位棘手的麻烦事情。为了公正及时地处理劳动争议，保护当事人的合法权益，解决的方法，主要根据《中华人民共和国人民调解法》（以下简称《人民调解法》）、《企业劳动争议协商调解规定》、《劳动争议调解仲裁法》、《劳动人事争议仲裁办案规则》、《民事诉讼法》、《劳动保障监察条例》进行处理。本章开始主要介绍劳动争议处理方法。

通过本章学习，使学生了解劳动争议处理方法有放弃、协商与和解、调解、行政调处、劳动争议仲裁、劳动争议民事诉讼等六种解决方法，理解劳动争议协商和解的主要内容，把握劳动争议协商与和解的技巧与方法。

第一节　劳动争议处理方法概述

一、劳动争议解决方法

1. 劳动争议的解决方法含义

劳动者或者用人单位的劳动权利与劳动义务基础在于劳动法律、集体合同、劳动合同、用人单位内部劳动管理制度的规定或者约定，劳动关系的当事人，即劳动者或者用人单位是否遵循劳动法律规定或者集体合同、劳动合同、用人单位内部劳动管理制度的规定或者约定，是劳动争议产生的直接原因。产生劳动争议的原因有很多种，找到正确的原因并且通过一定的途径解决它，可以更好地化解用人单位与劳动者之间的矛盾，从而建立和谐的劳动关系。

所谓劳动争议的解决方法，是指劳动者与用人单位发生劳动争议后处理的操作程序和方法。

2. 劳动争议的解决机制与救济方法种类

从法律意义上讲，劳动争议的解决机制，主要有四种救济途径及方法，这些途径及方法多元而有机地结合，包括：①自力救济。解决劳动争议的自力救济方式主要为单方放弃、双方协商和解。自力救济的特征为自治性、争议主体的合意性和非严格的规范性。②社会救济。劳动争议的调解，由人民调解民间组织、社区组织、用人单位内部调解组织或者社会团体组织等作为主持人的第三者介入，体现劳动争议当事人的意思自治性、自愿性及法律性。③社会救济与公力救济相结合。劳动人事争议仲裁机构的介入，自愿调解，与裁决结合，具有处理结果的强制性，法律性。④公力救济。特殊的行政执法性活动，劳动监察的执法、处罚，解决部分违反劳动基准法的劳动争议；依靠国家司法机关权力，通过民事诉讼解决劳动人事争议。

劳动争议的解决方法种类，主要有以下六种：放弃、协商与和解、调解、行政调处、劳动争议仲裁、劳动争议民事诉讼。

二、劳动争议六种解决方式的主要区别

从程序法律的原理分析，放弃、协商与和解、调解、行政调处、劳动争议仲裁、劳动争议民事诉讼这六种解决方法，主要有以下区别：

1. 法律依据不同

例如仲裁适用《劳动争议调解仲裁法》、劳动争议诉讼适用《民事诉讼法》。

2. 参与主体不同

例如放弃为单方，协商和解为双方当事人，调解由法律规定的调解组织办理，仲裁由劳动争议仲裁调解委员会处理，民事诉讼由人民法院审理。

3. 运用程序不同

例如调解程序、行政调处程序、仲裁程序、民事诉讼程序。

4. 解决方式不同

例如协商调解是达成协议，行政调处是投诉处理，仲裁有调解、裁决处理，民事诉讼是调解、裁定、判决处理等。

5. 法律效力

例如协商调解达成的协议具有合同效力，生效仲裁与诉讼的法律文书（调解书、裁决书、判决书）具有强制执行力。

三、特别提示：关于放弃方法的认识

放弃是劳动者与用人单位发生劳动争议后，单方通过对劳动争议的评估，考虑到争议标的不大、矛盾较小、维权成本过高、费时费力，自愿单方行使处分权，不再坚持解决纠纷的方法。

学会放弃也是一种解决纠纷的途径之一，放弃是民事程序处分权的选择和运用，具有正当性，是当事人的一种选择权。

【知识链接】

《民事诉讼法》

第十三条　民事诉讼应当遵循诚实信用原则。当事人有权在法律规定的范围内处分自己的民事权利和诉讼权利。

第五十一条　原告可以放弃或者变更诉讼请求。被告可以承认或者反驳诉讼请求，有权提起反诉。

第五十九条第二款　授权委托书必须记明委托事项和权限。诉讼代理人代为承认、放弃、变更诉讼请求，进行和解，提起反诉或者上诉，必须有委托人的特别授权。

【自测题】

基本案情：王某周六加班，用人单位在月底工资结算时少算了王某的加班费5元钱，王某便与用人单位发生纠纷，后来王某左思右想，觉得钱也不多，争下去也没有意义。

问题：结合到本节所讲的6种方法，大家思考一下，王某选择哪一种方式解决5元钱的加班费争议最合适?

解析：本案王某可以行使处分权解决纠纷的，考虑到争议标的不大，维权成本过高、费时又费力，采取放弃的方法是合适的。

【案例分析】

黄松及其几名单位内部员工由于单位未为其缴纳保险费用，黄松等人找到单位领导商议如何解决保险缴纳问题，单位领导解释因单位最近资金短缺无法为职工购买保险，但保证过几个月后，资金一旦回流，将给单位职工补缴。黄松等人遂打消了要求公司立即缴纳保险的想法。五个月过后，黄松等人实在忍无可忍，单位在无法支付工资的情况下，也连着好几个月未缴纳保险费用。公司领导也不见踪影，无奈之下，黄松等人向当地律师杨某咨询，解决争议。

问题：（1）本案涉及哪几种劳动争议解决方法？（2）如果你是杨某，请你提出两种合适的方法解除黄松等人的烦恼。

第二节　劳动争议协商和解的主要内容

一、协商的含义、意义及作用

协商也称和解，是指当事人之间在发生争议后，就与争议有关的问题进行协商，在自愿、互谅的基础上，通过直接对话摆事实、讲道理，分清责任，达成和解协议，使纠纷得以解决的活动。

和解指平息纷争，重归于好。在法律上，和解指当事人双方在自愿平等基础上对劳动争议约定互相让步，不经仲裁裁决、法院审理以终止争执或者防止争执发生方式。

协商与和解合用，其义一也。

通过协商去解决劳动争议，当事人双方互相听取意见、汲取智慧、求得“最大公约数”，化解劳动争议。协商解决劳动争议的方法，正日益获得人们的广泛认同，既反映出协商方法处理劳动争议的生命力，也表现出协商在处理劳动争议中所具有独特的优势和亲和力。

通过协商解决纠纷是当事人一种民主素养的表现，也是提高用人单位管理与治理能力的一种重要途径，对消除用人单位内部矛盾，能够最大限度地凝聚合力作用。

协商是一种快速、简便、经济的争议解决方式，是理想的纠纷解决途径。

协商和解的法律依据：《劳动法》第七十七条规定，“用人单位与劳动者发生的劳动争议，当事人可以依法申请调解、仲裁、提起诉讼，也可以协商解决”。《劳动争议调解仲裁法》第四条规定，“发生劳动争议，劳动者可以与用人单位协商，也可以请工会或者第三方共同与用人单位协商，达成和解协议”。

二、协商的形式

协商解决劳动争议，其协商形式多种多样，具有灵活性。

一般发生劳动争议，劳动者可以与用人单位协商，也可以请工会或者第三方共同与用人单位协商，达成和解协议。据此，协商处理劳动争议的形式，主要有以下几种：

第一种方式：劳动者可以与用人单位直接协商，就是劳动争议的双方当事人一对一地进行协商。

第二种方式：工会参与协商，就是劳动者与用人单位发生劳动争议，可以请工会，包括用人单位内部设立工会、行业工会和地方工会参与进行协议。

第三种方式：第三方参与协商，就是劳动者与用人单位发生劳动争议，可以请第三方，如社区组织、行业协会、律师、专业人士、社会贤达或者劳动者与用人单位共同信任的单位或者个人参与进行协议。

但是，工会或者第三方的地位仅仅是劳动争议协商程序中的参与方，可以发表自己的意见，但最终的决定权仍然掌握在劳动者和用人单位手中。

三、协商结果

（1）拒绝协商。协商不是必经程序，当事人立场差别巨大时，往往会表现出极为对抗性的态度，一般都会拒绝协商。

（2）协商不成。双方协商未能达成协议。

（3）双方达成和解协议。双方在自愿平等的基础上，自行协商，或者请工会或者第三方与用人单位进行协商，解决劳动争议，达成协议。该协议由当事人自行履行，不具有强制履行的效力。

达成协议后但和解协议未能有效执行，和解失败。双方当事人可以选择调解或者仲裁。

综上所述，协商解决劳动争议要注意以下几点：一是协商是自愿的，当事人是否协商，不受拘束；二是协商的结果不具有强制性；三是协商不成，当事人可以选择调解或者仲裁，不服仲裁结果可以提起民事诉讼。

【知识链接】

《劳动法》

第七十七条　用人单位与劳动者发生劳动争议，当事人可以依法申请调解、仲裁、提起诉讼，也可以协商解决。

《劳动合同法》

第五十六条　用人单位违反集体合同，侵犯职工劳动权益的，工会可以依法要求用人单位承担责任；因履行集体合同发生争议，经协商解决不成的，工会可以依法申请仲裁、提起诉讼。

《劳动争议调解仲裁法》

第四条　发生劳动争议，劳动者可以与用人单位协商，也可以请工会或者第三方共同与用人单位协商，达成和解协议。

第五条　发生劳动争议，当事人不愿协商、协商不成或者达成和解协议后不履行的，可以向调解组织申请调解；不愿调解、调解不成或者达成调解协议后不履行的，可以向劳动争议仲裁委员会申请仲裁；对仲裁裁决不服的，除本法另有规定的外，可以向人民法院提起诉讼。

《民事诉讼法》

第五十条　双方当事人可以自行和解。

《企业劳动争议协商调解规定》

第八条　发生劳动争议，一方当事人可以通过与另一方当事人约见、面谈等方式协商解决。

第九条　劳动者可以要求所在企业工会参与或者协助其与企业进行协商。工会也可以主动参与劳动争议的协商处理，维护劳动者合法权益。 劳动者可以委托其他组织或者个人作为其代表进行协商。

第十条　一方当事人提出协商要求后，另一方当事人应当积极做出口头或者书面回应。5日内不做出回应的，视为不愿协商。 协商的期限由当事人书面约定，在约定的期限内没有达成一致的，视为协商不成。当事人可以书面约定延长期限。

第十一条　协商达成一致，应当签订书面和解协议。和解协议对双方当事人具有约束力，当事人应当履行。经仲裁庭审查，和解协议程序和内容合法有效的，仲裁庭可以将其作为证据使用。但是，当事人为达成和解的目的作出妥协所涉及的对争议事实的认可，不得在其后的仲裁中作为对其不利的证据。

第十二条　发生劳动争议，当事人不愿协商、协商不成或者达成和解协议后，一方当事人在约定的期限内不履行和解协议的，可以依法向调解委员会或者乡镇、街道劳动就业社会保障服务所（中心）等其他依法设立的调解组织申请调解，也可以依法向劳动人事争议仲裁委员会（以下简称仲裁委员会）申请仲裁。

《企业劳动争议协商调解规定》

第八条　发生劳动争议，一方当事人可以通过与另一方当事人约见、面谈等方式协商解决。

第九条　劳动者可以要求所在企业工会参与或者协助其与企业进行协商。工会也可以主动参与劳动争议的协商处理，维护劳动者合法权益。 劳动者可以委托其他组织或者个人作为其代表进行协商。

《工资集体协商试行办法》

该办法于2000年10月10日经劳动和社会保障部部务会议通过，现予发布，自发布之日起施行。工资集体协商是指职工代表与企业代表依法就企业内部工资分配制度、工资分配形式、工资收入水平等事项进行平等协商，在协商一致的基础上签订工资协议的行为。工资协议，是指专门就工资事项签订的专项集体合同。已订立集体合同的，工资协议作为集体合同的附件，并与集体合同具有同等效力。

《企业劳动争议协商调解规定》

第八条　发生劳动争议，一方当事人可以通过与另一方当事人约见、面谈等方式协商解决。

第九条　劳动者可以要求所在企业工会参与或者协助其与企业进行协商。工会也可以主动参与劳动争议的协商处理，维护劳动者合法权益。 劳动者可以委托其他组织或者个人作为其代表进行协商。

《工资集体协商试行办法》

该办法于2000年10月10日经劳动和社会保障部部务会议通过，现予发布，自发布之日起施行。工资集体协商是指职工代表与企业代表依法就企业内部工资分配制度、工资分配形式、工资收入水平等事项进行平等协商，在协商一致的基础上签订工资协议的行为。工资协议，是指专门就工资事项签订的专项集体合同。已订立集体合同的，工资协议作为集体合同的附件，并与集体合同具有同等效力。

【自测题】

1. 用人单位与劳动者发生的劳动争议，当事人可以依法申请调解、仲裁、提起诉讼，但不可以协商解决。（　　）

2. 劳动者与用人单位发生争议之后，可以请工会或者第三方共同与用人单位协商，最终的决定权掌握在工会或者第三方手中。（　　）

3. 劳动者或者用人单位可以拒绝协商。（　　）

4. 劳动争议协商的三大基本原则：平等原则、________、合法原则。

5. 劳动争议协商的五大技巧：调节气氛、争取同情、________、消除防范、寻求一致。

6. 集体劳动争议协商的三方主体：________、________、________。

第三节　劳动争议协商的技巧与方法

一、协商的五种技巧与方法

在进行协商的过程中，需要坚持平等、自愿、合法的原则。

劳动争议协商方式的主要有五种技巧与方法：

1. 调节气氛

晓以大义；交换立场；折中调和；创造轻松气氛；冷却降温；给双方下台阶。

2. 争取同情

双赢策略；拿出诚意；共同点越多，和解与协商、调解的基础越扎实，越有利于和解与协商、调解冲突。

3. 据理力争

同理心（共同点、沟通基础）；适度的坚持；说明彼此的期望，并比较差距有哪些；彼此互订未来游戏规则。

4. 消除防范

彼此为对方找台阶下；妥善处理负面情绪；天下没有全赢的谈判，退一步海阔天空。

5. 寻求一致

找出更多的答案；有哪些可行方法，先不判定可行性，有些荒谬的意见可能会触发好的灵感；有哪些意见能满足双方的需求（创意、混合、重组）并承诺遵守；困难大，办法总比困难多；建立共同目标。

二、运用协商方式需要注意的问题

1. 查明争议事实

查明争议产生的原因、规模、性质等，针对不同原因、不同性质的劳动争议，考虑不同的应对措施和手段。

2. 熟悉相关法律法规

发生劳动争议后，学习了解相关法律法规，才能在协商过程中做到有理、有据、有节，在维护自身合法权益时，也能同时考虑对方利益。

3. 选择协商人员

在个体劳动争议中，劳动者一方一般为发生劳动争议的当事人本人，劳动者可以代表自身进行协商，也可以委托第三方进行协商。在集体协商中，劳动者一方通常选择能够代表原告利益且能力较强的劳动者作为代表。企业一方选择协商人员通常应该考虑到以下几点：一是与劳动争议无利害关系；二是具有相对的社会经验以及法律知识；三是在企业与员工中有一定声望的人员。

三、集体劳动争议协商方式的特别规定

（1）双方当事人不能协商解决的，当事人一方或者双方可以书面向劳动行政部门提出协调处理申请；未提出申请的，劳动行政部门认为必要时也可以进行协调处理。

（2）劳动行政部门应当组织同级工会和企业组织等三方面的人员，共同协调处理集体协商争议。

（3）协调处理集体协商争议，应当自受理协调处理申请之日起 30 日内结束协调处理工作。期满未结束的，可以适当延长协调期限，但延长期限不得超过 15 日。

（4）劳动行政部门制作《协调处理协议书》。《协调处理协议书》由协调处理人员和争议双方首席代表签字盖章后生效。争议双方均应遵守生效后的《协调处理协议书》。

第十三章

劳动争议调解制度

【教学难点】

1. 理解劳动争议调解的属性；
2. 理解劳动争议调解的基本原则；
3. 理解劳动争议调解机构的法律属性；
4. 理解劳动争议调解机构的职责；
5. 理解劳动争议调解协议的法律效力；
6. 理解劳动争议调解程序的非前置性。

【内容概要】

劳动争议调解是指在劳动争议调解组织的主持下，依照国家的劳动法律、法规，查明事实、分清责任，通过说服教育、劝导协商的方法，促使劳动争议当事人在互谅互让的基础上达成协议，消除纠纷的一种劳动争议处理制度。

通过本章学习，使学生了解劳动争议调解含义、特征、原则、分类，理解劳动争议调解的机构，把握劳动争议调解程序。

第一节　劳动争议调解概述

一、劳动争议调解的含义

劳动争议调解是指在劳动争议调解组织的主持下，依照国家的劳动法律、法规，查明事实、分清责任，通过说服教育、劝导协商的方法，促使劳动争议当事人在互谅互让的基础上达成协议，从而消除纠纷的一种劳动争议处理制度。可从以下几个方面理解劳动争议调解制度：

（一）劳动争议调解的内涵

1. 主持机构为劳动争议调解机构

劳动争议调解机构是指负责调解劳动争议的调解机构，主要包括企业劳动争议委员会、依法设立的基层调解组织以及乡镇、街道设立的具有调解职能的组织。

2. 工作方式为说服教育、劝导协商

劳动争议调解组织依照国家的劳动法律、法规，查明事实、分清责任，通过说服教育、劝导协商的方法，促使劳动争议当事人在互谅互让的基础上达成协议，消除纠纷。

3. 制度功能为解决劳动纠纷

劳动争议调解是处理劳动争议纠纷的主要途径之一，在化解劳动争议纠纷，维护劳动者权益等方面发挥重要作用。

（二）劳动争议调解特征

1. 群众性

各类劳动争议调解组织是依法成立的处理劳动争议的群众性组织，调解活动强调群众的直接参与，这体现在其人员组成和工作原则上。首先，调解委员会由职工代表、企业行政代表和企业工会委员会的代表兼职组成，职工代表、企业行政代表和企业工会委员会代表都是企业人员，调解委员会主任由调解委员会在其成员中产生，调解委员会在职工代表大会领导下进行工作，其办事机构设在企业工会委员会。其次，劳动争议调解委员会采用说服教育和劝导协商的方式解决劳动争议。

2. 自治性

劳动争议调解是企业内的劳动者对本单位运行的劳动关系进行自我管理、自我调节、自我化解矛盾的有效形式。劳动争议调解是企业内部的劳动争议纠纷解决机制，所解决的纠纷都是企业内部的劳动争议。劳动争议调解委员会不是国家机关，也不受任何国家机关和其他社会组织的干涉。

3. 非强制性

调解程序完全体现自愿的特点：即申请调解自愿，不能强制；调解协议的达成及履行依赖于当事人的自愿。当发生劳动争议时，是否申请或者接受调解取决于双方当事人是否均同意进行调解，任何一方拒绝调解都将导致调解程序无法启动。在调解过程中，双方当事人须自愿就纠纷解决方案达成一致意见，方能形成调解协议；调解协议的履行依赖当事人的自觉，当一方不依协议履行或者拒绝履行调解协议时，另一方当事人只能采取其他的纠纷解决方式，如放弃、协商或者申请仲裁，而不得就调解协议直接向法院申请执行。

二、调解组织调解劳动争议的原则

调解组织调解劳动争议的原则是指劳动争议组织在调解劳动争议过程中所遵循的基本原理和准则，包括自愿原则和尊重当事人申请仲裁和诉讼权利的原则。

（一）自愿原则

此项原则包括申请调解自愿、调解过程自愿、履行协议自愿 3 个层面：

1. 申请调解自愿

当劳动争议发生后，是否申请调解取决于当事人的意愿，只有劳动争议双方当事人都同意调解，调解组织才能受理，有一方不同意则不得受理。当事人自愿申请调解的主要表现形式：①双方当事人达成调解合意后共同向调解组织提出调解申请；②一方当事人向调解组织申请调解，另一方当事人接受调解，接受的方式有明确表示同意调解以及虽未明示同意但参加调解两种形式。

2. 调解过程自愿

调解过程自愿包含两层含义：①当事人行为自愿，即在调解程序中，当事人全程不受任何强迫或者命令的约束，调解人员在调解过程中不能采取任何强制或者命令的手段，强迫当事人接受调解意见，而应在分清是非的基础上，促进双方当事人协商、进行说服教育等；②调解结果自愿：当事人可以自由决定是否与对方达成调解协议，达成协议的可以自由协商确定协议的形式、内容、履行方式等内容，总之，调解协议的所有内容必须是当事人真实、一致的意思表示。

3. 履行协议自愿

调解协议达成后，当事人自愿履行，一方或者双方不履行或者反悔的，则视为调解不成。履行协议自愿主要体现在以下方面：①调解协议本质上为双方当事人之间的民事合同，仅具有合同效力，不具有强制执行力；②调解组织不得强制当事人履行调解协议；③当事人不得申请法院强制执行调解协议，法院不得依当事人之申请强制执行调解协议。

（二）尊重当事人申请仲裁和诉讼权利的原则

劳动争议调解组织对劳动争议的调解并不是劳动争议仲裁或者诉讼的必要条件，在调解组织调解劳动争议的任何阶段，劳动争议双方当事人都有依法提请仲裁和诉讼的权利。此项原则具体包括：

1. 尊重当事人的程序选择权

劳动争议发生后，解决劳动争议的方式由当事人在调解或仲裁间自由选择，调解组织不得干涉，主要体现在以下方面：①当事人自愿共同申请调解的，调解组织不得拒绝受理或者以拖延、不组织调解等方式变相阻止调解；②一方当事人申请调解，另一方当事人拒绝调解且径行申请仲裁的，调解组织不得强制要求当事人接受调解或者以其他方式强行调解；③当事人申请仲裁的，仲裁机构不得以该纠纷未经调解为由拒绝受理仲裁申请。

2. 尊重当事人的程序变更权

调解过程中，当事人可以随时变更纠纷解决方式并终止调解程序，包括但不限于以下几种形式：①当事人都可提出申请仲裁的请求，调解组织不得干涉；②当事人可以放弃诉讼权利，终止调解程序，不再接受调解，调解组织无权干涉；③双方当事人可以私下和解并达成协议，终止调解程序，不再接受调解，调解组织无权干涉。

3. 尊重当事人的反悔权

劳动争议经调解组织调解达成协议，当事人反悔，不愿履行该协议的，调解组织不得阻拦和干预。主要体现在以下几个方面：①当事人反悔不履行该调解协议的，双方当事人均享有提请仲裁的权利，调解组织不得干涉，仲裁机构不得以双方当事人已达成调解协议为由拒绝受理仲裁申请；②当事人反悔不履行该调解协议的，当事人可以就争议事项另行调解、和解或者选择放弃权利，调解组织不得干涉，也不得以当事人已就该争议达成调解协议为由拒绝受理另行调解申请。

4. 劳动者的受保护权

在劳动争议纠纷解决机制中，劳动者因处于劣势地位受到特殊保护，在劳动争议调解中，因支付拖欠劳动报酬、工伤医疗费、经济补偿或者赔偿金事项达成调解协议，用人单位在协议约定期限内不履行的，劳动者可以持调解协议书依法向人民法院申请支付令。人民法院应当依法发出支付令。

三、劳动争议调解的分类

（一）劳动争议调解的种类

1. 人民调解委员会的调解

人民调解是指在人民调解委员会的主持下，依照法律、政策及社会主义道德规范，对纠纷当事人进行说服规劝，促其彼此互谅互让，在自主自愿情况下，达成协议，消除纷争的活动。人民调解是我国法律所确认的一种诉讼外的调解形式。它是我国社会主义法制建设中的一项伟大创举，也是我国一项具有特色的法律制度。它有自己独特的组织形式，完整的工作原则、制度、程序，严格的工作纪律，方便灵活、形式多样的工作方法。因此许多国家把人民调解誉为“东方经验”。人民调解工作与千家万户的切身利益息息相关，直接影响社会的安定团结，认真开展人民调解工作，能够缓解社会矛盾，促进社会安定团结；能够促进社会主义精神文明建设；能够预防犯罪，减少犯罪；可以积极推动社会生产力的发展；人民群众可以直接参加管理国家和社会公共事务；同时，还能够起到党和政府以及审判机关的助手作用。

人民调解委员会的调解工作原则包括：①必须严格遵守国家的法律、政策进行调解；②必须在双方当事人自愿平等的前提下进行调解；③必须在查明事实、分清是非的基础上进行调解；④不得因未经调解或者调解不成而阻止当事人向人民法院起诉。

2. 企业调解委员会的调解

企业调解委员会是基层处理劳动争议的重要机构。其调解特点是采用说服教育和劝导协商的方式解决劳动争议。调解委员会由职工代表、企业行政代表和企业工会委员会的代表兼职组成。职工代表由职工代表大会（或者职工大会）推举产生；企业行政代表由企业行政方面指定；工会代表由企业工会委员会指定。调解委员会具体人数由职工代表大会提出并与厂长协商确定。调解委员会主任由调解委员会在其成员中产生。调解委员会在职工代表大会领导下进行工作，其办事机构设在企业工会委员会。调解委员会的调解协议只对双方当事人有约束力，调解协议书不具有法律效力，因此调解不是一个必经程序。

企业调解委员会办事机构设在企业工会委员会或者乡、镇工会工作委员会。职工较多的企业，调解委员会办事机构依据需要应配备专职工作人员，从企业内部调整解决。

调解委员会的职责：①调解本企业行政和职工之间因履行劳动合同发生的争议；②调解本企业行政和职工之间因工作调动、劳动报酬、保险福利、劳动保护、职业培训及奖励惩处等方面发生的争议；③接受当地劳动人事争议仲裁委员会的业务指导，对与本企业有关的劳动争议进行调解，协助仲裁委员会调查本企业的劳动争议案件；④检查督促争议双方当事人严格执行调解协议；⑤协助企业做好违纪职工的教育转化工作；⑥协助企业搞好劳动法规、政策的宣传教育。

3. 劳动争议仲裁庭调解

劳动争议仲裁庭调解是指在劳动争议仲裁程序中，在仲裁庭的主持下，对劳动者与用人单位双方当事人就劳动争议的实体权利义务自愿协商，达成协议，解决纠纷的活动。《劳动争议调解仲裁法》第四十二条规定，仲裁庭在作出裁决前，应当先行调解。调解达成协议的，仲裁庭应当制作调解书。调解书经双方当事人签收后，发生法律效力。调解不成或者调解书送达前，一方当事人反悔的，仲裁庭应当及时作出裁决。

4. 人民法院的调解

法院调解指在人民法院审判人员的主持下，对双方当事人就争议的实体权利，义务自愿协商，达成协议，解决纠纷的活动。调解案件时，当事人应当出庭；如果当事人不出庭，可以由经过特别授权的委托代理人到场协商。调解可以由审判员一人主持，也可以由合议庭主持，并尽可能就地进行。除法律规定的特殊原因外，一般应当公开调解。在法院调解中，被邀请的单位和个人，应当协助人民法院进行调解。在审判人员的主持下，双方当事人自愿、协商达成调解协议，协议内容符合法律规定的，应予批准。调解达成协议，人民法院应当制作调解书。调解书内容应当写明诉讼请求、案件的事实和调解结果，由审判人员、书记员署名，加盖人民法院印章，送达双方当事人签收后，即具有法律效力。

法院调解的原则是指人民法院在进行调解时应遵循的行为准则。依据《民事诉讼法》第九十三条的规定，法院应当遵循以下 3 项原则：

（1）当事人自愿原则。当事人自愿原则是指法院调解无论是调解活动的进行还是调解协议的形成都要建立在当事人自愿的基础上。该项原则的具体要求是：第一，在程序上，是否以调解的方式解决纠纷，须当事人自愿；第二，在实体上，是否达成调解协议，须尊重当事人的意愿。

（2）查明事实、分清是非的原则。查明事实、分清是非的原则是指法院调解应当在事实已经基本清楚、当事人之间的权利义务关系已经基本明了的基础上进行。该项原则的具体要求是：人民法院进行调解活动，必须在查明案件基本事实，分清当事人是非责任的基础上进行。

（3）合法原则。合法原则是指法院调解在程序上要遵循法律程序，形成的调解协议不可违反国家的法律规定的原则。该项原则的具体要求是：第一，人民法院进行调解活动，程序上要合法。当事人不愿进行调解或者不愿继续进行调解的，不应强迫当事人进行调解；调解未成的，不应久调不决，而应及时判决等。第二，人民法院进行调解，调解协议内容应当不违反国家的法律规定。依据法律的规定，调解应当是当事人自愿且符合法律规定的。调解的合法指在调解的进行程序上要符合法律规定，以及在调解协议内容上的不违反法律的规定。调解协议的合法是指调解协议的内容不违反法律，而不要求调解协议的内容要完全符合法律。

（二）不同组织调解劳动争议的区别

1. 在劳动争议处理中的地位

调解组织对劳动争议的调解是独立的程序，仲裁机构、人民法院的调解附属于仲裁或者诉讼程序，不具有独立的法律地位。

2. 主持调解的主体

调解组织调解劳动争议由调解组织内部的劳动争议调解员调解，仲裁机构、人民法院调解劳动争议主要由仲裁员、审判员进行，在必要时，审判员可以将争议交由法院专门负责调解的部门或者工作人员调解。

3. 调解案件的范围

调解组织及仲裁机构调解劳动争议案件范围受《劳动争议调解仲裁法》第二条调整，包括：（1）因确认劳动关系发生的争议；（2）因订立、履行、变更、解除和终止劳动合同发生的争议；（3）因除名、辞退和辞职、离职发生的争议；（4）因工作时间、休息休假、社会保险、福利、培训以及劳动保护发生的争议；（5）因劳动报酬、工伤医疗费、经济补偿或者赔偿金等发生的争议；（6）法律、法规规定的其他劳动争议。

法院调解劳动争议案件的范围取决于法院对劳动争议案件的管辖范围，主要包括：（1）劳动者对依据《劳动争议调解仲裁法》第四十七条规定的仲裁裁决不服依法提起诉讼的案件；（2）经用人单位申请，法院依法裁定撤销仲裁裁决后，当事人依法提起诉讼的案件；（3）其他当事人不服仲裁裁决依法提起诉讼的案件。

4. 调解的效力

调解的效力集中表现为调解协议或者据调解所作法律文书对当事人的拘束力，调解组织调解的效力与仲裁机构、法院调解的效力存在重大区别：调解组织调解，当事人就争议事项达成一致意见后，调解组织无权出具具有强制拘束力的法律文书，只能组织双方当事人订立调解协议，调解协议仅具有民事合同效力，一方反悔不履行调解协议时，当事人无法据此申请法院强制执行；仲裁机构组织当事人调解，达成调解协议的，应当制发调解书，当事人可申请法院强制执行该调解书；法院组织当事人调解的，可依当事人申请制发调解书，该调解书可强制执行。

【知识链接】

《劳动争议调解仲裁法》第四条、第五条、第四十二条、第四十七条至第五十条。

【自测题】

1. 劳动争议调解组织对劳动争议的调解并不是劳动争议仲裁或者诉讼的必要条件，在调解组织调解劳动争议的任何阶段，劳动争议双方当事人都有依法提请仲裁和诉讼的权利。（　　）

2. 街道调解委员会主持劳动者与用人单位达成的劳动争议调解协议书具有合同效力。（　　）

【案例分析】

王某与某公司劳动争议一案

王某于2018年2月1日入职某公司后一直工作至2019年8月25日，该公司于2018年9月与王某订立书面劳动合同，合同期限为3年。后王某因怀孕需进行孕检多次在工作期间请假外出，且无法承受其原岗位的工作强度，某公司于2019年8月提出解除与王某的劳动合同，通知中未提及赔偿金等相关事宜。

按照《劳动合同法》第十条的规定，用人单位与劳动者已建立劳动关系，未同时订立书面劳动合同的，应当自用工之日起1个月内订立书面劳动合同。王某于2018年2月1日入职某公司，某公司至迟应当于2018年3月1日与王某签订书面劳动合同，但某公司并未与其订立书面合同，某公司的行为已经侵害了王某的合法权益。此外，根据《劳动合同法》第四十二条规定，女职工在孕期的，用人单位不得依照《劳动合同法》第四十条、第四十一条的规定解除劳动合同，本案中王某属于在孕期间且未有其他情形，因此用人单位按照第四十条、第四十一条的规定不得与王某解除劳动合同。

对于该种情况，王某可以通过向企业工会申请与用人单位进行和解，向调解组织申请调解，向劳动人事争议仲裁委员会申请仲裁、调解，或者在仲裁无法解决该问题时向人民法院起诉进行解决。其中向劳动人事争议仲裁委员会申请仲裁是向人民法院起诉的前置程序。

第二节　劳动争议调解的机构

一、劳动争议调解机构概述

劳动争议调解机构是指依照国家的劳动法律、法规，查明事实、分清责任，对劳动争议双方采用说服教育、劝导协商的方法，促使劳动争议当事人在互谅互让的基础上达成协议，消除纠纷的组织。

（一）劳动争议调解机构的种类

1. 企业劳动争议调解委员会

劳动争议调解委员会，是在职工代表大会领导下，相对独立地依法调解本单位劳动争议的群众性组织。建立工会委员会的企业，以及已设立工会工作委员会的乡、镇，都应当设立调解委员会或者调解小组。劳动争议调解委员会是基层处理劳动争议的重要机构。

2. 依法设立的基层人民调解组织

人民调解委员会是依法设立的调解民间纠纷的群众性组织，也可以调解劳动争议。村民委员会、居民委员会依法设立人民调解委员会。

3. 在乡镇、街道设立的具有劳动争议调解职能的组织

此种类型的劳动争议调解组织通常不独立存在，而是依托于地方公共服务机构设立，主要依托以下几类机构设立：劳动就业社会保障公共服务平台、地方工会、地方企业代表大会、地方司法部门、地方政府人力资源和社会保障等部门。

（二）劳动争议调解机构的特征

1. 民间性

劳动争议调解机构的民间性主要体现在其法律地位和人员构成两个方面。从法律地位来看，劳动争议调解机构是由企业、基层组织或者地方社会管理部门依据社会管理需要设立的具有调解职能的机构，属社会组织的范畴，具有民间性。从人员构成来看，劳动争议调解机构的调解员来源于企业或者社会中的普通群众，不具有国家编制。

2. 自治性

劳动争议调解机构的自治性主要表现为其组建和运行过程的自发性和独立性。劳动争议调解机构是企业内部或者基层组织中的自我管理、自我服务、自我约束的社会机构，不受国家机关或者其他社会组织的领导或者干涉，具有显著的自治性特征。

二、劳动争议调解员

（一）劳动争议调解员的任职资格

1. 任职条件

依据《劳动争议调解仲裁法》第十一条规定，担任劳动争议调解组织的调解员，应当具备以下条件：

（1）公道正派、联系群众、热心调解工作。公道正派是指调解员应当具有一定的威信，秉公进行调解工作，容易让劳动争议的双方当事人接受；联系群众是指调解员应当多和群众交流，多了解群众在劳动中遇到的问题，以使今后的调解工作做到有的放矢；热心调解工作是指调解员义务从事劳动争议调解工作，要愿意为调解工作贡献力量。

（2）具有一定法律知识、政策水平和文化水平。调解工作要依据劳动法律法规和相关的劳动政策，作为劳动争议调解员需要掌握这些知识；同时具有一定的文化水平也会在调解过程中间起到积极化解矛盾和教育当事人的作用。

（3）成年公民。担任调解员首先要具备完全民事行为能力，其次还必须是我国的公民。

2. 劳动争议调解员应具备的能力素质

劳动争议调解员应当具备四个方面能力素质：

（1）法律知识运用能力，即调解员运用自身所具有的法律知识帮助当事人自愿达成合法有效调解协议的能力。法律知识不仅包括实体方面的法律知识，如向劳动者释明解除劳动合同经济补偿的计算方法，向用人单位释明未与劳动者签订劳动合同的法律责任等；还包括程序方面的法律知识，如指引双方当事人在自愿达成调解协议后共同向劳动争议仲裁机构提出仲裁审查申请等。调解员应加强对法律知识的学习，熟练掌握并准确理解劳动法律法规及政策规定等。

（2）案件调解能力，即调解员采取灵活多样的方式方法，通过倾听、说服、疏导，帮助劳动争议当事人自愿达成调解协议的能力。调解过程中原则上实行程序与实体的分离，即调解员对程序具有控制权，当事人对实体享有自治权。在主持调解时，既要让当事人充分表达自己对案件的感受，又要适时地控制当事人情绪释放，保持调解在积极的、和谐的气氛中进行。

（3）应急处置能力，即调解员及时采取适当措施处置紧急突发情况，引导当事人理性参与调解、达成合意的能力。在主持调解时，调解员应保持冷静、维持调解秩序、安抚当事人的情绪，防止矛盾激化、冲突升级导致调解中止。

（4）组织协调能力，即调解员组织当事人自愿参与调解、协调相关部门共同研究解决争议事项，实现案结事了的能力。调解不同于仲裁和诉讼，并不因一方当事人申请而强制启动，需要调解员主动协调另一方当事人自愿参与调解；争议事项涉及多个部门职能范围，需要调解员主动征询相关部门意见，共同研究解决等。

3. 劳动争议调解员证书申领

（1）申领条件。凡具有劳动争议调解员任职资格，且被劳动争议调解组织聘任为调解员，从事劳动争议调解工作的人员，可申领劳动争议调解员证。

（2）申领办法。拟聘任的调解员应如实填写“劳动人事争议调解员证申领审核表”，由调解组织签署意见后，统一向所在区人力社保局调解仲裁部门申领。区人力社保部门对调解员资格审核确认后发放调解员证。

（二）劳动争议调解员的职责

（1）负责宣传劳动保障法律、法规和有关政策，为用人单位和劳动者提供劳动保障咨询，做好劳动争议预防工作。引导用人单位增强法律意识，严格执行劳动保障法律、法规，帮助劳动者主动运用法律、法规维护自身的合法权益。

（2）按照《劳动争议调解仲裁法》及有关规定，负责对本企业或者辖区内发生的事实清楚、线索明晰、争议标的额较小的简易案件进行调解工作。

（3）接收、审查当事人提交的劳动争议调解申请，对符合受理要求的劳动争议，及时组织当事人进行调解；进行与争议案件有关的调查取证、查阅相关文件、档案，了解与案件有关的事实。

（4）积极促使劳动争议当事人达成调解协议，对调解不成的争议案件，指导当事人到有管辖权的劳动人事争议仲裁委员会申请仲裁；对可能发生的上访案件，要及时报告上级劳动保障主管部门，维护社会稳定。

（5）负责做好劳动争议调解案件统计及案卷整理、归档等工作。

（6）完成上级劳动人事争议仲裁委员会交办的其他工作任务。

（三）行为规范

依据法律规定，劳动争议调解员应当遵守下列行为规范：

1. 依法调解

坚持自愿、合法、公正、及时的原则，以事实为依据，以法律为准绳，履行居中调解职责。

2. 爱岗敬业

热爱调解工作，注重业务学习，以维护劳动争议双方当事人权益为己任，恪尽职守，甘于奉献。

3. 热情服务

工作主动、耐心、细致、周到，仪表整洁、语言文明、举止得体、态度诚恳。

4. 保守秘密

不得泄露调解工作中获取的商业秘密、个人隐私等。

5. 廉洁自律

不得收受、索取财物或者牟取不正当利益，不得为当事人介绍劳动争议仲裁、诉讼代理人。

三、劳动争议调解机构的职责

（一）定分止争

（1）调解本企业行政和职工之间因履行劳动合同发生的争议；（2）调解本企业行政和职工之间因工作调动、劳动报酬、保险福利、劳动保护、职业培训及奖励惩处等方面发生的争议；（3）接受当地劳动人事争议仲裁委员会的业务指导，对与本企业有关的劳动争议进行调解，协助仲裁委员会调查本企业的劳动争议案件；（4）检查督促争议双方当事人严格执行调解协议。

（二）法律宣传

（1）协助企业做好违纪职工的教育转化工作。

（2）协助企业搞好劳动法规、政策的宣传教育。

（三）制度构建

建立必要的工作制度，进行调解登记、档案管理和分析统计工作。

【知识链接】

《劳动争议调解仲裁法》第十条。

《人民调解法》第七条至第十条、第十三条、第十五条。

【自测题】

1. 企业劳动争议调解委员会的人员构成。

2. 劳动争议调解机构的主要类型及区别。

【案例分析】

贾某本是小红楼公司的高层管理人员。某年，贾某被人检举泄露该公司的商业机密，小红楼公司决定开除贾某，贾某不服，双方就此事在公司闹得沸沸扬扬，该纠纷产生的影响极为恶劣。为解决纠纷，双方欲向调解组织申请调解。

根据《劳动争议调解仲裁法》《人民调解法》等相关法律的规定，双方可以向企业劳动争议调解委员会、基层人民调解组织以及具有劳动争议调解职能的组织或者人民调解组织申请调解。

第三节　劳动争议调解程序

一、劳动争议调解程序概述

劳动争议调解程序是指劳动争议当事人、调解组织及相关工作人员在劳动争议调解过程中所应当遵循的途径、步骤、时限等。

（一）申请和受理

劳动争议发生后，当事人双方都可以自知道或者应当知道其权利被侵害之日起，以口头或者书面的形式向调解委员会提出申请，并填写“劳动争议调解申请书”。调解组织在征询对方当事人的意见后，进行审查并做出受理或者不予受理的决定。

（二）调查和调解

调解委员会主任或者调解员主持调解会议，应当充分听取双方当事人对事实和理由的陈述，耐心疏导，在查明事实、分清是非的基础上，依照法律、法规及依法制定的企业规章制度和劳动合同，公正调解，帮助其达成协议。在调查和调解时应制作相应的笔录。

（三）制作调解协议书或者调解意见书

调解达成协议，制作调解协议书，写明争议双方当事人的姓名（单位、法定代表人）、职务、争议事项、调解结果及其他应说明的事项，由当事人、调解组织的负责人签名或者盖章，并加盖调解组织印章。调解组织对调解不成的，即双方达不成协议、调解期限届满而不能结案的或者调解协议送达后当事人反悔等三种情况，则制作调解意见书。调解协议书与调解意见书不同，调解意见书是调解组织单方的意思表示，仅是一种建议性的文书，对争议双方没有约束力；而调解协议书是劳动争议当事人双方的意思表示，一经当事人签字，就应自觉履行，具有一定的约束力。

调解组织调解劳动争议的期限为 15 日，即调解组织应当自当事人申请调解之日起的 15 内结束，到期未结束的，视为调解不成。当事人可以依法申请仲裁。达成调解协议后，一方当事人在协议约定期限内不履行调解协议的，另一方当事人可以依法申请仲裁。

（四）执行

因支付拖欠劳动报酬、工伤医疗费、经济补偿或者赔偿金事项达成调解协议，用人单位在协议约定期限内不履行的，劳动者可以持调解协议书依法向人民法院申请支付令。人民法院应当依法发出支付令。

二、调解协议的法律效力

理解调解协议书的法律效力应当把握两个层次：

（一）调解协议书具有合同效力

经《劳动争议调解仲裁法》规定的调解组织调解达成的协议，由双方当事人签字或者盖章，经调解员签字并加盖调解组织印章后生效，对双方当事人具有合同效力。

（二）经过司法确认的调解书具有强制执行力

双方当事人可以在调解协议生效之日起 30 日内共同向法院申请司法确认。经过司法确认的调解协议具有强制执行力，当事人可以向法院申请强制执行。

三、调解与劳动人事争议仲裁、民事诉讼的衔接

（一）劳动争议调解程序的非前置性

发生劳动争议时很多人都会先选择调解，如果调解不奏效，才会选择劳动仲裁。

不可否认，通过调解方式能够实现用平和手段化解当事人之间的纷争，并缓和当事人之间紧张态势的效果，因此，调解方式确实为解决劳动争议的首选方案，同时也是最佳方式。但是，是否在所有的劳动争议案件中，劳动争议双方主体在进行劳动仲裁前都必须先经过劳动调解程序？在调解无法有效解决该劳动争议之后，劳动争议主体才可以寻求其他解决途径来解决争议？换言之，即在劳动争议解决程序中，调解机制是否具有前置性特征？

对该问题，依据《劳动争议调解仲裁法》的有关规定，在发生劳动争议后，当事人可以向本单位劳动争议调解委员会申请调解；调解不成，当事人一方要求仲裁的，可以向劳动人事争议仲裁委员会申请仲裁。当事人一方也可以直接向劳动人事争议仲裁委员会申请仲裁。就该条规定来看，法律在用词上选择的是“可以”而非“必须”，“可以”一词事实上带有一种建议性质，即劳动争议主体可以这么做，也可以不这么做。因此，对于在劳动争议处理程序中，调解是否具有前置属性这一问题就迎刃而解。

归结之，在劳动争议案件处理过程中，劳动争议调解仅仅是劳动争议仲裁前的一个环节，而并非劳动争议处理的前置程序。换言之，当事人完全可以在不采取劳动争议调解的情形下，径直选择劳动仲裁途径对相关劳动争议予以解决，此种方式也是为法律所认可的。

（二）劳动争议调解与劳动争议仲裁之间的区别及衔接问题

1. 劳动争议调解与劳动争议仲裁之间的区别

实践中，在劳动者与用人单位之间，因劳动报酬、福利待遇、劳动合同等方面原因，劳动者与用人单位之间经常会发生争议。对于此类争议的解决，司法实践中存在着多种方法，在其中，劳动争议调解和劳动争议仲裁均是非常重要的解决手段。不过，虽然劳动争议调解与劳动争议仲裁均是劳动者与用人单位之间解决劳动争议的有效措施，但二者在申请条件、法律效力及处理机构等方面均存在差异，对此有必要予以厘清。

（1）二者申请的条件不同。劳动争议调解并非劳动争议解决的必须程序，而劳动争议仲裁则是通过诉讼解决劳动争议的必须程序。如果双方发生了劳动争议，当事人可以依法申请调解，当然，也可以不经过劳动争议调解而径直申请劳动争议仲裁。但是倘若当事人想通过诉讼手段来解决劳动争议，其必须先将争议提交劳动仲裁机构进行仲裁，仲裁裁决后，如当事人对仲裁裁决不服的，才可以向人民法院提起诉讼，如若当事人未经劳动仲裁程序而直接向人民法院提起诉讼，人民法院将会对其所提起的劳动争议之诉做出不予受理的裁定。

（2）二者法律效力不同。在劳动争议调解程序中，若最终在劳动争议调解委员会的主持下，双方达成调解协议书，但该调解协议并不具有强制执行的法律效力。也即，当一方当事人后期拒不履行该调解协议中达成的内容时，其无法要求对当事人予以强制执行，而只能依靠双方当事人自觉履行。

而若当事人双方系通过劳动人事争议仲裁委员会主持达成仲裁调解书，那么与劳动争议调解协议不同的是，该仲裁调解书自送达之日起即具有法律效力，双方当事人不能重新申请仲裁或者向人民法院起诉。此时，若该仲裁调解书具有给付内容，如果一方当事人不履行仲裁调解书所确定的义务，对方当事人有权依据仲裁调解书申请人民法院强制执行。

（3）二者处理机构不同。对于劳动争议调解而言，其处理机构一般是企业劳动争议调解委员会，该委员会一般由职工代表和企业代表组成，职工代表由工会成员担任或者由全体职工推举产生，企业代表由企业负责人指定，企业劳动争议调解委员会主任由工会成员或者双方推举的人员担任。还包括依法设立的基层人民调解组织以及在乡镇、街道设立的具有劳动争议调解职能的组织。

反观劳动争议仲裁的处理机构能够发现，实践中，劳动争议仲裁是由劳动人事争议仲裁委员会指派仲裁员并依法组成仲裁庭进行审理的。因此，就该层面而言，劳动争议调解与劳动争议仲裁的处理机构在性质、人员属性、人员组成上存在很大区别。

2. 劳动争议调解与劳动争议仲裁之间的衔接

依据《劳动争议调解仲裁法》等相关法律的规定可知，劳动争议调解与劳动争议仲裁之间并非完全分立的两种劳动争议解决手段，二者之间仍然存在着紧密的联系。

首先，从解决劳动争议的角度来看，当事人可以选择劳动争议调解程序解决争议，也可以通过劳动争议仲裁程序解决争议，同时，倘若当事人不愿调解或者调解失败的，双方当事人仍可以通过向劳动人事争议仲裁委员会申请仲裁的方式来解决相关劳动争议。因此，就这一层面而言，劳动争议调解与劳动争议仲裁之间存在一定的衔接。

其次，依据《劳动争议调解仲裁法》第十五条的规定，劳动争议双方当事人在达成劳动争议调解协议后，倘若一方当事人在劳动争议调解协议约定的期限内不按照相关约定履行调解协议的，另一方当事人也可以通过申请劳动争议仲裁的方式来解决，因此，劳动争议仲裁程序对于劳动争议调解程序而言，也具有一定的“辅助”效果。

3. 调解协议的仲裁审查

经调解组织调解达成调解协议的，双方当事人可以自调解协议生效之日起 15 日内，共同向有管辖权的仲裁委员会提出仲裁审查申请。

当事人申请审查调解协议，应当向仲裁委员会提交仲裁审查申请书、调解协议和身份证明、资格证明以及其他与调解协议相关的证明材料，并提供双方当事人的送达地址、电话号码等联系方式。仲裁委员会收到当事人仲裁审查申请，应当及时决定是否受理。决定受理的，应当出具受理通知书。有下列情形之一的，仲裁委员会不予受理：（1）不属于仲裁委员会受理争议范围的；（2）不属于本仲裁委员会管辖的；（3）超出规定的仲裁审查申请期间的；（4）确认劳动关系的；（5）调解协议已经人民法院司法确认的。

仲裁委员会审查调解协议，应当自受理仲裁审查申请之日起 5 日内结束。因特殊情况需要延期的，经仲裁委员会主任或者其委托的仲裁机构负责人批准，可以延长 5 日。

调解书送达前，一方或者双方当事人撤回仲裁审查申请的，仲裁委员会应当准许。仲裁委员会受理仲裁审查申请后，应当指定仲裁员对调解协议进行审查。

仲裁委员会经审查认为调解协议的形式和内容合法有效的，应当制作调解书。调解书的内容应当与调解协议的内容相一致。调解书经双方当事人签收后，发生法律效力。调解协议具有下列情形之一的，仲裁委员会不予制作调解书：（1）违反法律、行政法规强制性规定的；（2）损害国家利益、社会公共利益或者公民、法人、其他组织合法权益的；（3）当事人提供证据材料有弄虚作假嫌疑的；（4）违反自愿原则的；（5）内容不明确的；（6）其他不能制作调解书的情形。

仲裁委员会决定不予制作调解书的，应当书面通知当事人。此外，当事人撤回仲裁审查申请或者仲裁委员会决定不予制作调解书的，应当终止仲裁审查。

（三）劳动争议调解与民事诉讼之间的衔接

1. 劳动争议调解与民事诉讼的性质界定

实践中，当劳动者与用人单位之间因工资报酬、福利待遇等发生劳动争议后，他们往往会通过一定的手段或者途径来解决这些争议，而劳动争议调解以及民事诉讼就是当事人可以选择作为解决劳动争议的两种途径。

劳动争议调解程序相对较为缓和，劳动争议双方当事人坐在一起，通过协商、谈判的方式达到解决争议的目的。此种手段不会过多地对当事人双方之间的关系产生不良影响。而对于民事诉讼程序而言，其是利用人民法院这一公权力机关来解决争议，在此过程中，双方当事人的关系较为紧张，双方会为了争取各方利益竭尽各种手段，有可能双方会因某一问题恶言相向。不过，相比较劳动争议调解而言，通过民事诉讼所形成的法律文书具备一定的强制执行力，其可以更好地保障当事人的合法权益。

2. 劳动争议调解与民事诉讼之间的联系

通常而言，劳动争议双方当事人若想通过诉讼的手段来解决劳动争议，其需事先申请劳动争议仲裁，但对于有一类情形例外，此也是劳动争议调解与民事诉讼程序衔接最为紧密的一处。

依据《劳动争议调解仲裁法》第十六条规定：“因支付拖欠劳动报酬、工伤医疗费、经济补偿或者赔偿金事项达成调解协议，用人单位在协议约定期限内不履行的，劳动者可以持调解协议书依法向人民法院申请支付令。人民法院应当依法发出支付令。”该条明确，若调解协议中涉及劳动报酬、工伤医疗费、经济补偿等费用追索的，法律对劳动者给予了较大的倾向性保护，即倘若用人单位针对前述费用事项不向劳动者如期履行，劳动者一方可以依据该调解协议直接向法院寻求帮助。从这一点看，该条无疑增强了调解协议的刚性，同时也增强了基层调解组织在劳动争议解决中的作用。

【知识链接】

《劳动争议调解仲裁法》第五条、第十四条、第二十七条、第二十九条、第三十条、第四十三条、第四十八条。

《民事诉讼法》第九十六条至第九十九条、第一百九十四条、第一百九十五条。

《劳动法》第七十九条、第八十二条至第八十四条。

《最高人民法院关于人民调解协议司法确认程序的若干规定》第二条、第四条至第九条。

《劳动人事争议仲裁办案规则》第七十四条至第七十九条。

【自测题】

1. 劳动争议调解组织对劳动争议的调解并不是劳动争议仲裁或者诉讼的必要条件，在调解组织调解劳动争议的任何阶段，劳动争议双方当事人都有依法提请仲裁和诉讼的权利。（　　）

2. 街道调解委员会主持劳动者与用人单位达成的劳动争议调解协议书具有合同效力。（　　）

3. 经调解组织调解达成调解协议后，劳动者或者用人单位不履行调解协议的，不能申请仲裁。（　　）

4. 用人单位或者劳动者不愿意调解或者经调解后也无法解决争议的，劳动者可以向劳动人事争议仲裁委员会申请仲裁。（　　）

【案例分析】

调解协议向法院申请司法确认案

贾某本是小红楼公司的高层管理人员。某年，贾某被人检举泄露该公司的商业机密，小红楼公司决定开除贾某，贾某不服，双方就此事在公司闹得沸沸扬扬，该纠纷产生的影响极为恶劣。为解决争议，双方向调解组织申请调解，经调解组织极力撮合、调和下，贾某与小红楼公司达成调解协议，贾某与公司解除劳动关系，公司放弃主张对贾某因泄露商业机密而造成的损失。

若双方签订的劳动调解协议生效后，双方担忧对方因反悔，可能再次会导致仲裁。于是贾某与公司向法院申请司法确认，法院应当面询问双方当事人是否已理解所达成协议的内容，是否接受因此而产生的后果，是否愿意由人民法院通过司法确认程序赋予该协议强制执行的效力。如果当事人在违背真实意思的情况下签订调解协议，或者调解组织、调解员与案件有利害关系、调解显失公平的，人民法院将会对调解协议的效力不予认可。

第十四章

劳动争议仲裁制度

【教学难点】

1. 理解劳动争议仲裁的基本原则、特征及受案范围；
2. 了解劳动仲裁委员会组成、办事机构的设立及职责；
3. 理解劳动争议仲裁管辖的基本原则及特殊地域管辖；
4. 理解劳动争议仲裁证明责任分配、证据认定规则；
5. 了解劳动争议仲裁时效制度；
6. 理解劳动争议仲裁程序及商事仲裁程序区别；
7. 理解一裁终局制度。

【内容概要】

劳动争议仲裁是指国家法律法规成立的劳动人事仲裁委员会作为第三方，遵循法律规定的程序和原则，对因劳动关系发生的劳动争议进行调解和裁决的一种制度和方式。

通过本章学习，使学生了解劳动争议仲裁的含义、基本原则、特征及受案范围，理解劳动仲裁委员会及其办事机构、仲裁员与仲裁庭、劳动争议仲裁管辖、劳动争议证据与举证责任、劳动争议仲裁时效等制度，把握劳动争议仲裁的基本程序、一裁终局制度与仲裁裁决执行制度。

第一节　劳动争议仲裁的一般规定

一、劳动争议仲裁的含义、基本原则及特征

（一）劳动争议仲裁的基本含义

劳动争议仲裁是指国家法律法规成立的劳动争议仲裁委员会作为第三方，遵循法律规定的程序和原则，对因劳动关系发生的劳动争议进行调解和裁决的一项制度。

（二）劳动争议仲裁的基本原则

在劳动争议仲裁过程中，仲裁庭和仲裁员必须遵循法律法规规定的劳动争议处理的相关基本原则，具体包括以事实为依据，以法律为准绳的原则，着重调解、及时处理的原则，当事人在法律上一律平等的原则等。除此之外，还应遵循劳动争议仲裁的特有原则，主要包括以下方面：

其一，仲裁机构独立办案的原则。仲裁机构独立办案指在处理劳动争议的过程中，劳动争议仲裁委员会应当保持独立性，任何组织和个人都无权对劳动争议仲裁机构进行干扰及妨碍。

其二，合议原则。合议是指在仲裁过程中，劳动争议案件要经过充分讨论和研究，这是民主集中制原则在劳动争议仲裁工作中的具体体现。该原则的有效贯彻有利于避免仲裁员的主观臆断，能够最大程度上保证仲裁员公正处理劳动争议案件。

其三，回避原则。回避是指仲裁员为案件的当事人、代理人的近亲属或者与案件有相关利害关系，或者与当事人有其他关系，可能影响案件公正裁决的，应当主动申请或者由当事人申请进行回避，不得参加相关劳动争议案件的仲裁活动，以防止徇私舞弊问题发生的制度。

（三）劳动争议仲裁的特征

对于劳动争议仲裁活动而言，其主要具备如下特征：

其一，对于劳动争议仲裁而言，必须实行仲裁前置规则，依据《劳动争议调解仲裁法》第五条的规定："发生劳动争议，当事人不愿协商、协商不成或者达成和解协议后不履行的，可以向调解组织申请调解；不愿调解、调解不成或者达成调解协议后不履行的，可以向劳动争议仲裁委员会申请仲裁；对仲裁裁决不服的，除本法另有规定的外，可以向人民法院提起诉讼"。其中"本法另有规定"特指"一裁终局"的情形，由此可见，劳动争议仲裁程序在劳动争议的解决过程中占据着非常重要的地位：

其一，当事人可以通过劳动争议调解以及劳动争议仲裁来解决劳动争议，但倘若想

通过诉讼途径解决，则其只能系因对仲裁裁决不服的情况下进行，且该仲裁裁决不属于“一裁终局”的情形。

其二，在劳动争议仲裁程序中，为了保障劳动者的合法权益，立法突出了用人单位的举证责任。诸如因用人单位作出开除、除名、辞退、解除劳动合同、减少劳动报酬、计算劳动者工作年限等决定发生争议的，由用人单位对决定所依据的事实和法律负举证责任；因用人单位未按照劳动合同约定支付劳动报酬或者提供劳动条件，劳动者提出解除劳动合同而发生劳动人事争议的，由用人单位对是否已依约定支付劳动报酬或者提供劳动条件负举证责任；因用人单位未依法缴纳社会保险费引起的争议，由用人单位对是否已依法为劳动者缴纳社会保险负举证责任；因用人单位存在其他违法情形导致劳动者提出解除劳动合同而发生的争议的，由用人单位对是否存在违法情形负举证责任。

其三，对于特殊类案件，实行“一裁终局”制度。一裁终局制度是指当事人之间的纠纷，一经仲裁机构审理和裁决即告终结，该裁决具有终局的法律效力。依据《劳动争议调解仲裁法》第四十七条的规定，对“因追索劳动报酬、工伤医疗费、经济补偿或者赔偿金，不超过当地月最低工资标准 12 个月金额所发生的争议”以及“因执行国家的劳动标准在工作时间、休息休假、社会保险等方面发生的争议”，除该法另有规定的外，仲裁机构针对该事项所作出的仲裁裁决为终局裁决，裁决书自作出之日起即发生法律效力。

其四，劳动争议仲裁具有处理案件快速、及时的特点。依据《劳动争议调解仲裁法》的相关规定，仲裁庭裁决劳动争议案件，应当自劳动争议仲裁委员会受理仲裁申请之日起 45 日内结束。案情复杂需要延期的，经劳动争议仲裁委员会主任批准，可以延期并书面通知当事人，但是延长期限不得超过 15 日。逾期未作出仲裁裁决的，当事人可以就该劳动争议事项向人民法院提起诉讼。

其五，劳动争议仲裁不收费。依据《劳动争议调解仲裁法》第五十三条的规定，劳动争议仲裁不收费。劳动争议仲裁委员会的经费由财政予以保障。

二、劳动争议仲裁的受案范围

（一）劳动争议仲裁的受案范围

结合《劳动争议调解仲裁法》第二条以及《劳动争议仲裁办案规则》第二条的规定，我国劳动争议仲裁的受案范围大致包含以下方面：

（1）企业、个体经济组织、民办非企业单位等组织与劳动者之间，以及机关、事业单位、社会团体与其建立劳动关系的劳动者之间，因确认劳动关系，订立、履行、变更、解除和终止劳动合同，除名、辞退和辞职、离职，工作时间、休息休假、社会保险、福利、培训以及劳动保护，劳动报酬、工伤医疗费、经济补偿或者赔偿金等发生的争议。

（2）实施公务员法的机关与聘任制公务员之间、参照公务员法管理的机关（单位）与聘任工作人员之间因履行聘任合同发生的争议。

（3）事业单位与其建立人事关系的工作人员之间因终止人事关系以及履行聘用合同发生的争议。

（4）社会团体与其建立人事关系的工作人员之间因终止人事关系以及履行聘用合同发生的争议。

（5）军队文职人员用人单位与聘用制文职人员之间因履行聘用合同发生的争议。

（6）法律、法规规定的其他劳动争议。

（二）不属于劳动争议仲裁的受案范围

实践中，对于劳动者与用人单位、相关机构之间发生的以下争议不应纳入劳动争议仲裁的受案范围，对此应着重予以注意，主要包含以下方面：

（1）劳动者或者用人单位与社会保险经办机构发生的社会保险纠纷。

（2）劳动者与用人单位因住房制度改革产生的公有住房转让纠纷，住房公积金及纳入住房管理委员会管理的住房货币补贴征缴及发放纠纷。

（3）劳动者对劳动能力鉴定委员会的伤残等级鉴定结论或者对职业病诊断鉴定委员会的职业病诊断鉴定结论的异议纠纷。

（4）家庭或者个人与直接雇请的家政服务人员之间的纠纷。

（5）个体工匠与帮工、学徒之间的纠纷。

（6）农村承包经营户与受雇人之间的纠纷。

（7）实施高等学历教育的全日制普通本科高等学校、高等职业学校和高等专科学校的在校学生，经学校统一组织、批准从事勤工助学活动期间与单位发生的纠纷。

对前述纠纷争议，应当通过行政诉讼、民事诉讼或者其他方式予以解决。

【知识链接】

《劳动争议调解仲裁法》第二条至第九条。

《劳动争议仲裁办案规则》第三条至第五条。

【自测题】

1. 一般情形下，发生劳动争议后，若想向法院提起诉讼，前提是必须先向劳动争议仲裁委员会申请仲裁。（　　）

2. 劳动者或者用人单位与社会保险经办机构发生的办理社会保险争议，劳动争议仲裁委员会应予受理。（　　）

3. 劳动者与用人单位因住房制度改革产生的公有住房转让纠纷，住房公积金及纳入住房管理委员会管理的住房货币补贴征缴及发放纠纷，劳动争议仲裁委员会应予受理。
（ ）

4. 劳动者对劳动能力鉴定委员会的伤残等级鉴定结论或者对职业病诊断鉴定委员会的职业病诊断鉴定结论的异议纠纷，劳动争议仲裁委员会应予受理。 （ ）

【案例分析】

不服劳动能力等级鉴定案

张某是某公司的员工，在外出差时遭遇车祸，遭受严重创伤，后经过鉴定属于工伤，但对于劳动能力等级鉴定结果，张某表示不服，张某遂向劳动仲裁委员会申请仲裁，要求劳动争议仲裁委员会重新作出伤残等级评定。劳动争议仲裁委员会驳回了张某的申请，张某不服，于是向法院提起民事诉讼。

根据《劳动争议调解仲裁法》的规定，劳动仲裁委员会的受案范围主要包括：（1）因确认劳动关系发生的争议；（2）因订立、履行、变更、解除和终止劳动合同发生的争议；（3）因除名、辞退和辞职、离职发生的争议；（4）因工作时间、休息休假、社会保险、福利、培训以及劳动保护发生的争议；（5）因劳动报酬、工伤医疗费、经济补偿金或者赔偿金等发生的争议；（6）法律、法规规定的其他劳动争议。劳动者对于劳动能力鉴定委员会的伤残等级鉴定结论或者对职业病诊断鉴定委员会的职业病诊断鉴定结论的异议纠纷不属于劳动争议，因此劳动争议仲裁委员会无法受理该案。此外，对于劳动能力鉴定等级不服的，公民提出法律诉讼或者法院受案处理都没有法律法规依据，劳动鉴定委员会进行伤残等级鉴定在很大程度上属于技术性和事业性的工作，不是具体行政行为，因此法院对此一般也不会受理。

第二节　劳动仲裁委员会及其办事机构

一、劳动仲裁委员会（院）的由来、设立及组成

（一）劳动仲裁委员会（院）的由来及设立

劳动人事仲裁委员会是处理劳动人事争议案件的仲裁机构。就其发展历史来看，我国的劳动争议仲裁委员会大体经过了设立—撤销—恢复三个阶段。我国的劳动争议仲裁委员会最早创设于1950年，在1955年因各种原因被撤销，改革开放后，随着社会法制

建设逐渐健全，1986 年我国的劳动争议仲裁委员会又迎来了重生。

劳动仲裁委员会是按照统筹规划、合理布局和适应实际需要的原则设立的。目前，我国的劳动仲裁委员会的设立分布主要呈现以下格局：

其一，省、自治区人民政府可以决定在市、县设立劳动争议仲裁委员会，由其负责处理本地区所发生的劳动争议；

其二，省、自治区、直辖市需要设立劳动争议仲裁委员会的，由省、自治区、直辖市人民政府自行确定。

其三，直辖市人民政府可以决定在其市辖区、县设立劳动争议仲裁委员会，负责处理各自区域内的劳动人事争议。

（二）劳动仲裁委员会（院）的组成

对于劳动争议仲裁委员会的组成而言，一般认为其是由同级劳动行政机关代表、总工会代表、与争议事项有关的企业主管部门的代表或者企业主管部门委托的有关部门的代表组成（图 14.1），三方代表人数相等，但委员人数必须为单数。经仲裁委员会协商并一致同意，可以约请有关单位的代表列席仲裁委员会会议。

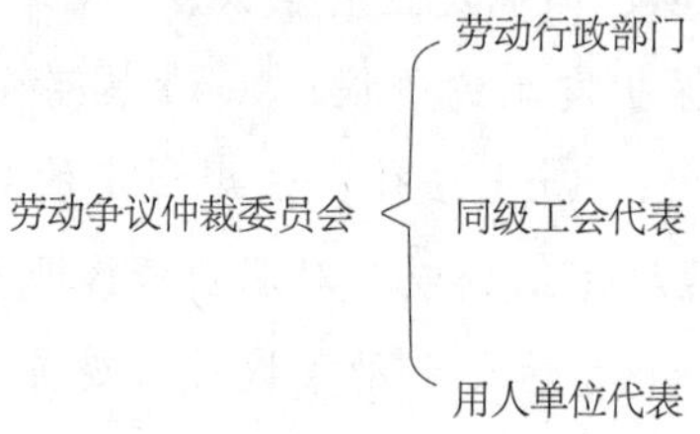

图14.1　劳动争议仲裁委员会的组成示意图

依据《劳动争议仲裁组织规则》的规定，仲裁委员会设主任 1 名，副主任和委员若干名。仲裁委员会的主任由同级劳动行政机关代表担任。

二、劳动仲裁委员会（院）的职责

结合《劳动争议调解仲裁法》及相关法律的规定，作为我国解决劳动争议的主要机构，劳动仲裁委员会主要承担以下职责：

第一，针对本地区的发展现状，提出适合本地区劳动人事争议处理的发展规划，以实现推动本地区劳动、人事争议处理工作的协调发展。

第二，针对实践中所发生的劳动人事争议以及需求问题，制定符合地方要求的区域性仲裁办案实施意见及细则。

第三，针对劳动人事仲裁委员会的要求以及仲裁员的日常表现，对仲裁员进行聘任、解聘等工作。

第四，受理、处理劳动争议主体所提交的相关劳动争议案件。

第五，对于日常工作中所遇到的重大或者疑难争议案件，进行相应的讨论。

第六，对本地区所进行的仲裁活动进行必要的监督，防止仲裁员或者其他人员在仲裁活动中徇私舞弊，确保劳动争议仲裁活动公平公正。

第七，法律、法规、规章规定的劳动人事仲裁委员会所应担负的其他职责。

仲裁委员会每年至少召开 2 次全体会议，研究相关工作，会议由主任或者副主任主持召集。仲裁委员会的决定实行少数服从多数原则。

三、劳动仲裁委员会（院）办事机构的设立及职责

依据《劳动争议仲裁组织规则》的规定，仲裁委员会下设实体化的办事机构，具体承担争议调解仲裁等日常工作，办事机构称为劳动争议仲裁委员会（院），设在人力资源社会保障行政部门。

依据相关规定，劳动争议仲裁院的日常工作职责主要包括以下内容：

（1）受理、处理劳动争议仲裁委交办的争议案件；（2）对仲裁院中的仲裁员进行日常的考核评价以及日常管理；（3）对相关的调解组织进行引导规范，对调解组织预防和调处争议给予必要的指导；（4）负责对仲裁员、调解员开展日常的业务培训工作，提升优化仲裁员、调解员的业务技能水平；（5）依据相关案件处理的实际需要，开展相关的调查取证工作，并可提请有关部门对案件当事人的财产实施查封、扣押、冻结等强制措施；（6）对下级仲裁院的日常工作进行必要的指导；（7）针对最新出台的一些法律法规，开展劳动人事争议法规宣传、咨询培训、预防指导等工作；（8）依据事实，遵循合法、公正、及时、着重调解的原则解决劳动人事争议，依法保护当事人的合法权益，让劳动者实现体面劳动，促进劳动关系的和谐稳定；（9）法律、法规及规章规定的其他职责。

四、劳动仲裁委员会（院）与仲裁委员会的区别

劳动仲裁委员会（院）是依据《劳动争议调解仲裁法》设立，而仲裁委员会是依据《中华人民共和国仲裁法》（以下简称《仲裁法》）设立的。劳动仲裁委员会（院）是解决劳动者与用人单位发生的劳动人事争议的仲裁机构。仲裁委员会是常设性商事仲裁机构，是独立、公正、高效地解决平等主体的自然人、法人和其他组织之间发生的合同纠纷和其他财产权益纠纷的常设仲裁机构。

两者主要存在以下区别：

劳动争议仲裁委员会是各地县级的劳动和社会保障部门设立的下属部门，具有行政性质，主要解决劳动者与用人单位发生的劳动人事争议。

依据《仲裁法》规定，仲裁委员会不具有行政性质，一般由曾任法官、律师、行业专家选聘的仲裁员等专业人士组成仲裁庭，其主要的任务是处理双方当事人约定仲裁条款或者仲裁协议同意由同一个仲裁委员会解决其合同纠纷和其他财产权益纠纷。《仲裁法》规定，一般可以在直辖市和省、自治区直辖市人民政府所在地的市设立，也可以依据需要在其他设区的市设立，不按行政区划层层设立。仲裁委员会由市的人民政府组织

有关部门和商会统一组建，并应经省、自治区、直辖市的司法行政部门登记。需要注意的是，不是每一个地级市都有仲裁委员会。

总而言之，劳动仲裁委员会（院）与仲裁委员会在设立依据、受案范围、设立原则、机构性质等诸多方面均存在不同，实践中应当予以特别注意。

【知识链接】

《劳动争议调解仲裁法》第十七条至第十九条。

《劳动争议调解仲裁法实施细则》第三十一条、第四十五条。

《劳动争议仲裁组织规则》第四条至第十一条。

《仲裁法》全文。

【自测题】

1. 劳动争议仲裁委员会由劳动行政部门代表、工会代表、企业方面代表组成。（　　）

2. 劳动争议仲裁委员会组成人员可以是单数也可以是双数。（　　）

3. 劳动争议仲裁委员会应当依法履行下列哪些职责？（　　）

A. 聘任、解聘专职或者兼职仲裁员

B. 受理劳动争议案件

C. 讨论重大或者疑难的劳动争议案件

D. 对仲裁活动进行监督

E. 制定本仲裁委员会的工作规则

【案例分析】

张某是某公司的员工，后期公司无故将张某辞退，对此张某与公司多次沟通均未获得满意答复。此后，张某向劳动争议仲裁委员会申请劳动仲裁，请求公司支付补偿金，仲裁庭经开庭审理后对其中的相关事实认定存疑，于是便提交至仲裁委员会讨论，仲裁委员会由 2 名仲裁员组成，最后经讨论采纳了其中一名仲裁员的意见。

该案中，就仲裁庭的组成来看，按照《劳动争议仲裁组织规则》的规定，仲裁委员会组成人员应当是单数，仲裁委员会设主任 1 名，副主任和委员若干名。仲裁委员会主任由行政部门代表担任。由此可见本案中仲裁委员会由 2 名仲裁员组成的做法并不合法。此外，根据组织规则第九条以及《劳动争议调解仲裁法实施细则》第四十五条的规定，裁决应当按照多数仲裁员的意见作出，少数仲裁员的不同意见应当记入笔录。仲裁庭不能形成多数意见时，裁决应当按照首席仲裁员的意见作出，因此，本案中采纳其中一名仲裁员意见的做法也不妥当。

第三节 仲裁员与仲裁庭

一、劳动仲裁员

劳动仲裁员是指在劳动争议仲裁委员会担任审理和裁决工作的人员，相当于劳动仲裁庭的“法官”。劳动仲裁员分为专职仲裁员和兼职仲裁员：专职仲裁员是指从劳动行政部门专职从事劳动争议处理工作的人员中聘任的仲裁员。兼职仲裁员是指从劳动行政部门非专职从事劳动争议处理工作的人员、政府其他有关部门的人员、工会工作者、专家学者和律师中聘任的仲裁员。

（一）劳动仲裁员的选任条件

1. 积极条件

依据我国法律规定，劳动仲裁员必须符合《劳动争议调解仲裁法》第二十条规定的 4 项条件之一，即：（1）曾任审判员的；（2）从事法律研究、教学工作并具有中级以上职称的；（3）具有法律知识、从事人力资源管理或者工会等专业工作满 5 年的；（4）律师执业满 3 年的。具体而言，符合以上条件即具备申请劳动仲裁员的资格，即《劳动争议调解仲裁法》第二十条的规定是担任劳动仲裁员的必要不充分条件。

对《劳动争议调解仲裁法》第二十条的理解应当做实质性理解，即在申请劳动仲裁员资格以及担任劳动仲裁员进行仲裁工作时，应当符合：（1）曾经担任审判员，且不再担任审判员不是因为其不具备担任审判员的资格被解聘或者开除职务；（2）具有中级以上职称且该职称是因从事法学研究、教学工作获得，且该职称未被撤销；（3）具有法律知识且具有 5 年相关工作经验，该工作经验必须是切实从事过的工作经验；（4）律师执业满 3 年，且仍具有律师职业资格。符合以上条件且未落入消极条件范围的，方具有申请劳动仲裁员的资格。经劳动仲裁员选任程序被聘任为劳动仲裁员的才具有仲裁劳动争议案件的资格。

2. 消极条件

对劳动仲裁员的消极条件法律并无明文规定，但可以从积极条件中推导出其消极条件：（1）因违纪、违法被解除审判员资格；（2）因违法、违纪被撤销职称；（3）不具备相应专业知识及工作经验；（4）受到刑事处罚而被吊销法律执业资格。以上条件一旦出现其中一项，则不能申请劳动仲裁员资格。

（二）劳动仲裁员的职责

劳动争议仲裁员的职能是指劳动仲裁员在劳动仲裁过程中的基本任务和作用，具体而言，劳动仲裁员的基本任务和作用是解决劳动争议。基于这一基本职能，衍生出劳动仲裁员的具体权利和义务：

1. 劳动仲裁员的权利

劳动仲裁员享有以下权利：（1）履行职责应当具有的职权和工作条件，即当劳动仲裁员开展仲裁工作时，有权要求行使其开展工作的必要职权，如程序指挥权、裁决权、仲裁场所和充分的审理期限等；（2）处理争议案件不受干涉，即仲裁员作为中立的第三方依据法律进行仲裁，不受任何行政机关、单位、团体及个人的不当干涉，不因拒绝不当干涉受不公正对待；（3）人身、财产安全受到保护，即仲裁员的合法权利受法律保护，不受仲裁委员会、当事人及其他人的侵犯；（4）参加聘前培训和在职培训，即仲裁员有权就仲裁工作接受培训以不断提升自身业务水平，实现自身的不断提升和发展；（5）法律、法规规定的其他权利，如依法获得薪酬、奖金待遇等。

2. 劳动仲裁员的义务

仲裁员应当履行以下义务：（1）依法处理争议案件，即劳动仲裁员必须依法对其承办的仲裁案件作出处理，不得无正当理由拒绝或者无故拖延处理仲裁案件；（2）维护国家利益和公共利益，保护当事人合法权益，即劳动仲裁员应当主动维护国家利益和社会公共利益及当事人的合法权益，不得不作为、乱作为；（3）严格执行廉政规定，恪守职业道德，即劳动仲裁员应当遵守职业道德，不得有收受贿赂、徇私舞弊等不当行为；（4）自觉接受监督，即劳动仲裁员应当依法接受监督，不得违法阻拦当事人合法的检举、不得对当事人进行打击报复；（5）法律、法规规定的其他义务。

（三）仲裁员的管理

1. 仲裁员的聘任

劳动仲裁员的聘任主要依据人力资源和社会保障部制发的劳动人事争议仲裁组织规则执行，各省、直辖市、自治区可依据本辖区具体情况制定具体实施办法。仲裁员的聘任需经推荐、培训、考试、申请、聘任等五个流程。具体而言，申请仲裁员资格者，应由当地劳动行政部门推荐，参加国家或者省劳动行政部门或者由其认定的有关单位所组织的劳动争议处理专业培训，并参加国家或者省级劳动行政部门组织的仲裁员资格考试。申请仲裁员资格者，经考试合格后，由本人填写《劳动仲裁员资格申报表》，报国家或者省级劳动行政部门审核。

省、自治区、直辖市仲裁委员会需聘任的仲裁员，其资格由国家级劳动行政部门认定，并颁发《劳动仲裁员资格证书》。省级以下仲裁委员会需聘任的仲裁员，其资格由省级劳动行政部门认定，并颁发《劳动仲裁员资格证书》。《劳动仲裁员资格证书》自颁发之日起，有效期为 3 年。各级仲裁委员会委员自被政府任命之日起即具有仲裁员资格，并颁发《劳动仲裁员资格证书》。取得仲裁员资格，同时符合《劳动争议仲裁组织规则》第十六条规定的仲裁员应具备的基本条件者，方可由各级仲裁委员会依据实际情况聘任为专职或者兼职仲裁员。仲裁员在同一时间内只能被一个仲裁委员会聘任，每次聘期为 3 年。被聘任的仲裁员，由聘任的仲裁委员会颁发《劳动仲裁员执行公务证》和《劳动仲裁员》胸卡，并在省级以上报刊予以公告。

已被聘任为劳动监察员者，不再聘任为仲裁员。仲裁委员会在聘任仲裁员时，应依据实际情况适当确定专职仲裁员与兼职仲裁员的比例，其比例一般不超过 1 ：4。

2. 仲裁员的培训

对仲裁员的培训包括聘前培训和聘期内培训。聘前培训针对拟聘任的仲裁员，由人力资源社会保障行政部门负责。聘前培训分级进行，拟聘为省、自治区、直辖市仲裁委员会仲裁员及副省级市仲裁委员会仲裁员的，参加人力资源社会保障部组织的聘前培训；拟聘为地（市）、县（区）仲裁委员会仲裁员的，参加省、自治区、直辖市人力资源社会保障行政部门组织的仲裁员聘前培训。

聘期内培训指每年对本行政区域内的仲裁员进行政治思想、职业道德、业务能力和作风建设培训，由人力资源社会保障行政部门负责，主要负责组织制定仲裁员培训大纲，开发培训教材，建立师资库和考试题库。仲裁委员会应当加强仲裁员作风建设，培育和弘扬具有行业特色的仲裁文化。建立仲裁员职业保障机制，拓展仲裁员职业发展空间。仲裁员每年脱产培训的时间累计不少于 40 学时。

3. 仲裁员的考核及资格的取消

仲裁员的考核主要指对仲裁员工作情况、业务水平的考查审核。我国对于劳动仲裁员的考核由国家或者省级劳动行政部门依据《劳动人事争议仲裁组织规则》实施，实行定期考核制度，一般在仲裁员聘期满 3 年时进行。考核合格者，由其资格认定单位重新颁发《劳动仲裁员资格证书》，所在仲裁委员会方可办理续聘手续。

仲裁员未按规定参加考核或者经考核不能胜任仲裁员工作的，由其所在仲裁委员会予以解聘，并由其资格认定单位取消仲裁员资格。此外，取得仲裁员资格后 3 年内，如未被仲裁委员会聘任或者虽被聘任但每年参加办案少于 2 次者，由其资格认定单位取消仲裁员资格，被聘任的仲裁员，由其聘任单位予以解聘。被取消仲裁员资格者，若再次取得仲裁员资格，须重新参加培训、考试和资格认定。

4. 仲裁员的监督

（1）监督主体及范围。对仲裁员的监督主要由仲裁委员会负责。仲裁委员会建立仲裁监督制度，对申请受理、办案程序、处理结果、仲裁工作人员行为等进行监督，具体而言，仲裁员不得有下列行为：①徇私枉法，偏袒一方当事人；②滥用职权，侵犯当事人合法权益；③利用职权为自己或者他人牟取私利；④隐瞒证据或者伪造证据；⑤私自会见当事人及其代理人，接受当事人及其代理人的请客送礼；⑥故意拖延办案、玩忽职守；⑦泄露案件涉及的国家秘密、商业秘密和个人隐私或者擅自泄透露案件处理情况或者案件涉及的国家秘密、商业秘密和个人隐私；⑧在受聘期间担任所在仲裁委员会受理案件的代理人；⑨其他违法违纪的行为。

（2）法律责任。仲裁员有违反《劳动争议仲裁组织规则》第三十三条规定情形的，由仲裁委员会视情节轻重，给予批评教育、解聘等处理；被解聘的，5 年内不得再次被聘为仲裁员。仲裁员所在单位依据国家有关规定对其给予处分；构成犯罪的，依法追究刑事责任。仲裁委员会对被解聘、辞职以及其他原因不再聘任的仲裁员，应当及时收回仲裁员证和仲裁徽章，并予以公告。

二、仲裁庭

仲裁委员会处理争议案件实行仲裁庭制度，实行一案一庭制。仲裁委员会可以依据案件处理实际需要设立派驻仲裁庭、巡回仲裁庭、流动仲裁庭，就近就地处理争议案件。

（一）仲裁庭的组成程序

劳动争议仲裁庭与商事仲裁庭的组成方式具有重大区别，劳动争议仲裁庭由仲裁委员会依据具体案情的需要自行组成，不能由当事人指定仲裁员。劳动争议仲裁委员会应当在受理仲裁申请之日起 5 日内将仲裁庭的组成情况告知当事人，仲裁员存在法定回避情形的，当事人有权申请仲裁员回避。

（二）仲裁庭的形式

1. 独任仲裁庭

独任仲裁庭是指由 1 名仲裁员单独进行仲裁的形式。独任仲裁员独立处理劳动争议案件，不受其他机关、团体及个人的干涉。独任仲裁庭审理简单争议的仲裁案件，具体而言，简单劳动争议案件是指双方权利义务关系明确、争议不大，争议标的额较小的案件。

2. 合议仲裁庭

合议仲裁庭是指由 3 名仲裁员组成，共同处理劳动争议案件的仲裁庭。合议仲裁庭设首席仲裁员，当仲裁庭无法形成多数意见时，依首席仲裁员意见进行裁决。合议仲裁庭处理下列争议案件：（1）10 人以上并有共同请求的争议案件；（2）履行集体合同发生的争议案件；（3）有重大影响或者疑难复杂的争议案件；（4）委员会认为应当由 3 名仲裁员组庭处理的其他争议案件。

（三）仲裁员的回避

仲裁员的回避是指被选定的仲裁员因其身份或者特定行为导致其处理劳动争议案件可能有失公正而退出案件审理。仲裁员的回避制度是保证案件公正裁决的重要机制。

1. 回避事由

对于仲裁员的回避事由，法律有明确规定，主要包括仲裁员与案件审理的利害关系和仲裁员自身不当行为两类。

利害关系类回避事由是指由于仲裁员与案件当事人固有的身份上的直接或者间接的联系，导致其与案件审理结果存在直接或者间接的利害关系。主要包括以下 3 种情形：（1）为本案当事人或者当事人、代理人的近亲属的，即仲裁员为案件当事人、仲裁员的近亲属为案件当事人或者代理人的，应当依法回避；（2）与本案有利害关系的，即本案的裁决结果对仲裁员的利益有影响的，如仲裁员为案件当事人之企业的股东，劳动者胜诉将会导致其股东利益受到影响；（3）与本案当事人、代理人有其他关系，可能影响公正裁决的，如案件一方当事人或者其代理人与仲裁员存在恋人关系，可能影响仲裁员公正裁决的。

不当行为主要是违背职业伦理，可能影响仲裁员公正裁决的行为，如私自会见当事人、代理人，或者接受当事人、代理人请客送礼的。当事人有证据证明仲裁员在案件审理过程中存在以上不当行为的，有权申请仲裁员回避，且仲裁员须承担相应法律责任。

2. 回避启动方式

仲裁员的回避包括依申请回避和自行回避。依申请回避是指当事人依照法律规定申请，以使仲裁员回避的情形，一般适用于所有法定回避情形。当事人申请回避可以口头或者书面方式提出，当事人提出回避申请，应当说明理由，即当事人提出回避申请的，应有相关证据材料，否则申请会被驳回。依申请回避一般在案件开始审理时提出，回避事由在案件开始审理后知道的，也可以在庭审辩论终结前提出。

自行回避是指仲裁员在审理案件过程中发现自己存在法定回避情形后自己向仲裁庭或者仲裁委员会提出回避。自行回避一般由于仲裁员与案件存在利害关系，仲裁员自觉不宜处理该案而主动提出，此外，其与依申请回避并无实质区别。

3. 回避决定

（1）决定主体。依据法律规定，劳动争议仲裁委员会对回避申请应当在 7 日内作出决定，并以口头或者书面方式通知当事人。依据《劳动争议仲裁委员会办案规则》，仲裁委员会的成员或者被指定的仲裁员具有应当回避的法定情形的，应当回避。对于回避的规定，同时适用于书记员、鉴定人、勘验人，以及翻译人员。仲裁委员会主任的回避，由仲裁委员会决定；仲裁委员会其他成员、仲裁员和其他人员的回避由仲裁委员会主任决定。

（2）回避的法律后果。对于仲裁员回避的法律后果，我国《劳动争议调解仲裁法》并无明文规定，依据法律适用规则，可依照《仲裁法》规定，仲裁委员会应当重新指定仲裁员，对于已经进行的仲裁程序是否需要重新进行这一问题，当事人可以请求重新进行，最终由仲裁庭依据案件具体情况决定，仲裁庭也可以自行决定是否重新进行已进行的仲裁程序。

【知识链接】

《劳动争议调解仲裁法》第三十一条、第三十三条、第三十四条。

《劳动争议仲裁组织规则》第十二条、第十三条、第十八条、第十九条、第二十二条至第二十六条、第三十三条至第三十五条。

《劳动争议仲裁办案规则》第十一条、第十二条。

《劳动仲裁员聘任管理办法》第二条至第七条。

【自测题】

下列选项中应当由3名仲裁员组成仲裁庭，设首席仲裁员的情形有（　　）。

A. 10人以上并有共同请求的争议案件

B. 履行集体合同发生的争议案件

C. 有重大影响或者疑难复杂的争议案件

D. 事实清楚、情节简单，适用法律法规明确的案件

【案例分析】

刘小备与A公司因为劳动报酬发生纠纷，刘小备遂向劳动争议仲裁委员会申请仲裁，依据仲裁委员会的安排由仲裁员关小羽为独任制仲裁员，事后发现关小羽是A公司负责人的家属。

依据《中华人民共和国劳动争议调解仲裁法》第三十三条　仲裁员有下列情形之一，应当回避，当事人也有权以口头或者书面方式提出回避申请：（1）是本案当事人或者当事人、代理人的近亲属的；（2）与本案有利害关系的；（3）与本案当事人、代理人有其他关系，可能影响公正裁决的；（4）私自会见当事人、代理人，或者接受当事人、代理人的请客送礼的。劳动争议仲裁委员会对回避申请应当及时作出决定，并以口头或者书面方式通知当事人。本案中，仲裁员关小羽系A公司负责人的家属，其与该劳动报酬纠纷案件存在利害关系，可能会影响案件的公正审理，因此关小羽不适宜作为仲裁员参与本案的审理，应当进行回避。

第四节 劳动争议仲裁的管辖

一、劳动争议仲裁管辖概述

劳动争议仲裁管辖是指劳动争议仲裁机构受理劳动争议案件的权限和范围，即规定当事人应向哪一个仲裁机构申请仲裁，由哪一个机构负责受理的法律制度。

（一）劳动争议仲裁管辖的基本原则

劳动争议仲裁管辖的基本原则是指确定劳动争议仲裁管辖所要遵循的基本理念。劳动争议涉及劳动者权利保护，因此，相对于普通民事争议仲裁和诉讼的管辖，其最主要的原则就是保护劳动者，即在确定劳动争议仲裁管辖地时，侧重对劳动者权利的保护，优先由方便劳动者参加诉讼、有利于劳动者权利实现的仲裁委员会管辖。

（二）劳动争议管辖的种类

管辖分为地域管辖、级别管辖、移送管辖、指定管辖。

1. 地域管辖

地域管辖也称区域管辖、属地管辖，是指同级劳动争议仲裁委员会之间，按照辖区对劳动争议案件仲裁的分工。地域管辖是在级别管辖基础上，按空间范围，从横向来确定案件由哪个仲裁委员会来受理的管辖制度。地域管辖分为一般地域管辖和特殊地域管辖；一般地域管辖是依照案件当事人所在地与仲裁委员会辖区的关系来确定管辖；特殊地域管辖则是以诉讼标的或者标的物及法律事实所在地与仲裁委员会辖区的关系来确定管辖。

2. 级别管辖

级别管辖是指仲裁管辖中的一种。各级仲裁机构对劳动争议案件管辖范围的划分，主要依据案件性质、情节轻重和影响范围大小来确定。一般由级别较高的仲裁委员会负责审理案件关系较为复杂、社会影响较大的案件。

3. 移送管辖

移送管辖是指仲裁委员会受理劳动争议案件后发现该案不属于本会管辖，而将案件移送至有管辖权的仲裁委员会的管辖制度，其本质为针对错误管辖的纠正。仲裁委员会发现受理的案件不属于本会管辖时，应当移送有管辖权的仲裁委员会。

4. 指定管辖

指定管辖是指当 2 个或者 2 个以上仲裁委员会对于劳动争议的案件产生争议且无法协商一致时或者因特殊原因，有管辖权的仲裁委员会无法行使仲裁权时，通过上级部门指定的方式确定管辖权归属的管辖制度。仲裁委员会之间因管辖权发生争议，由双方协商解决；协商不成时，由共同的上级劳动行政主管部门指定管辖。

二、劳动争议案件的地域管辖

地域管辖是指劳动仲裁机关按空间范围确定劳动争议案件的分工。地域管辖分为一般地域管辖和特殊地域管辖。

（一）一般地域管辖

一般地域管辖是指由劳动争议发生地与仲裁委员会辖区的关系确定管辖地。依据法律规定，劳动争议仲裁委员会负责管辖本区域内发生的劳动争议。劳动争议发生地仲裁委员会具有查清案件真相的地理优势，同时能够最大程度上降低解决案件的成本，因此将劳动争议发生地作为一般管辖地具有合理性。

（二）特殊地域管辖

特殊地域管辖是以当事人住所地、诉讼标的或标的物及法律事实所在地为标准来确定案件管辖法院的一种管辖制度，主要指劳动合同履行地及用人单位所在地。

1. 劳动合同履行地

劳动合同履行地即劳动合同按照约定或者实际实施的地点。对于劳动合同履行地，我国《劳动争议调解仲裁法》并无规定，对合同履行地的确认规则主要有特征履行地规则和实际履行地规则。

特征履行地规则以当事人履行合同特征义务的地点来确定合同履行地，是占主导地位的评判方式。在合同约定的众多义务中，必有一个能反映该合同之本质特征的义务，只要是双务合同，非给付金钱义务最能反映该合同的特征，因而一般认为以此为标准确定合同履行地是适当的。也就是说，任何一个双务合同，非给付金钱义务是区别此合同与彼合同性质特征的标志点，且以该特征为依据确定合同履行地。

合同履行地是指实际履行地、约定的履行地还是民法所规定的履行地存在着争议，理论与实践也一直是各说各的理。《最高人民法院关于适用〈中华人民共和国民事诉讼法〉若干问题的意见》（以下简称《适用意见》）中第十八条规定：因合同纠纷提起的诉讼，如果合同没有实际履行，当事人双方住所地又都不在合同约定的履行地的，应由被告住所地人民法院管辖。实践操作中又分为几种情况，合同有约定且实际履行地与约定一致的，按《适用意见》第十八条确定管辖，合同约定了履行地，但未实际履行，当事人一方或者双方住所地与合同约定的履行地一致的，原则上也可以适用第十八条规定，而如果合同约定了履行地，实际履行地与约定的不一致，如何确定案件的管辖，《适用意见》中无明确规定。

2. 用人单位所在地

关于用人单位所在地的认定，《劳动争议仲裁办案规则》规定，用人单位所在地指用人单位注册地、登记地或者主要办事机构所在地，未经注册、登记的，其出资人、开办单位或者主管部门所在地为用人单位所在地。依据法律规定，用人单位所在地的劳动争议仲裁委员会享有管辖权，劳动者所在地劳动争议仲裁委员会并未被赋予管辖权。这主要源于查清案件事实和减轻当事人纠纷解决成本的需求。现实中，一个用人单位往往与来自不同地区的众多劳动者建立劳动关系，若由劳动者所在地仲裁委员会管辖，将导致用人单位到不同地区参加仲裁，且远离用人单位所在地，将致使查清案件事实的成本增加。此外，统一由用人单位所在地仲裁委员会管辖，有利于对于统一企业的劳动争议处理相协调，避免同案不同裁的危险，也有利于促进劳动行政管理部门对企业的监督。

（三）管辖确定规则

依据法律规定，对于劳动合同争议案件，劳动合同履行地与用人单位所在地均享有管辖权，且实践中劳动合同履行地可能有多个地点，因此对于同一劳动合同争议，多个仲裁委员会均享有管辖权，若双方当事人均欲就该劳动合同争议提起仲裁，双方当事人可能依自身便利，选择对自己最有利的仲裁委员会提起仲裁，比如用人单位及劳动者均可能倾向于选择距离自己最近而诉讼最为便利的仲裁委，用人单位可能倾向于选择该单位长期参加仲裁的仲裁委等。此时就可能出现就同一纠纷双方分别向不同仲裁委员会提起仲裁的情况，此种情形下如何确定仲裁管辖呢？依据法律规定，对于此种情形仲裁管辖的确定主要遵循劳动合同履行地优先和最先受理者管辖原则，在适用顺序上，先适用前者。

1. 劳动合同履行地优先

劳动合同履行地优先原则是指双方当事人分别向劳动合同履行地和用人单位所在地的劳动争议仲裁委员会申请仲裁的，由劳动合同履行地的劳动争议仲裁委员会管辖。这是仲裁管辖确定的首要原则，即当双方分别向劳动合同履行地及用人单位所在地提起诉讼的，优先由劳动合同履行地管辖。由此可以推出，任何一方不同意由用人单位所在地仲裁委员会管辖而向劳动合同履行地仲裁委员会提起仲裁的，均会产生劳动合同履行地仲裁委员会管辖的法律效果。当然，实践中也可能出现劳动合同履行地不明确或者有多个劳动合同履行地的情况，依据法律规定，劳动合同履行地不明确的，由用人单位所在地的仲裁委员会管辖。法律之所以如此规定，是由于劳动合同履行地通常为劳动争议发生地，由该地仲裁委员会管辖便于查清案件事实，进而对案件作出公正处理。

2. 最先受理者管辖

最先受理者管辖原则是指当双方当事人就同一劳动合同争议向不同的仲裁委员会提起仲裁，双方选择的仲裁委员会同为劳动合同履行地或者同为用人单位所在地的，由最先受理的仲裁委员会管辖，由于实践中用人单位所在地不可能为多个，所以该原则主要适用于双方选择的仲裁委员会均为劳动合同履行地的情形。由于先受理的法院一般会先行对案件进行准备工作，为了解决仲裁资源和纠纷的及时解决，法律规定由最先受理的仲裁委员会管辖。

实践中，判断受理时间先后应当以作出受理决定的日期为标准。

三、劳动争议案件的级别管辖

级别管辖是指上下级仲裁委员会之间对于受理劳动争议案件的分工和权限，它主要依据案件的性质、影响范围和繁简程度确定。实践中，我国劳动争议仲裁委员会的设置并不严格按照行政区划而是依据不同地区的实际需要进行设置，因此仲裁委员会的级别关系多由法律文件直接规定，基于此，对于上下级仲裁委员会之间的分工和权限也是由法律文件规定。

【知识链接】

《劳动争议调解仲裁法》第二十一条、第四十二条。

《劳动争议仲裁办案规则》第八条至第十条。

【自测题】

1. 劳动争议由________地或者________地的劳动争议仲裁委员会管辖。

2. 双方当事人分别向上述两地的劳动争议仲裁委员会申请仲裁的，由________地的劳动争议仲裁委员会管辖。

3. 有多个劳动合同履行地的，由________仲裁委员会管辖。

4. 劳动合同履行地不明确的，由________地的仲裁委员会管辖。

【案例分析】

西门子违法解除合同，调解得 135 万元赔偿创天价一案

谢先生 1995 年 6 月进入西门子（中国）有限公司上海分公司，并负责销售工作。2003 年 10 月，被调到西门子上海分公司安徽省片区任总经理。2008 年 4 月 18 日，该公司单方无理由将其解雇，谢先生不服，便向劳动争议仲裁委员会申请仲裁，要求恢复劳动关系。但是，该公司坚持不肯恢复与谢先生的劳动关系，谢先生遂提出 300 万元的赔偿要求。后经仲裁委员会调解，达成调解协议，该公司愿意支付谢先生赔偿金 135 万元。该金额创下了当时上海市解雇赔偿金之最。

依据《劳动争议调解仲裁法》第四十二条规定，仲裁庭在作出裁决前，应当先行调解。调解达成协议的，仲裁庭应当制作调解书。调解书应当写明仲裁请求和当事人协议的结果。调解书由仲裁员签名，加盖劳动争议仲裁委员会印章，送达双方当事人。调解书经双方当事人签收后，发生法律效力。调解不成或者调解书送达前，一方当事人反悔的，仲裁庭应当及时作出裁决。因此，本案中虽然谢先生是向劳动争议委员会申请仲裁，但该委员会以调解的形式结案仍属合法。

第五节 劳动争议证据与举证责任

一、劳动争议证据

劳动者和用人单位发生争议后若想要赢得胜利，就要依靠事实和证据说话。证据就是仲裁和诉讼的根基，也被称为仲裁和诉讼的灵魂。

（一）劳动争议仲裁证据概述

1. 证据的定义

劳动人事争议中的证据指仲裁或者诉讼程序中认定的证明对象是否存在的依据，通常表现为能呈现案件相关事实资料。

2. 证据的特征

（1）证据的真实性也称客观性，是指证据之本身是客观存在的，是与案件事实相一致的，不是臆想、虚构、伪造的。

（2）证据的合法性，是指证据的提供主体、取得程序、手段以及形式符合法律的规定，未侵犯他人合法权益、社会公共利益及国家利益。

（3）证据的关联性，是指证据所呈现的事实与案件具有直接或者间接的联系，这是证据的重要性质，一般要求所提供的证据不得与案件事实无关。

（二）证据的法定种类

证据种类是指法律上依据证据的性质及特点对证据确定的类别。中国民事诉讼法规定的证据有：当事人的陈述；书证；物证；视听资料；电子数据；证人证言；鉴定意见；勘验笔录。

1. 当事人陈述

当事人陈述指的是当事人在仲裁、诉讼活动中就有关案情向仲裁庭、司法机关及其工作人员所作的陈述和承认。

2. 书证

书证是能够证明案件真实情况的文件或者其他文字材料。书证与物证都是客观存在的物料，同属于实物证据，书证的特点在于以记载于物料上的文字、图形、符号等所表达的思想内容来证明案件事实。一个物品既可能是书证也可能是物证，取决于其以哪一方面来证明案件事实。

3. 物证

物证是以物品、痕迹等客观物质实体的外形、性状、质地、规格等证明案件事实的证据。物证的特点是不具有任何主观的东西，而只以其客观存在来证明案件的事实。对物证必须妥善地加以保管，以保持物证的原有形态。如果不能保持原来形态或者物证有可能灭失的，行政机关或者司法机关必须采取措施予以保全。

4. 视听资料

视听资料是指以录音磁带、录像带、电影胶片或者电子计算机相关设备存储的作为证明案件事实的音响、活动影像和图形的证据。它比较可靠，更接近于真实情况。但是视听资料必须经过审查，才能认定作为证据。视听资料是以模拟信号的方式在介质上进行存储的数据，例如录像、录音资料等。

5. 电子数据

电子数据是指案件发生过程中形成的，以数字化形式存储、处理、传输的，能够证明案件事实的数据。电子数据包括但不限于下列信息、电子文件：（1）网页、博客、微博客、朋友圈、贴吧、网盘等网络平台发布的信息；（2）手机短信、电子邮件、即时通信、通信群组等网络应用服务的通信信息；（3）用户注册信息、身份认证信息、电子交易记录、通信记录、登录日志等信息；（4）文档、图片、音视频、数字证书、计算机程序等电子文件。

6. 证人证言

以本人所知道的情况对案件事实予以证明的人，称为证人。证人证言是知道案件真实情况的人，就其所了解的案件情况，向仲裁庭、司法机关或者有关人员作的陈述。民事诉讼法规定，凡是知道案件情况的人，都有义务出庭作证。证人不能随意指定，也不能由他人代替。

7. 鉴定意见

鉴定意见是鉴定人运用自己具有的专门知识对案件中专门性问题所进行的分析、鉴别和判断。它是一种独立的证据。如法医鉴定、指纹鉴定、笔迹鉴定、化学物品鉴定、精神病鉴定等。

8. 勘验笔录

勘验笔录是指行政机关的执法人员或者专门人员为了解案件的事实，对事实发生的现场或者物品进行勘验、检查。勘验应当制作笔录，勘验笔录是对客观事实的反映，能够证明案件的真实情况，是一种独立的证据。

二、举证责任

举证也称证明，是指当事人向仲裁机构、司法机关提供用于支持其主张的事实的材料以使其仲裁申请、诉讼请求得到支持的仲裁、诉讼活动。

（一）证明对象

证明对象，即待证事实，是指诉讼中需要用证据加以证明的事实。包括实体法事实和程序法事实。实体法事实指对解决案件实体问题具有法律意义的事实。在民事和行政诉讼中，实体法事实是指对解决民事纠纷或者行政争议具有法律意义的事实，包括当事人之间所争执的法律关系是否发生、变更或者消灭的事实（含事件和行为）以及当事人的身份及其相互关系。

1. 免证事实

免证事实是指不需要当事人承担举证责任即可以认定的事实。立法及司法解释确立免证事实，可以减轻当事人的证明负担，提高诉讼效率。在诉讼中，有些事实是显著事实，其真实性一目了然；有些已经法院生效裁判所确认或者经公证机关所确认的事实，法院可以直接认定其真实性。最高人民法院相关司法解释规定了六种免证事实，即众所周知的事实、自然规律及定理、推定的事实、法院生效裁判所认定的事实、仲裁机关生效仲裁裁决所认定的事实、公证机关公证文书所认定的事实。

2. 自认事实

自认是指当事人陈述不利于自己的事实或者于己不利的事实明确表示承认的。自认的主体只能是当事人。依据现有法律和司法解释的规定，要构成一项自认，必须具有以下四项条件：

（1）自认的主体只能是当事人。

（2）自认的内容是承认对方当事人所主张的不利于己的事实为真实。

（3）自认必须为明确的意思表示。

（4）自认适用范围为那些与社会公共利益无关的民事案件，主要适用于涉及财产问题的案件。涉及身份关系的案件不适用自认。

依据《最高人民法院关于民事诉讼证据的若干规定》（法释〔2019〕19 号）第三条规定，在诉讼过程中，一方当事人陈述的于己不利的事实，或者于己不利的事实明确表示承认的，另一方当事人无须举证证明。在证据交换、询问、调查过程中，或者在起诉状、答辩状、代理词等书面材料中，当事人明确承认于己不利的事实的，适用前款规定。

3. 待证事实

待证事实即证明对象。待证事实包括实体法事实和程序法事实。中国的民事诉讼中的实体法事实，是指对解决民事纠纷具有法律意义的事实。它包括两部分：一是法律事实（事件和行为）；二是当事人的身份及其相互关系，指当事人是否符合条件以及他们之间的关系。程序法事实是指对解决诉讼程序问题具有法律意义的事实。这些事实如不加以证明，就会影响诉讼活动的顺利进行，影响案件得到正确、合法、及时的处理。

（二）证明责任

证明责任又称举证责任。当事人对自己的仲裁申请、诉讼主张，有提供证据，加以证明的责任和在无法证明时，要承担的败诉责任。

1. 证明责任分配

《劳动争议调解仲裁法》第六条规定，发生劳动争议，当事人对自己提出的主张，有责任提供证据。除在法律规定的情形外，不论是劳动者还是用人单位都负有对自己的请求事项和主张提供证据的责任。《最高人民法院关于适用〈中华人民共和国民事诉讼法〉的解释》（以下简称《民诉法解释》）第九十条、第九十一条规定了当事人的举证证明责任。

特殊情形下需要理清举证责任的承担方：（1）劳动者主张与用人单位存在劳动关系的，由劳动者承担举证责任而非用人单位。（2）劳动者主张加班工资的，由劳动者对加班事实以及加班工资的计算方法承担举证责任而非一味由用人单位承担提供考勤证据的举证责任。（3）劳动者主张绩效工资的，由劳动者对存在绩效考核制度以及自身完成的工作量承担举证责任。（4）劳动者主张经济补偿金的，由劳动者对基数的计算方法承担举证责任。

2. 举证责任倒置

举证责任倒置是指在一些特殊案件上承担举证的一方当事人提供证据确有困难的，依照法律规定由对方当事人向法院提供证据，不能提供证据或者证据不足以证明其事实主张的，则承担不利后果。在劳动关系建立及存续过程中，由于很多证据是由用人单位保存的，比如说打卡记录、考勤表等，此时如果非得要劳动者进行举证的话，肯定是不现实的同时也是不利于解决争议的，因而此时实行责任倒置，由用人单位承担举证责任。

劳动中有几类证据的举证责任必须由用人单位承担。具体来说，主要有以下几类：

（1）劳动者无法提供由用人单位掌握管理的与仲裁请求有关的证据，用人单位应在指定期限内提供。用人单位不提供的，应当承担不利后果。

（2）在确认劳动关系争议中，用人单位承担以下举证责任：工资支付凭证或者记录（职工工资发放花名册）、缴纳各项社会保险费的记录；劳动者填写的用人单位招工招聘“登记表”“报名表”等招用记录；考勤记录。

（3）因用人单位作出的开除、除名、辞退、减少劳动报酬等决定而发生的劳动争议，由用人单位负举证责任。

（4）因用人单位未按照约定支付劳动报酬、拒绝依法缴纳社会保险费或者提供劳动条件，劳动者提出解除劳动合同而发生劳动争议，由用人单位负举证责任。

（5）发生工伤时，职工或者其直系亲属认为是工伤，用人单位不认为是工伤的，由用人单位承担举证责任。

（6）主张发生争议，劳动者有证据证明用人单位掌握事实存在的证据，用人单位不提供的，由用人单位承担不利后果。

（三）证明标准

证明标准是指法律要求的诉讼证明中运用证据证明案件事实所要达到的程度。

1. 高度盖然性标准

所谓高度盖然性标准，是将盖然性占优势的认识手段运用于司法领域的民事审判中，在证据对待证事实的证明无法达到确实充分的情况下，如果一方当事人提出的证据已经证明该事实发生具有高度的盖然性，人民法院即可对该事实予以确定。《最高人民法院关于民事诉讼证据的若干规定》（法释〔2019〕19号）第八十五条，人民法院应当以证据能够证明的案件事实为根据依法作出裁判。审判人员应当依照法定程序，全面、客观地审核证据，依据法律的规定，遵循法官职业道德，运用逻辑推理和日常生活经验，对证据有无证明力和证明力大小独立进行判断，并公开判断的理由和结果。

2. 排除合理怀疑标准

理解这一标准，要弄清楚什么是"合理的怀疑"。它主要有四层含义：（1）合理怀疑是有依据的怀疑，而不是无依据的怀疑，怀疑者本人能清楚地说明怀疑的依据是什么；（2）排除合理怀疑的证明并不排除所有的可能性，而是排除那种没有依据的可能性；（3）排除合理怀疑要求法官对指控的犯罪事实形成内心确信，深信不疑；（4）在存在合理怀疑时，法官应当作出有利于被告人的认定结论。

【知识链接】

《劳动争议调解仲裁法》第三十七条、第三十九条、第四十条。

《民事诉讼法》第六十四条、第六十五条。

《劳动争议仲裁办案规则》第十三条至第十八条。

【自测题】

1. 简述证据的法定种类。

2. 简述证据的"三性"。

3. 举证责任的原则有哪些？

4. 因劳动者是弱势群体，无论劳动者与用人单位发生什么样的纠纷，用人单位都应承担全部的举证责任。（　　）

5. 劳动者向劳动争议仲裁委员会提交的劳动合同，属于物证。（　　）

6. 基本案情：刘小婵经人介绍到三国科技公司任秘书一职，因刘小婵未经过公司招聘的程序，故三国公司未与其签订劳动合同。刘小婵在上班的途中，不幸遭到事故伤害，双方因赔偿事项发生争议。三国科技公司以刘小婵未与其签订劳动合同双方不存在劳动关系为由，对刘小婵的要求置若罔闻。刘小婵无奈之下，提起劳动争议仲裁。

问题：如何证明与三国科技公司之间存在劳动关系？

【案例分析】

2016年，孙某口头与某公司约定，孙某从事化学间化验员，月薪8000元，但公司并未提示任何岗前说明及培训。孙某在担任车间化验员期间，公司未提供任何有效的防护措施，仅告知其工作需要佩戴一次性口罩，工作近2年内，公司也从未对其进行健康体检。2013年孙某身体出现不适，经检查被确诊为苯所致白血病，医治无效病逝。孙某的父母与该单位发生争议，要求进行工伤认定，但该单位却称与孙某不存在劳动关系，经调解无效，孙某的父母提起仲裁。仲裁庭查明双方虽然没有签订书面劳动合同，但公司为孙某缴纳了工伤保险，孙某的同事也证明孙某从事化验员工作2年，车间考勤表也记载了孙某的签到记录，依据上述材料仲裁庭认定孙某与该公司之间存在事实劳动关系。因此，孙某的父母遂来到该省的职业卫生与职业病防治研究所，鉴定书认定孙某所患疾病为苯所致白血病。

本案中，主要涉及书证，如书面劳动合同、签到记录等，其中存在劳动关系由劳动者自己证明，而对于签到记录，由于掌握在用人单位手中，孙某父母无法获取，因此根据相关法律规定，应当实行举证责任倒置，由用人单位负责举证。

第六节　劳动争议仲裁时效

一、劳动争议仲裁时效概述

劳动争议仲裁时效是指劳动者与用人单位因劳动争议纠纷要求保护其合法权利，必须在法定的期限内向劳动争议仲裁委员会（院）提出仲裁申请，否则，法律规定对方可依此提起抗辩，仲裁庭将对其权利不予保护的一种制度。

（一）我国劳动争议仲裁时效规定

1. 一般仲裁时效

《劳动争议调解仲裁法》第二十七条第一款规定，劳动争议申请仲裁的时效期间为1年。仲裁时效期间从当事人知道或者应当知道其权利被侵害之日起计算。因当事人一方向对方当事人主张权利，或者向有关部门请求权利救济，或者对方当事人同意履行义务而中断。从中断时起，仲裁时效期间重新计算。因不可抗力或者有其他正当理由，当事人不能在本条第一款规定的仲裁时效期间申请仲裁的，仲裁时效中止。从中止时效的原因消除之日起，仲裁时效期间继续计算。

2. 特殊仲裁时效

《劳动争议仲裁办案规则》第二十六条第三款规定了劳动争议特殊仲裁时效。即劳动人事关系存续期间因拖欠劳动报酬发生争议的，劳动者申请仲裁不受 1 年仲裁时效期间的限制。但是，劳动人事关系终止的，应当自劳动人事关系终止之日起 1 年内提出。即劳动争议发生时劳动者仍与用人单位保持劳动关系的，仲裁时效期间自劳动关系终止之日起算。

（二）仲裁时效期间起算点

适用一般仲裁时效的，劳动争议仲裁时效为“知道或者应当权利受侵害之日”。《劳动争议调解仲裁法》规定，仲裁时效自当事人知道或者应当知道其权利受侵害之日起算。“应当知道”为“知道”之修正，一般为法律推定日期。

权利受侵害之日是指当事人认为自己的合法权利受到确切损害，与对方发生争议之日。依据最高人民法院司法解释，以下日期可视为劳动争议发生之日：

（1）在劳动关系存续期间产生的支付工资争议，用人单位能够证明已经书面通知劳动者拒付工资的，书面通知送达之日为劳动争议发生之日。用人单位不能证明的，劳动者主张权利之日为劳动争议发生之日。

（2）因解除或者终止劳动关系产生的争议，用人单位不能证明劳动者收到解除或者终止劳动关系书面通知时间的，劳动者主张权利之日为劳动争议发生之日。

（3）劳动关系解除或者终止后产生的支付工资、经济补偿金、福利待遇等争议，劳动者能够证明用人单位承诺支付的时间为解除或者终止劳动关系后的具体日期的，用人单位承诺支付之日为劳动争议发生之日。劳动者不能证明的，解除或者终止劳动关系之日为劳动争议发生之日。

适用特殊仲裁时效时，起算点为劳动关系终止之日。

二、劳动争议仲裁时效的中止与中断

劳动仲裁时效期间为法定期间，除存在法定中止、中断或者延长事由，其间不可变。此外，劳动争议作为特殊的民事争议，依据特别法优于一般法的原则，关于劳动争议仲裁时效期间的规定不因民法典关于诉讼时效期间的规定而改变。仲裁时效中止与中断事由的举证责任依据“谁主张，谁举证”原则分配，一般由权利人承担举证责任，经证明确存在仲裁时效中止、中断事由导致申请仲裁时仲裁时效期间尚未届满的，仲裁委员会应当裁定对方当事人提出的仲裁时效抗辩不成立。

（一）劳动争议仲裁时效的中止

劳动争议仲裁时效的中止是指因出现法定的客观情况导致权利人暂时无法主张其权利，仲裁时效期间暂停计算，待该情况消失后，仲裁时效期间继续计算。一般而言，导致仲裁时效中止的事由具有客观性和不可预见性，当事人无法预知该事由的发生及终止时间，譬如，因不可抗力，或者无民事行为能力或者限制民事行为能力劳动者的法定代理人未确定等其他客观事由。劳动争议仲裁时效中止事由消失后，劳动争议仲裁时效期间继续计算。

（二）劳动争议仲裁时效的中断

劳动争议仲裁时效的中断是指因发生一定的法定事由，致使已经经过的仲裁时效期间统归无效，待时效中断的事由消除后，仲裁时效期间重新起算。一般而言，劳动争议仲裁时效的中断事由为当事人主动向对方主张其权利的行为，具有主观目的性和客观实践性，即当事人以行使权利之目的直接或者间接请求对方履行义务的行动，譬如：一方当事人通过协商、申请调解等方式向对方当事人主张权利的；一方当事人通过向有关部门投诉，向仲裁委员会申请仲裁，向人民法院起诉或者申请支付令等方式请求权利救济的；对方当事人同意履行义务的。仲裁时效中断事由消灭后，劳动争议仲裁时效期间自该事由消灭之日重新起算。

【知识链接】

《劳动争议仲裁办案规则》第二十六条至第二十八条。

【自测题】

基本案情：三国科技公司年底少支付庞小同5万元的薪酬，双方发生争议不欢而散。庞小同找到了另外一份薪酬更高的工作。但由于工作繁忙遂一直未向三国科技公司主张5万元薪酬的请求。

1. 下列庞小同的哪些行为将会导致时效中断？（　　）

   A. 庞小同向三国科技公司主张支付欠付薪酬权利

   B. 庞小同向劳动争议仲裁委员会申请仲裁

   C. 三国科技公司同意1个月内履行支付薪酬的义务

   D. 庞小同出差美国3个月

2. 庞小同遇到下列哪些情形将会导致时效中止？（　　）

   A. 地震　　B. 海啸　　C. 被法院宣告失踪　　D. 台风

【案例分析】

2012年1月，宋先生在甲公司工作，与甲公司签订了为期5年的劳动合同，工作到第3年，宋先生由于工作能力突出，被公司安排到著名高校攻读EMBA，提高管理水平。EMBA的学费由公司承担75%，计15万元，甲公司与宋先生签订培训协议，学费先由宋先生垫付，待学成之后再将学费支付给宋先生。2016年1月，宋先生完成了学业。2016年3月，由于甲公司改制，甲公司与宋先生解除了劳动关系。2016年6月，宋先生向公司致函请求支付学费，但公司一直未回应此事。直到 2017 年 5 月，仍没有任何结果。宋先生向公司发送最后通牒，再不支付学费，将申请劳动争议仲裁。甲公司书面回复：宋先生申请仲裁的时效已经超过仲裁时效 1 年，仲裁委员会将不会受理，公司也不再支付该笔学费。

依据《劳动争议仲裁办案规则》第二十六条规定，仲裁时效期间从当事人知道或者应当知道其权利被侵害之日起计算。劳动人事关系终止的，应当自劳动人事关系终止之日起 1 年内提出。2016 年 3 月 1 日，由于甲公司改制，甲公司与宋先生解除了劳动关系，2016 年 6 月 1 日，宋先生向公司致函请求按照约定支付学费，但公司一直未回应此事。其应属于仲裁时效中断。公司的说法错误，宋先生申请仲裁的时效并未届满。宋先生在 2017 年 5 月申请仲裁没有超过仲裁时效。

第七节　劳动争议仲裁的基本程序

一、劳动争议仲裁程序概述

劳动争议仲裁程序是指在劳动仲裁的过程中，各方参与人所必须遵守的步骤和方式。劳动争议仲裁分为 5 个阶段：仲裁申请、受理、应诉与答辩、仲裁案件审理、仲裁结案。劳动争议仲裁程序的 5 个阶段是通常情形下历经的主要阶段，根据案件的不同情形，可能会出现其他阶段或者程序倒流的情况。其中，仲裁申请、仲裁结案是必经阶段，其他阶段并非必经阶段。

二、劳动争议仲裁程序

（一）仲裁的申请

仲裁的申请是指当事人将所产生的劳动纠纷交由法院并授权仲裁委员会就争议作出处理，其自愿受仲裁处理结果之约束的活动。仲裁作为一种准司法活动，遵循不告不理的基本原则，因此，仲裁的申请是启动劳动争议仲裁的必经程序，无当事人之申请，仲裁委员会不得径行对当事人之劳动争议进行仲裁。

1. 仲裁申请的形式

仲裁的申请一般通过书面形式进行，也可由劳动者口头申请，由仲裁委员会记入笔录，经申请人签名、盖章或者捺印确认。当事人向仲裁委员会申请仲裁需提交劳动争议仲裁申请书。申请书需载明当事人的基本信息、案件基本情况、仲裁请求及依据、证据及其来源等内容，用人单位申请仲裁的，还需提交《企业营业执照副本》复印件、法定代表人身份证明书、授权委托书以及劳动者的身份证复印件。

2. 仲裁申请材料的接收与补正

对于仲裁申请书不规范或者材料不齐备的，仲裁委员会应当当场或者在 5 日内一次性告知申请人需要补正的全部材料。仲裁委员会收取当事人提交的材料应当出具收件回执。

（二）仲裁的受理

1. 受理的条件

《劳动争议仲裁办案规则》第三十条规定仲裁委员会对符合仲裁申请条件的应当予以受理，并在收到仲裁申请之日起 5 日内向申请人出具受理通知书。仲裁申请须符合 4 项条件：（1）属于劳动争议的范围；（2）有明确的仲裁请求和事实理由；（3）在申请仲裁的法定时效期间内；（4）属于仲裁委员会管辖范围。

2. 不予受理情形的处理与救济

对不符合规则第三十条第（一）（二）（三）项规定之一的仲裁申请，仲裁委员会不予受理，并在收到仲裁申请之日起 5 日内向申请人出具不予受理通知书；对不符合该规则第三十条第（四）项规定的仲裁申请，仲裁委员会应当在收到仲裁申请之日起 5 日内，向申请人作出书面说明并告知申请人向有管辖权的仲裁委员会申请仲裁。对仲裁委员会逾期未作出决定或者决定不予受理的，申请人可以就该争议事项向人民法院提起诉讼。

3. 仲裁的撤销与仲裁申请的撤回

仲裁委员会受理案件后，发现不应当受理的，除《劳动人事争议仲裁办案规则》第十三条规定外，应当撤销案件，并自决定撤销案件后 5 日内，以决定书的形式通知当事人。仲裁处理结果作出前，申请人可以自行撤回仲裁申请。申请人再次申请仲裁的，仲裁委员会应当受理。申请人收到书面开庭通知，无正当理由拒不到庭或者未经仲裁庭同意中途退庭的，可以按撤回仲裁申请处理；申请人重新申请仲裁的，仲裁委员会不予受理。

4. 一事不再理

仲裁委员会已经依法出具不予受理通知书的或者案件已在仲裁、诉讼过程中或者调解书、裁决书、判决书已经发生法律效力的。申请人基于同一事实、理由和仲裁请求又申请仲裁的，仲裁委员会不予受理。

5. 反申请

反申请是指被申请人基于与本申请具有牵连关系的法律关系以申请人为被申请人，向仲裁委员会提出的对抗申请人之请求的反请求。被申请人可以在答辩期间提出反申请，被申请人答辩期满后对申请人提出反申请的，应当另行申请仲裁。

仲裁委员会应当自收到被申请人反申请之日起 5 日内决定是否受理并通知被申请人。决定受理的，仲裁委员会可以将反申请和申请合并处理。

反申请应当另行申请仲裁的，仲裁委员会应当书面告知被申请人另行申请仲裁；反申请不属于《劳动争议仲裁办案规则》规定应当受理的，仲裁委员会应当向被申请人出具不予受理通知书。

（三）应诉与答辩

仲裁的应诉与答辩是指被申请人收到仲裁委员会送达的仲裁申请书后针对申请人提出的事实、理由以及仲裁请求作出的回应。仲裁委员会受理仲裁申请后，应当在 5 日内将仲裁申请书副本送达被申请人。被申请人收到仲裁申请书副本后，应当在 10 日内向仲裁委员会提交答辩书。仲裁委员会收到答辩书后，应当在 5 日内将答辩书副本送达申请人。

在答辩期间，被申请人可以提出反请求。例如，劳动者请求用人单位支付工资，用人单位可以提出反请求要求劳动者赔偿因工作失职而给用人单位造成的损失。

应诉与答辩是被申请人的权利而非义务，被申请人逾期未提交答辩书的，不影响仲裁程序的进行。

（四）开庭审理

仲裁委员会应当在受理仲裁申请之日起 5 日内组成仲裁庭并将仲裁庭的组成情况书面通知当事人。仲裁庭应当在开庭 5 日前，将开庭日期、地点书面通知双方当事人。当事人有正当理由的，可以在开庭 3 日前请求延期开庭。是否延期，由仲裁委员会根据实际情况决定。申请人收到书面开庭通知，无正当理由拒不到庭或者未经仲裁庭同意中途退庭的，可以按撤回仲裁申请处理；申请人重新申请仲裁的，仲裁委员会不予受理。被申请人收到书面开庭通知，无正当理由拒不到庭或者未经仲裁庭同意中途退庭的，仲裁庭可以继续开庭审理，并缺席裁决。

开庭审理的基本流程包括：确认双方到庭情况、宣布开庭、庭审调查、庭审辩论、最后陈述几大环节。仲裁审理过程中，由于个案情况差异，可能不会出现部分流程或者出现程序倒流的情形。例如，仲裁案件案情简单，权利义务关系明确，争议不大的案件，经庭前交换证据和阅卷，可能会省略调查环节，也可能因为当事人较早提出调解而不再展开调查或者辩论，当事人明确拒绝调解的，仲裁委员会可能直接进行裁决；在辩论环节中当事人提出新的重要事实的，可能会倒回调查阶段等。

（五）仲裁结案

仲裁结案的方式主要有 3 种：撤回仲裁申请、调解、裁决。

1. 经调解达成调解协议

仲裁委员会处理争议案件，应当坚持调解优先，引导当事人通过协商、调解方式解决争议，给予必要的法律释明以及风险提示。对未经调解、当事人直接申请仲裁的争议，仲裁委员会可以向当事人发出调解建议书，引导其到调解组织进行调解。当事人同意先行调解的，应当暂缓受理；当事人不同意先行调解的，应当依法受理。开庭之前，经双方当事人同意，仲裁庭可以委托调解组织或者其他具有调解能力的组织、个人进行调解。自当事人同意之日起10日内未达成调解协议的，应当开庭审理。仲裁庭审理争议案件时，应当进行调解。必要时可以邀请有关单位、组织或者个人参与调解。

经调解达成调解协议结案是指当事人在仲裁开庭审理过程中，经仲裁庭的调解双方就争议的解决达成一致意见并签署调解协议的结案方式。仲裁调解达成协议的，仲裁庭应当制作调解书。调解书应当写明仲裁请求和当事人协议的结果。调解书由仲裁员签名，加盖仲裁委员会印章，送达双方当事人。调解书经双方当事人签收后，发生法律效力。调解不成或者调解书送达前，一方当事人反悔的，仲裁庭应当及时作出裁决。当事人就部分仲裁请求达成调解协议的，仲裁庭可以就该部分先行出具调解书。调解书或者根据调解协议制作的裁决书具有强制执行力。

2. 达成和解协议并撤回申请

进入仲裁程序后，仲裁委员会作出仲裁裁决之前，当事人有权与对方和解，和解后，申请人可以向仲裁委员会申请撤回仲裁申请。因当事人撤回申请，仲裁委员会并未对双方争议做实体处理，申请人再次申请仲裁并不违反一事不再理原则，仲裁委员会应当受理。

被申请人提出反申请并被受理的，由于两个申请相互独立，撤回其中一方申请不影响对另一方申请的审理。

3. 作出仲裁裁决

双方当事人无法和解或者调解的，仲裁庭及时通过裁决结案。开庭之前，经双方当事人同意，仲裁庭可以委托调解组织或者其他具有调解能力的组织、个人进行调解。自当事人同意之日起10日内未达成调解协议的，应当开庭审理。庭审过程中双方调解不成或者调解书送达前，一方当事人反悔的，仲裁庭应当及时作出裁决。裁决书应当载明仲裁请求、争议事实、裁决理由、裁决结果、当事人权利和裁决日期。裁决书由仲裁员签名，加盖仲裁委员会印章。对裁决持不同意见的仲裁员，可以签名，也可以不签名。对裁决书中的文字、计算错误或者仲裁庭已经裁决但在裁决书中遗漏的事项，仲裁庭应当及时制作决定书予以补正并送达当事人。

三、特殊程序

（一）简易程序

为了节约仲裁资源、提高仲裁办案效率，减少当事人仲裁成本，劳动争议仲裁设有简易程序。

劳动人事争议案件符合下列情形之一的，可以简易处理：

（1）事实清楚、权利义务关系明确、争议不大的。

（2）标的额不超过本省、自治区、直辖市上年度职工年平均工资的。

（3）双方当事人同意简易处理的。

同时，法律出于对当事人诉讼权利、社会公平正义的考虑，规定了部分案件不得适用简易程序：（1）涉及国家利益、社会公共利益的；（2）有重大社会影响的；（3）被申请人下落不明的；（4）仲裁委员会认为不宜简易处理的。

简易程序相对于普通仲裁程序而言，耗费的仲裁人力物力资源更少、程序更加简洁灵活。具体而言：

（1）仲裁庭组成简单。仲裁委员会决定简易处理的，可以指定 1 名仲裁员独任仲裁，并应当告知当事人。

（2）审理程序简易灵活。简易处理的案件，经与被申请人协商同意，仲裁庭可以缩短或者取消答辩期。简易处理的案件，仲裁庭可以用电话、短信、传真、电子邮件等简便方式送达仲裁文书，但送达调解书、裁决书除外。同时，为切实保障当事人权利，法律规定以简便方式送达的开庭通知，未经当事人确认或者没有其他证据证明当事人已经收到的，仲裁庭不得按撤回仲裁申请处理或者缺席裁决。简易处理的案件，仲裁庭可以根据案件情况确定举证期限、开庭日期、审理程序、文书制作等事项，但应当保障当事人陈述意见的权利。

（3）审理期限短。仲裁庭裁决案件，应当自仲裁委员会受理仲裁申请之日起 45 日内结束。案情复杂需要延期的，经仲裁委员会主任或者其委托的仲裁机构负责人书面批准，可以延期并书面通知当事人，但延长期限不得超过 15 日。简易程序审理期限可由仲裁庭灵活确定且不得超过 45 日。

（4）可转为普通程序。仲裁庭在审理过程中，发现案件不宜简易处理的，应当在仲裁期限届满前决定转为一般程序处理，并告知当事人。案件转为一般程序处理的，仲裁期限自仲裁委员会受理仲裁申请之日起计算，双方当事人已经确认的事实，可以不再进行举证、质证。

（二）集体劳动争议处理程序

集体劳动争议案件是指劳动者一方在 10 人以上并有共同请求的争议案件，或者因履行集体合同发生的劳动争议案件。此类案件适用集体劳动争议处理程序。集体劳动人事争议案件，符合法律规定的，可以简易处理，不再适用集体劳动争议处理程序。

1. 代表仲裁

发生劳动者一方在 10 人以上并有共同请求的争议的，劳动者可以推举 3 至 5 名代表参加仲裁活动。代表人参加仲裁的行为对其所代表的当事人发生效力，但代表人变更、放弃仲裁请求或者承认对方当事人的仲裁请求以及进行和解，必须经被代表的当事人同意。

因履行集体合同发生的劳动争议，经协商解决不成的，工会可以依法申请仲裁；尚未建立工会的，由上级工会指导劳动者推举产生的代表依法申请仲裁。

2. 受理期限

仲裁委员会应当自收到当事人集体劳动争议仲裁申请之日起 5 日内作出受理或者不予受理的决定。决定受理的，应当自受理之日起 5 日内将仲裁庭组成人员、答辩期限、举证期限、开庭日期和地点等事项一次性通知当事人。

3. 仲裁庭的组成

仲裁委员会处理集体劳动人事争议案件，应当由 3 名仲裁员组成仲裁庭，设首席仲裁员。仲裁委员会处理因履行集体合同发生的劳动争议，应当按照三方原则组成仲裁庭处理。

4. 集体劳动争议案件的调解

仲裁庭处理集体劳动争议，开庭前应当引导当事人自行协商，或者先行调解。仲裁庭处理集体劳动争议案件，可以邀请法律工作者、律师、专家学者等第三方共同参与调解。协商或者调解未能达成协议的，仲裁庭应当及时裁决。

5. 仲裁场所

仲裁庭开庭场所可以设在发生争议的用人单位或者其他便于及时处理争议的地点。

四、中止审理与终止审理

（一）中止审理

有下列情形之一的，经仲裁委员会主任或者其委托的仲裁机构负责人批准，可以中止案件审理，并书面通知当事人：（1）劳动者一方当事人死亡，需要等待继承人表明是否参加仲裁的；（2）劳动者一方当事人丧失民事行为能力，尚未确定法定代理人参加仲裁的；（3）用人单位终止，尚未确定权利义务承继者的；（4）一方当事人因不可抗拒的事由，不能参加仲裁的；（5）案件审理需要以其他案件的审理结果为依据，且其他案件尚未审结的；（6）案件处理需要等待工伤认定、伤残等级鉴定以及其他鉴定结论的；（7）其他应当中止仲裁审理的情形。

中止审理的情形消除后，仲裁庭应当恢复审理。

（二）终止审理

当事人因仲裁庭逾期未作出仲裁裁决而向人民法院提起诉讼并立案受理的，仲裁委员会应当决定该案件终止审理；当事人未就该争议事项向人民法院提起诉讼的，仲裁委员会应当继续处理。

【知识链接】

《劳动争议调解仲裁法》第二十八条至第四十条。

《劳动争议仲裁办案规则》第二十九条至第七十九条。

【自测题】

1. 下列哪些选项属于劳动争议仲裁申请的受理条件？（　　）

A. 属于劳动争议的范围　　B. 有明确的仲裁请求和事实理由

C. 在申请仲裁的法定时效期间　　D. 属于仲裁委员会管辖范围

2. 下列哪些情形劳动争议仲裁委员会不予受理？（　　）

A. 申请仲裁的事项不属于劳动争议

B. 当事人超过仲裁申请的期限

C. 申请仲裁的主体不适格，被申请人不符合《劳动法》规定的用人单位

D. 劳动者丧失行为能力的

【案例分析】

张三与B公司发生劳动争议，协商、调解无果。张三提请劳动争议仲裁，递交了申请书及劳动合同；仲裁委员会在接待窗口收到他的材料，在法定的时间内通知张三已立案受理，也同时通知了B公司且送达了张三的申请书副本、告知了反请求及答辩时间；随后，张三与B公司在规定的时间内到仲裁庭参加仲裁，庭审中，张三和B公司分别宣读了申请书和答辩书，仲裁庭调查中，张三出示了有关证据，B公司进行了质证，仲裁庭也向双方提出了问题，双方如实答复，在仲裁庭的主持下双方展开了多次辩论，辩论结束首席仲裁员征询了双方当事人最后意见，双方都要求仲裁庭依法仲裁解决纠纷，仲裁庭征求双方是否自愿调解，但张三不同意，因此仲裁庭在规定的时间内作出了仲裁裁决。

本案中，主要经历的仲裁程序阶段有申请仲裁阶段、案件受理阶段、调查取证阶段、仲裁庭调解阶段、仲裁裁决阶段。

第八节　一裁终局制度与仲裁裁决执行制度

一、一裁终局制度

为了防止用人单位恶意诉讼，拖延时间、加大劳动者维权成本，法律规定部分劳动争议案件实行“一裁终局”。“一裁终局”制度是指《劳动争议调解仲裁法》第四十七条规定的某些特定情形的案件，经过劳动争议仲裁后，用人单位不得提起民事诉讼的仲裁程序制度。

（一）适用范围

一裁终局制度的适用范围由《劳动争议调解仲裁法》第四十七条规定，主要包括小额争议案件和劳动标准执行争议案件。一般由于该类型案件劳动者处于弱势、权利义务关系较为明确且争议不大，为防止用人单位恶意诉讼，拖延时间加大劳动者的维权成本，故对其实行一裁终局制度。

1. 影响劳动者生存和基本生活的小额争议

追索劳动报酬、工伤医疗费、经济补偿或者赔偿金，不超过当地月最低工资标准 12 个月金额的争议适用一裁终局制度。

2. 明确的劳动标准执行争议

因执行国家的劳动标准在工作时间、休息休假、社会保险等方面发生的争议。

（二）一裁终局的法律效力

1. 单向性

一裁终局制度的单向性体现在适用对象上，一裁终局的效力仅针对用人单位，劳动者对此类案件裁决不服的，不受一裁终局之限制，充分体现了我国对劳动者权益的特殊保护。

2. 终局性

终局性是指裁决内容具有最终定纷止争的效力，在未经依法撤销或者劳动者提起诉讼的情况下，是处理双方当事人纠纷的最终依据。即阻断劳动争议中用人单位通过诉讼改变对其不利的裁决的途径。

二、一裁终局仲裁与民事诉讼的衔接

（一）不服仲裁裁决提起民事诉讼

除实行一裁终局的劳动争议案件外，当事人对仲裁裁决不服的可以提起诉讼。

1. 起诉条件

对于劳动争议案件起诉的条件，只需有权起诉主体对仲裁裁决不服即可。当然，劳动争议案件起诉还须符合民事诉讼的基本条件，如需要有明确的被告、诉讼请求、事实和理由等。

2. 起诉期限

一般劳动争议案件，劳动者或者用人单位不服劳动争议仲裁的，起诉期限为自收到仲裁裁决书之日起 15 日内向人民法院提起诉讼。

《劳动争议调解仲裁法》第四十八条规定，“一裁终局”的劳动争议案件，起诉期限为劳动者对本法第四十七条规定的仲裁裁决不服的，可以自收到仲裁裁决书之日起 15 日内向人民法院提起诉讼。用人单位有证据证明《劳动争议调解仲裁法》第四十七条规定的仲裁裁决违反法律规定的，可以自收到仲裁裁决书之日起 30 日内向劳动争议仲裁委员会所在地的中级人民法院申请撤销裁决。仲裁裁决被人民法院裁定撤销的，当事人可以自收到裁定书之日起 15 日内就该劳动争议事项向人民法院提起诉讼。当事人对本法第四十七条规定以外的其他劳动争议案件的仲裁裁决不服的，可以自收到仲裁裁决书之日起 15 日内向人民法院提起诉讼。

3. 起诉主体

《劳动争议调解仲裁法》第四十七条规定的一裁终局案件，劳动者享有起诉权，用人单位仅在仲裁裁决被法院撤销之后才享有起诉权。第四十七条之外的劳动争议案件，双方当事人均享有起诉权。

4. 起诉的法律效果

起诉期限内当事人未依法向人民法院提起诉讼的，裁决书于期满之日发生效力。换言之，当事人依法向人民法院提起诉讼将导致仲裁裁决不生效。

（二）仲裁裁决的撤销

对于符合法定情形的生效仲裁裁决，当事人有权向法院申请撤销该仲裁裁决。

1. 申请条件

用人单位认为存在如下情形之一的，可以申请撤销仲裁裁决：（1）适用法律、法规确有错误的；（2）劳动争议仲裁委员会无管辖权的；（3）违反法定程序的；（4）裁决所依据的证据是伪造的；（5）对方当事人隐瞒了足以影响公正裁决的证据的；（6）仲裁员在仲裁该案时有索贿受贿、徇私舞弊、枉法裁决行为的。

2. 申请主体

对于适用一裁终局制度的劳动争议仲裁案件，用人单位有权申请法院撤销仲裁裁决。由于在起诉期限届满前，该仲裁裁决对劳动者并未生效，劳动者对其不服可通过起诉使其不发生效力，因此，劳动者对于此类案件的仲裁裁决并无撤销权。

对于一裁终局制度适用范围之外的案件，由于可通过起诉使其不发生效力，故不适用仲裁裁决撤销制度。

3. 申请期限

申请期限为自仲裁裁决作出之日起 30 日内。用人单位有证据证明《劳动争议调解仲裁法》第四十七条规定的情形之一，可以自收到仲裁裁决书之日起 30 日内向劳动争议仲裁委员会所在地的中级人民法院申请撤销裁决。

4. 仲裁裁决撤销的法律效果

人民法院经组成合议庭审查核实裁决有前款规定情形之一的，应当裁定撤销。仲裁裁决被人民法院裁定撤销的，当事人可以自收到裁定书之日起 15 日内就该劳动争议事项向人民法院提起诉讼。

三、仲裁裁决的执行制度

劳动仲裁裁决的执行与普通仲裁裁决的执行并无实质区别，需要提及的是劳动争议仲裁裁决的先予执行与不予执行的情形。

（一）先予执行

《劳动争议调解仲裁法》第四十四条规定仲裁庭对追索劳动报酬、工伤医疗费、经济补偿或者赔偿金的案件，根据当事人的申请，可以裁决先予执行，移送人民法院执行。

仲裁庭裁决先予执行的，应当符合下列条件：

（1）当事人之间权利义务关系明确。

（2）不先予执行将严重影响申请人的生活。

（二）不予执行的情形

劳动争议仲裁的裁决书、调解书有下列情形的，法院依法不予执行：

（1）裁决的事项不属于劳动争议仲裁范围，或者劳动争议仲裁机构无权仲裁的。

（2）适用法律确有错误的。

（3）仲裁员仲裁该案时，有徇私舞弊、枉法裁决行为的。

（4）人民法院认定执行该劳动争议仲裁裁决违背社会公共利益的。

【知识链接】

《劳动争议调解仲裁法》第四十七条至第五十一条。

《劳动争议仲裁办案规则》第五十条。

【自测题】

基本案情：张某2017年进入甲公司工作，月薪4000元，当地最低工资标准为2000元/月。2018年因公司一直拖欠张某工资，张某与该公司解除了劳动合同。合同解除后，张某因要求公司支付拖欠工资8000元与公司发生了争议，双方将该争议提交到劳动争议仲裁委员会进行审理。

问题：（1）该争议是否适用“一裁终局”制度？

（2）若张某不服劳动争议仲裁委员会作出的仲裁裁决，如何救济？

（3）若甲公司不服劳动争议仲裁委员会作出的仲裁裁决，如何救济？

【案例分析】

50岁的林先生是一科技发展公司的员工。2010年10月底，林先生收到公司发出的“辞退通知书”。理由是林先生在职期间，对公司一女职工用发短信、打电话、散布谣言等方式进行骚扰，对该女职工的正常生活和工作造成了严重影响。基于此公司按照规章制度，作出了辞退的决定。林先生申请仲裁，在仲裁过程中，双方多次进行协商，但未能达成协议。2011 年 2 月，仲裁庭对林先生的行为进行了批评教育，并作出双方继续履行原合同的仲裁裁决。

本案中，若公司对仲裁庭所作的仲裁裁决不服，其可以自收到仲裁裁决书之日起 15 日内向人民法院提起诉讼；期满不起诉的，裁决书发生法律效力。若该公司不履行生效的仲裁裁决，林先生可以依照民事诉讼法的有关规定向人民法院申请执行。

第十五章

劳动争议民事诉讼制度

【教学难点】

1. 掌握劳动争议诉讼的主管；
2. 掌握劳动争议民事诉讼管辖；
3. 掌握劳动争议的民事诉讼第一、二审程序；
4. 掌握当事人提起诉讼的条件；
5. 掌握适用支付令的情形和申请支付令的条件；
6. 掌握支付令的法律效力；
7. 掌握确认调解协议条件及确认后的法律后果。

【内容概要】

根据我国《劳动法》《劳动争议调解仲裁法》的有关规定，当事人对劳动争议仲裁裁决不服的，可以在规定的期限内向人民法院提起诉讼。依据《劳动争议调解仲裁法》和最高人民法院的有关司法解释规定，当事人不服仲裁裁决的，可以自收到仲裁裁决书之日起 15 日内向人民法院提起诉讼。在我国，通常情况下劳动争议具有仲裁前置的特点，民事诉讼则是劳动争议的司法最终解决方式。

通过本章学习，使学生了解劳动争议诉讼的主管与管辖、民事诉讼审判程序等内容，理解支付令程序制度，把握确认调解协议的程序。

第一节 劳动争议诉讼的主管与管辖

一、劳动争议诉讼的主管

劳动争议的主管是指人民法院受理劳动争议案件的范围，也称为劳动争议的受案范围，要解决的是法院依法受理哪些劳动争议案件。

（一）当事人不服仲裁裁决起诉的情形

依据《最高人民法院关于审理劳动争议案件适用法律问题的解释（一）》的有关规定，下列案件当事人不服劳动人事争议仲裁委员会的仲裁裁决，依法向人民法院起诉的，人民法院应当受理：（1）劳动者与用人单位在履行劳动合同过程中发生的纠纷；（2）劳动者与用人单位之间没有订立书面劳动合同，但已形成劳动关系后发生的纠纷；（3）劳动者与用人单位因劳动关系是否已经解除或者终止，以及应否支付解除或者终止劳动关系经济补偿金发生的纠纷；（4）劳动者与用人单位解除或者终止劳动关系后，请求用人单位返还其收取的劳动合同定金、保证金、抵押金、抵押物发生的纠纷，或者办理劳动者的人事档案、社会保险关系等移转手续发生的纠纷；（5）劳动者以用人单位未为其办理社会保险手续，且社会保险经办机构不能补办导致其无法享受社会保险待遇为由，要求用人单位赔偿损失发生的纠纷；（6）劳动者退休后，与尚未参加社会保险统筹的原用人单位因追索养老金、医疗费、工伤保险待遇和其他社会保险待遇而发生的纠纷；（7）劳动者因为工伤、职业病，请求用人单位依法给予工伤保险待遇发生的纠纷；（8）劳动者依据劳动合同法第八十五条规定，要求用人单位支付加付赔偿金发生的纠纷；（9）因企业自主进行改制发生的纠纷。因以上事项发生争议的，当事人应当先向劳动人事争议仲裁委员会申请劳动仲裁，对裁决不服的，可以向人民法院提起诉讼。

不过应当注意一项特别规定，《劳动争议调解仲裁法》第四十七条规定了仲裁委员会终局裁决的情形，即下列劳动争议，除该法另有规定的外，仲裁裁决为终局裁决，裁决书自作出之日起发生法律效力：（1）追索劳动报酬、工伤医疗费、经济补偿或者赔偿金，不超过当地月最低工资标准 12 个月金额的争议；（2）因执行国家的劳动标准在工作时间、休息休假、社会保险等方面发生的争议。对于这两类劳动争议，只有劳动者一方对仲裁裁决不服的，有权在收到仲裁裁决书之日起 15 日内向人民法院提起诉讼，用人单位除有证据证明上述仲裁裁决有《劳动争议调解仲裁法》第四十九条规定的情形以外，无权申请撤销该终局裁决。

同时《最高人民法院关于审理劳动争议案件适用法律问题的解释（一）》还规定

了一些不属于劳动争议的情形，对于这些情形，人民法院或者可以按照一般民事纠纷处理，或者通知当事人向有权处理的机关申请处理。另外，依据《最高人民法院关于审理劳动争议案件适用法律问题的解释（一）》第十五条的规定，劳动者以用人单位的工资欠条为证据直接向人民法院起诉，诉讼请求不涉及劳动关系其他争议的，视为拖欠劳动报酬争议，按照普通民事纠纷受理。

（二）仲裁委员会不予受理，当事人可以起诉的情形

依据《最高人民法院关于审理劳动争议案件适用法律问题的解释（一）》的有关规定，对因劳动关系发生的争议，若劳动人事争议仲裁委员会以当事人申请仲裁的事项不属于劳动争议、当事人的仲裁申请超过60日期限、申请仲裁的主体不适格等事项为由，作出不予受理的书面裁决、决定或者通知，当事人不服的，可以向人民法院提起诉讼。人民法院根据案件的具体情形，依法分别作出相应的处理决定，例如案件属于人民法院应当受理的劳动争议案件范围的，则应当受理；案件虽不属于人民法院应当受理的劳动争议案件范围，但属于人民法院主管的其他案件范围的，人民法院也应当受理。

（三）当事人经调解后向人民法院起诉的情形

依据《劳动争议调解仲裁法》第十六条的规定，劳动者和用人单位之间因支付拖欠劳动报酬、工伤医疗费、经济补偿或者赔偿金事项达成调解协议，用人单位在协议约定期限内不履行的，劳动者可以持调解协议书依法向人民法院申请支付令。同时，《最高人民法院关于审理劳动争议案件适用法律问题的解释（一）》第十三条第三款规定，依据《劳动争议调解仲裁法》第十六条的规定申请支付令被人民法院裁定终结督促程序后，劳动者依据调解协议直接向人民法院提起诉讼的，人民法院应予受理。

二、劳动争议民事诉讼管辖

劳动争议诉讼管辖是指法院受理第一审劳动争议案件的分工和权限，解决的是劳动争议案件由哪一个法院审理的问题。主要涉及级别管辖、地域管辖等。

（一）级别管辖

级别管辖主要解决的是我国各级人民法院之间受理第一审劳动争议案件的分工和权限。依据《最高人民法院关于审理劳动争议案件适用法律问题的解释（一）》第三条的规定，劳动争议案件由用人单位所在地或者劳动合同履行地的基层人民法院管辖。劳动合同履行地不明确的，由用人单位所在地的基层人民法院管辖。也就是说，在我国，第一审劳动人事争议案件应当由基层法院管辖，原则上中级人民法院、高级法院、最高法院不受理第一审劳动人事争议案件。

这在《最高人民法院关于审理劳动争议案件适用法律问题的解释（一）》第二十一条中也有体现，该法律条文规定若劳动者依据《劳动争议调解仲裁法》的有关规定向基层人民法院提起诉讼，用人单位依据《劳动争议调解仲裁法》的有关规定向劳动人事争

议仲裁委员会所在地的中级人民法院申请撤销仲裁裁决的，中级人民法院应不予受理；已经受理的，应当裁定驳回申请。被人民法院驳回起诉或者劳动者撤诉的，用人单位可以自收到裁定书之日起30日内，向劳动人事争议仲裁委员会所在地的中级人民法院申请撤销仲裁裁决。

（二）地域管辖

地域管辖是指确定我国同级人民法院之间在各区域内受理第一审劳动人事争议案件的分工和权限。主要解决的是同级法院之间由哪一个法院管辖的问题。

同样依据《最高人民法院关于审理劳动争议案件适用法律问题的解释（一）》第三条的规定，劳动争议案件由用人单位所在地或者劳动合同履行地的基层人民法院管辖。劳动合同履行地不明确的，由用人单位所在地的基层人民法院管辖。该《解释》还规定，当事人双方就同一仲裁裁决分别向有管辖权的人民法院起诉的，后受理的人民法院应当将案件移送给先受理的人民法院。

【知识链接】

《最高人民法院关于审理劳动争议案件适用法律问题的解释（一）》

（法释〔2020〕26号）

第一条　劳动者与用人单位之间发生的下列纠纷，属于劳动争议，当事人不服劳动争议仲裁机构作出的裁决，依法提起诉讼的，人民法院应予受理：

（一）劳动者与用人单位在履行劳动合同过程中发生的纠纷；

（二）劳动者与用人单位之间没有订立书面劳动合同，但已形成劳动关系后发生的纠纷；

（三）劳动者与用人单位因劳动关系是否已经解除或者终止，以及应否支付解除或者终止劳动关系经济补偿金发生的纠纷；

（四）劳动者与用人单位解除或者终止劳动关系后，请求用人单位返还其收取的劳动合同定金、保证金、抵押金、抵押物发生的纠纷，或者办理劳动者的人事档案、社会保险关系等移转手续发生的纠纷；

（五）劳动者以用人单位未为其办理社会保险手续，且社会保险经办机构不能补办导致其无法享受社会保险待遇为由，要求用人单位赔偿损失发生的纠纷；

（六）劳动者退休后，与尚未参加社会保险统筹的原用人单位因追索养老金、医疗费、工伤保险待遇和其他社会保险待遇而发生的纠纷；

（七）劳动者因为工伤、职业病，请求用人单位依法给予工伤保险待遇发生的纠纷；

（八）劳动者依据劳动合同法第八十五条规定，要求用人单位支付加付赔偿金发生的纠纷；

（九）因企业自主进行改制发生的纠纷。

第二条　下列纠纷不属于劳动争议：

（一）劳动者请求社会保险经办机构发放社会保险金的纠纷；

（二）劳动者与用人单位因住房制度改革产生的公有住房转让纠纷；

（三）劳动者对劳动能力鉴定委员会的伤残等级鉴定结论或者对职业病诊断鉴定委员会的职业病诊断鉴定结论的异议纠纷；

（四）家庭或者个人与家政服务人员之间的纠纷；

（五）个体工匠与帮工、学徒之间的纠纷；

（六）农村承包经营户与受雇人之间的纠纷。

《最高人民法院关于审理劳动争议案件适用法律问题的解释（一）》
（法释〔2020〕26号）

第四条　劳动者与用人单位均不服劳动争议仲裁机构的同一裁决，向同一人民法院起诉的，人民法院应当并案审理，双方当事人互为原告和被告，对双方的诉讼请求，人民法院应当一并作出裁决。在诉讼过程中，一方当事人撤诉的，人民法院应当根据另一方当事人的诉讼请求继续审理。双方当事人就同一仲裁裁决分别向有管辖权的人民法院起诉的，后受理的人民法院应当将案件移送给先受理的人民法院。

第二十一条　劳动者依据调解仲裁法第四十八条规定向基层人民法院提起诉讼，用人单位依据调解仲裁法第四十九条规定向劳动争议仲裁机构所在地的中级人民法院申请撤销仲裁裁决的，中级人民法院应当不予受理；已经受理的，应当裁定驳回申请。

被人民法院驳回起诉或者劳动者撤诉的，用人单位可以自收到裁定书之日起三十日内，向劳动争议仲裁机构所在地的中级人民法院申请撤销仲裁裁决。

【自测题】

1. A单位与张小飞有劳动关系。A单位修建经济适用房，本单位每人一套，该单位工会制订了分房方案，按照打分的高低确定分房顺序，张小飞按照分房方案打分后，在同一序列中分房分数不理想，提出异议。经单位解释后不服，向仲裁委员会提出申请，但不予受理。于是告至法院，法院也不予受理。

问题：法院为什么不予受理？法院的做法正确吗？

2. 地址位于A市B县的造纸厂2009年与居住在A市C县王某签订劳动合同，合同要求王某在A市D县主要负责销售工作。后因为养老保险缴纳的问题与用人单位发生了争议，王某遂将争议提请仲裁委员会，王某不能接受仲裁委员会作出的裁决，随后王某向A市C县的基层法院提起诉讼，要求该企业为自己缴纳应当缴纳的保险费。

问题：王某选择的管辖是否正确？为什么？

【案例分析】

仲某与某实业有限公司聘用合同争议一案[1]

上诉人仲某因与被上诉人某实业有限公司合同纠纷一案，不服某县人民法院民事裁定书，向法院提起上诉。

仲某称：（1）某县人民法院认为本案属于劳动争议纠纷，属于事实认定错误。本案中，被上诉人在提起诉讼时的案由为聘用合同纠纷，其在提起诉讼之前曾到某县劳动人事争议仲裁委员会申请仲裁，被告知申请事项不符合受理条件。同时，被上诉人向一审法院起诉要求解除双方的聘用合同，返还预付劳动报酬并承担违约责任，可以看出被上诉人主张的是民事合同纠纷，且从其提起诉讼的依据为《合同法》[2]来看，更加说明被上诉人提起诉讼时认为双方之间系民事合同关系。（2）某县人民法院适用法律错误。本案属于普通民事合同纠纷，应该依据“原告就被告”的管辖原则，向上诉人经常居住地的某省某市人民法院提起诉讼。

法院经审查认为，上诉人仲某与被上诉人某实业有限公司之间的争议，系劳动者与用人单位之间因履行劳动合同过程中发生的纠纷，适用《最高人民法院关于审理劳动争议案件适用法律若干问题的解释》中关于劳动争议管辖的规定，某县人民法院作为用人单位所在地法院，对本案具有管辖权，被上诉人向某县人民法院起诉符合法律规定。上诉人认为案涉“聘用合同”非劳动合同的上诉理由不能成立。

第二节　民事诉讼审判程序

一、第一审基本程序

我国民事诉讼审判程序实行两审终审制，即一个民事案件经过两级人民法院审理后即告终结，劳动争议案件也是如此。依据法律和司法解释的有关规定，一般情况下，在劳动争议案件中，当事人一方对劳动争议仲裁裁决不服的，可以向用人单位所在地或者劳动合同履行地的基层人民法院提起诉讼。因此，实践中基层人民法院一般是劳动争议案件的一审法院。下面介绍我国民事诉讼审判程序的第一审程序和第二审程序。

第一审基本程序是整个民事诉讼审判程序中最基本也是最完整的程序，既有内容安排上的系统性、完整性，又有适用范围上的广泛性和通用性。它主要包括起诉和受理、

[1] 本案例改编自陕西省汉中市中级人民法院（2019）陕07民辖终32号裁定书。
[2] 已于2021.1.1失效。

庭前准备以及开庭审判三个阶段。

（一）起诉与受理阶段

就劳动争议案件的民事诉讼来讲，起诉是指劳动者或者用人单位一方不服劳动人事争议仲裁委员会的仲裁裁决，将其与对方当事人的劳动争议提交至人民法院，请求人民法院依法判决的诉讼行为。

1. 起诉的条件

我国《劳动法》等多部法律、法规均规定，当事人对仲裁裁决不服的，自收到裁决书之日起 15 日内，可以向人民法院起诉。在劳动争议案件中，当事人一方起诉的条件是：

（1）起诉人必须是劳动争议的一方当事人，即用人单位或者劳动者。

（2）有明确的被告，具体的诉讼请求和事实、理由。

（3）属于人民法院受案范围和受诉人民法院管辖。

（4）前置程序，即原告起诉前该劳动争议已经经过劳动人事争议仲裁委员会的裁决。

（5）必须在法律规定的时间内向法院提起诉讼。

当事人一方在向人民法院起诉时，以上 5 个条件必须同时满足。人民法院在受理时，符合上述起诉条件的就受理，不符合起诉条件的，不予受理，立案受理的应当通知原告交纳诉讼费。此外依据法律规定，在特殊情况下，只有劳动者一方在不服仲裁裁决的情况下可以向人民法院起诉，用人单位除有证据证明仲裁裁决符合法定情形时才能向人民法院申请撤销仲裁裁决，但仍无权就相关的劳动争议案件向人民法院起诉。

2. 起诉时需提交的材料

依据法律规定，当事人一方向人民法院提起劳动争议诉讼时，应当提交如下材料：

（1）起诉状。依据《民事诉讼法》的有关规定，当事人提交起诉状的方式既可以是书面方式，也可以是口头方式，这一规定当然也适用于劳动争议案件。起诉状应当列明原告和被告的基本情况，诉讼请求和所依据的事实与理由，证据和证据来源等内容。

（2）与劳动争议有关的证据材料。在这一阶段，原告只需提供一些目前能够提供的证据材料即可，法院受理案件以后在规定的举证期限内原告发现新的证据材料的，仍然可以向法院申请提交。

（3）其他文件。

（二）庭前准备阶段

这一阶段是从人民法院受理原告的起诉以后到开庭审判前，在法院的主持下进行的一系列活动。主要包括以下内容：

（1）送达文书。包括向被告送达起诉状副本以及应诉通知书，并通知被告在法定期限内提出答辩状，在收到答辩状后，在规定期限内将答辩状副本送达原告。依照法律规定，人民法院在 5 日内向被告送达起诉状副本以及应诉通知书等材料；被告在收到之日起 15 日内提出答辩状。此外，法院还需依据案件审理流程在规定的时间送达传票和出庭通知书等文书。

（2）诉讼权利义务告知。依据法律规定，法院具有告知当事人相应的诉讼权利义务的责任，该项内容一般在法院分别向原告和被告发送案件受理通知书和应诉通知书时告知。

（3）处理管辖权异议事项。依照《民事诉讼法》的有关规定，人民法院处理管辖权异议一般在当事人提交答辩状期间进行。

（4）审核与案件有关的材料，调查收集必要的证据。

（5）其他事项。

（三）开庭与审判阶段

人民法院审理劳动争议案件与审理其他民事案件的开庭审判程序一致，遵照下列程序进行：

1. 庭前准备

庭前准备主要包括开庭审理前和开庭审理时两个阶段。开庭审理前，书记员应当查明当事人和其他诉讼参与人是否到庭，宣布法庭纪律。开庭审理时，由审判长核对当事人，宣布案由，宣布审判人员、书记员名单，告知当事人有关的诉讼权利义务，询问当事人是否提出回避申请。

2. 法庭调查

法庭调查由审判长主持按照《民事诉讼法》第一百三十八条的规定进行。同时，依据《民事诉讼法》第一百三十九条的规定，当事人在法庭上可以提出新的证据，要求重新进行调查、鉴定或者勘验的，是否准许，由法院决定。

3. 法庭辩论

法庭辩论同样由审判长主持按照《民事诉讼法》第一百四十一条的规定进行。进行法庭辩论的前提是法庭调查已经完成，如果当事人在法庭辩论中又提出了新的事实和证据，合议庭则可以根据情况停止法庭辩论，恢复法庭调查。

4. 双方当事人最后陈述

这是双方当事人拥有的一项法定权利，人民法院不得剥夺当事人的该项权利。

5. 主持调解

《民事诉讼法》第一百四十二条规定，法庭辩论终结，应当依法作出判决。判决前能够调解的，还可以进行调解，调解不成的，应当及时判决。

6. 合议庭评议和宣告判决

宣告判决分为当庭宣判和定期宣判，由审判长负责宣读裁判，当庭宣判的，应当在 10 日以内发送判决书；定期宣判的，宣判后立即发给判决书。宣告判决时，必须告知当事人上诉权利、上诉期限以及上诉法院。当事人不服判决的，可以在法定上诉期限内上诉。

二、第二审程序

第二审程序也称上诉程序，是指当事人不服第一审人民法院作出的判决、裁定，在法定期间内向上一级法院提出上诉进行审理的程序。我国民事诉讼实行两审终审制，赋予当事人上诉权有利于维护当事人的合法权益，保证案件审判质量，促进法律的统一适用。

（一）当事人提起上诉

上诉是指当事人不服一审法院所作的尚未生效的判决、裁定，在法律规定的期限内向上级法院申请撤销或者变更未生效的一审判决、裁定，以维护自身合法权益的诉讼行为。《民事诉讼法》规定了当事人不服一审判决提起上诉的期限为收到判决书之日起 15 日内，不服一审裁定提起上诉的期限为收到裁定书之日起 10 日内。

依据《民事诉讼法》和最高人民法院的有关司法解释，当事人一方提起上诉的条件有以下内容：

（1）提起上诉的主体必须具有上诉权。第一审程序中的原告、被告、共同诉讼人、有独立请求权的第三人依据法律规定享有上诉权，无独立请求权的第三人是否享有上诉权取决于在第一审判决裁定中其是否应当承担相应责任。

（2）必须是依法允许上诉的裁判。例如，已经生效的判决、裁定不允许上诉，劳动争议案件可能涉及的督促程序中的裁判不允许上诉，劳动者与用人单位如果在一审程序中达成调解协议，人民法院根据调解协议制作了调解书并送达双方当事人签收，则不得上诉。

（3）上诉必须提交上诉状。与一审程序中起诉可以口头方式不同，上诉不能采用口头方式，必须采用书面形式，向人民法院提交上诉状。

（4）必须在法定的时间内上诉。当事人一方对未生效的一审判决、裁定不服的，应当在法律规定的时间向上一级人民法院上诉，逾期未上诉的，未生效的一审判决、裁定即生效，当事人不得再就该判决、裁定向人民法院上诉。

（二）上诉案件的审理

1. 上诉案件的审理范围

《民事诉讼法》第一百六十八条规定，第二审人民法院应当对上诉请求的有关事实和适用法律进行审查。因此，第二审人民法院对上诉案件的审理范围仅限于当事人上诉的部分，包括事实认定和法律适用部分。《民诉法解释》中也有相似的规定，所以第二审程序遵循审理范围有限原则。

2. 上诉案件的审理方式

《民事诉讼法》第一百六十九条规定了第二审案件的审理方式，即第二审人民法院对上诉案件，应当组成合议庭，开庭审理。经过阅卷、调查和询问当事人，对没有提出新的事实、证据或者理由，合议庭认为不需要开庭审理的，可以不开庭审理。《民诉法解释》第三百三十三条规定了二审法院可以不开庭审理的情形，即（1）不服不予受理、管辖权异议和驳回起诉裁定的；（2）当事人提出的上诉请求明显不能成立的；（3）原判决、裁定认定事实清楚，但适用法律错误的；（4）原判决严重违反法定程序，需要发回重审的。

（三）上诉案件的裁判

按照我国两审终审制的规定，第二审人民法院所作的判决、裁定为终审判决、裁定。当事人对该判决、裁定不服的，不得再次上诉。

第二审程序中，人民法院同样可以主持当事人进行调解。调解达成协议，应当制作调解书，由审判人员、书记员署名，加盖人民法院印章。调解书送达后，原审人民法院的判决即视为撤销。调解不成的，二审法院应当及时宣判。在第二审人民法院判决宣告前，上诉人申请撤回上诉的，是否准许，由第二审人民法院裁定。

三、执行

在劳动争议案件中，执行是指用人单位或者劳动者一方当事人不履行生效法律文书（包括判决书，调解书、裁定书、经过法院确认的调解协议等）的，另一方当事人可以就生效法律文书在规定的时间内向法院申请执行。

我国《劳动法》第八十三条规定，劳动争议当事人对仲裁裁决不服的，可以自收到仲裁裁决书之日起 15 日内向人民法院提起诉讼。一方当事人在法定期限内不起诉又不履行仲裁裁决的，另一方当事人可以申请强制执行。《劳动争议调解仲裁法》第五十一条也规定，当事人对发生法律效力的调解书、裁决书，应当依照规定的期限履行。一方当事人逾期不履行的，另一方当事人可以依照民事诉讼法的有关规定向人民法院申请执行。受理申请的人民法院应当依法执行。

《民事诉讼法》第二百二十四条规定了负责执行的法院，即发生法律效力的民事判决、裁定，以及刑事判决、裁定中的财产部分，由第一审人民法院或者与第一审人民法院同级的被执行的财产所在地人民法院执行。法律规定由人民法院执行的其他法律文书，由被执行人住所地或者被执行的财产所在地人民法院执行。因此，在劳动争议案件中，发生法律效力的判决、裁定一般由第一审人民法院即基层人民法院或者与之同级的被执行的财产所在地人民法院执行。

【知识链接】

《民事诉讼法》

第一百三十八条 法庭调查按照下列顺序进行：（一）当事人陈述；（二）告知证人的权利义务，证人作证，宣读未到庭的证人证言；（三）出示书证、物证、视听资料和电子数据；（四）宣读鉴定意见；（五）宣读勘验笔录。

第一百四十一条 法庭辩论按照下列顺序进行：（一）原告及其诉讼代理人发言；（二）被告及其诉讼代理人答辩；（三）第三人及其诉讼代理人发言或者答辩；（四）互相辩论。法庭辩论终结，由审判长按照原告、被告、第三人的先后顺序征询各方最后意见。

第一百六十四条 当事人不服地方人民法院第一审判决的，有权在判决书送达之日起 15 日内向上一级人民法院提起上诉。当事人不服地方人民法院第一审裁定的，有权在裁定书送达之日起 10 日内向上一级人民法院提起上诉。

《最高人民法院关于适用〈中华人民共和国民事诉讼法〉的解释》

第三百二十三条 第二审人民法院应当围绕当事人的上诉请求进行审理。当事人没有提出请求的，不予审理，但一审判决违反法律禁止性规定，或者损害国家利益、社会公共利益、他人合法权益的除外。

【自测题】

1. 人民法院在 5 日内向被告送达起诉状副本以及应诉通知书等材料。（ ）

2. 被告在收到起诉状副本和应诉通知书之日起 15 日内提出答辩状，被告不提出答辩状也不会影响案件的审理。（ ）

3. 当事人不服法院第一审判决的，在判决书送达之日起 10 日内向上一级人民法院提起上诉。（ ）

4. 一方当事人不履行生效判决书的，另一方当事人可以向法院申请强制执行。（ ）

【案例分析】

王某与某人寿保险股份有限公司某中心支公司劳动争议纠纷[1]

2016 年 7 月，原、被告双方签订代理合同，代理期限为 3 年，代理佣金支付标准和方式以被告“管理规定”具体办理。该合同约定争议处理为双方应先协商解决，协商不成时，向被告所在地人民法院起诉。之前原告按照被告管理制度进行销售人员岗前培

[1] 本案例改编自陕西省西安市新城区人民法院（2017）陕 0102 民初 3205 号裁定书。

训。2016年10月，原告王某向被告申请解约，2016年11月，被告同意原告解约申请，并同时退还原、被告签约时约定的1000元保证金，双方当庭予以认可。随后原告王某于2017年5月向某劳动人事争议仲裁委员会申请仲裁，该委以不属于劳动争议仲裁范围及王某已超过法定退休年龄之事实，决定不予受理。随后王某于2017年5月向法院起诉。请求被告支付原告拖欠的两个月工资5000元，并支付原告经济补偿金1250元，精神损失费1000元。

法院认为，原、被告双方签订的个人代理合同系委托代理合同，其法律关系的调整范围属一般普通民事法律关系，非劳动争议调整范围，另原告请求被告支付精神损失费1000元属人身侵权法律关系调整范围，亦不属于劳动争议调整范围。从代理合同约定解决双方纠纷方式看，双方有争议纠纷直接向被告所在地人民法院起诉，且业已证明属于一般民事案件诉争，并无劳动争议的前置程序。故本案不符合劳动争议起诉条件，原告诉讼请求应予以驳回。

第三节　支付令程序

一、支付令的概念

实践中，用人单位拖欠劳动者工资或者其他金钱事项的案件时有发生。由于劳动者在劳动法律关系中通常处于弱势地位，而劳动报酬和其他金钱事项又往往是劳动者安身立命之本，维系着劳动者及其家庭的正常生产生活需要。因此当用人单位拒绝支付劳动者劳动报酬或者其他金钱事项时，必须采取有效的法律措施维护劳动者的合法权益。目前，我国已经通过颁布一系列的法律法规形成了较为完整的劳动者工资保障制度体系。例如我国《劳动法》第五十条规定，工资应当以货币形式按月支付给劳动者本人。不得克扣或者无故拖欠劳动者的工资。此外，《工资支付暂行规定》等规章也规定了用人单位不得无故克扣或者拖欠劳动者的工资。

用人单位如果无故克扣或者拖欠劳动者的工资后，考虑到劳动报酬对劳动者生产生活的重要性，劳动者除了依据法律规定，提请劳动争议仲裁和民事诉讼，追究用人单位相应的法律责任以外，有什么简便快捷的方法可以使劳动者尽快获得用人单位欠付的劳动报酬呢？这就是本节的主要知识内容——支付令程序。

支付令程序也称督促程序，支付令是指人民法院根据债权人一方的申请，不经过开庭审理，向债务人发出的要求其限期履行给付金钱或者有价证券的法律文书。

支付令程序是一种督促债务人及时偿还债务，履行法律义务的快捷程序。用人单位拖欠劳动者应得的劳动报酬，劳动者如果必须通过劳动仲裁和民事诉讼程序才能获得其劳动报酬，往往极其耗费时间和精力，可能会严重影响劳动者及其家庭的基本生活。因此我国在借鉴其他国家立法经验的基础上，确立了这一不同于普通诉讼程序的特别程序。总的来说，支付令程序具有如下特点：

（一）适用范围特殊

依据《民事诉讼法》的有关规定，支付令程序只适用于关于给付金钱或者有价证券的案件，对于其他类型的案件，则并不适用。

（二）程序特殊

支付令程序因债权人的申请而开始，法院对债权人的申请只做形式上的审查，而并不开庭审理。同时在支付令发出的规定期限内，债务人如果以法律允许的形式向发出支付令的法院提出异议，则支付令程序终结，转入诉讼程序，但申请支付令的债权人不同意转入诉讼程序的除外。

（三）审查方式特殊

债权人向人民法院申请支付令时人民法院对申请只做形式上的审查，符合受理条件即可发出支付令。债务人一方提出书面异议的，人民法院对案件也只进行书面审查，不进行实体审理。这样也是为了保证支付令程序本身所应当具有的简便、快捷的程序特点。

二、支付令程序适用的情形

由于支付令程序具有简便、迅速的特点，一方面的确能够有效保障债权人一方的合法权益，但另一方面必须认识到不是所有类型案件都能适用支付令程序。据此，支付令程序主要适用以下情形：

（1）我国《劳动合同法》第三十条规定，用人单位应当按照劳动合同约定和国家规定，向劳动者及时足额支付劳动报酬。用人单位拖欠或者未足额支付劳动报酬的，劳动者可以依法向当地人民法院申请支付令，人民法院应当依法发出支付令。

（2）我国《劳动争议调解仲裁法》第十六条规定，因支付拖欠劳动报酬、工伤医疗费、经济补偿或者赔偿金事项达成调解协议，用人单位在协议约定期限内不履行的，劳动者可以持调解协议书依法向人民法院申请支付令。人民法院应当依法发出支付令。

以上法律规定了我国支付令程序适用的情形，《劳动争议调解仲裁》第十六条是对劳动者与用人单位之间已就有关争议事项达成调解协议以后，用人单位仍然拒不履行调解协议的补充规定。

三、申请支付令的条件

依据我国法律规定，并非所有民事案件债权人都可以申请支付令，向人民法院申请支付令必须满足一定的条件。

（一）给付的标的必须为金钱或者有价证券

即有且只有与金钱或者有价证券有关的给付之诉才可以向人民法院申请支付令，其他类型的案件都不能向人民法院申请支付令。这是关于支付令在案件类型方面的条件。

（二）请求给付的金钱或者有价证券已经到期且数额确定

即债权人要想向人民法院申请支付令，则请求给付的金钱或者有价证券必须已经到期，且数额确定。因为尚未到期的金钱或者有价证券的给付，债务人享有一定的抗辩权，而数额尚未确定的金钱或者有价证券的给付，人民法院也无法通过简单的形式审查就向债务人一方发出支付令。

（三）债权人和债务人之间没有其他债务纠纷

即债权人对债务人没有对待给付义务或者虽有对待给付义务，但已经履行完毕，否则债务人享有一定的抗辩权，人民法院不能向其发出支付令。

（四）支付令必须能够送达债务人

即人民法院通过法定的送达方式，能够将支付令送达债务人。依据法律规定，支付令可以留置送达，但不能公告送达。

此外，依据《民事诉讼法》的规定，还要求债权人在向人民法院申请支付令时，必须以书面方式（且申请书应当写明请求给付金钱或者有价证券的数量和所根据的事实、证据）向有管辖权的人民法院提出，在我国支付令案件由基层人民法院管辖。

四、支付令的法律效力

支付令自作出即具有法律效力，且其与生效的判决、裁定具有同等法律效力。债务人在收到支付令后的15日内既不履行给付义务也不向人民法院提出书面异议的，支付令即具有强制执行效力。支付令的法律效力体现在以下方面：

（一）督促力

支付令具有督促债务人在法定期间内履行给付义务的效力。依据《民事诉讼法》第二百一十六条的规定，债务人应当自收到支付令之日起15日内清偿债务，或者向人民法院提出书面异议，否则将会发生强制执行力。换言之，如果债务人在收到支付令15日内没有提出书面异议，而是及时履行了给付义务，则其法律依据即为支付令。

（二）强制执行力

支付令并非一经发出即具有强制执行力，而是在债务人收到支付令之日起15日内既不清偿债务，也不向人民法院提出异议的，才发生强制执行的效力。此时，支付令成为债权人向人民法院申请强制执行的法律依据。

法院向债权人发出支付令，一定会产生督促力，但并不一定会产生强制执行力。是否产生强制执行力取决于债务人在收到支付令之日起 15 日内的行为，如果债务人依法履行债务或者提出书面异议，则支付令不产生强制执行力。相反，如果债务人既不履行债务也不提出书面异议，则支付令产生强制执行力。

五、债务人对支付令提出异议

（一）债务人提出异议需满足的条件

依据《民事诉讼法》第二百一十六条的规定，债务人有权对支付令提出异议，但需按照法律规定的方式提出：

首先，债务人必须在法律规定的期限内向人民法院提出。《民事诉讼法》规定了债务人对支付令提出异议的期限为收到支付令之日起 15 日内，因此债务人如果对与支付令有关的债权债务关系有异议，则应当在上述规定期限内提出，否则提出异议无效。

其次，债务人必须以书面方式向人民法院提出异议，债务人不履行法律义务，仅以口头方式向人民法院提出异议，不发生提出异议的法律效力。

最后，债务人必须向发出支付令的人民法院提出异议，债务人虽然在法定期限提出了书面异议，但是却是向其他法院提出的，同样不发生提出异议的法律效力，并不影响支付令程序的进行。此外如果债务人对债务本身没有异议，只是提出缺乏清偿能力、延缓债务履行期限、变更债务清偿方式的，不影响支付令的效力。

（二）对异议的审查

《民事诉讼法》第二百一十七条规定，人民法院收到债务人提出的书面异议后，经审查，异议成立的，应当裁定终结督促程序，支付令自行失效。支付令失效的，转入诉讼程序，但申请支付令的一方当事人不同意提起诉讼的除外。

如果申请支付令的一方当事人不同意起诉，应当自收到终结督促程序裁定之日起 7 日内向法院提出，否则视为同意转为诉讼程序，其申请支付令的时间视为起诉时间。如果申请支付令的一方当事人不同意转入诉讼程序的，可以另行向其他人民法院起诉。

【知识链接】

《劳动部关于印发〈工资支付暂行规定〉的通知》

第七条　工资必须在用人单位与劳动者约定的日期支付。如遇节假日或者休息日，则应提前在最近的工作日支付。工资至少每月支付一次，实行周、日、小时工资制的可按周、日、小时支付工资。

《民事诉讼法》

第二百一十四条　债权人请求债务人给付金钱、有价证券，符合下列条件的，可以向有管辖权的基层人民法院申请支付令：（一）债权人与债务人没有其他债务纠纷的；（二）支付令能够送达债务人的。申请书应当写明请求给付金钱或者有价证券的数量和所根据的事实、证据。

第二百一十六条　人民法院受理申请后，经审查债权人提供的事实、证据，对债权债务关系明确、合法的，应当在受理之日起15日内向债务人发出支付令；申请不成立的，裁定予以驳回。债务人应当自收到支付令之日起15日内清偿债务，或者向人民法院提出书面异议。债务人在前款规定的期间不提出异议又不履行支付令的，债权人可以向人民法院申请执行。

【自测题】

根据相关法律规定，下列哪些情形劳动者可以向法院申请支付令？（　　）

A. 三国科技公司拖欠刘小备3个月工资的

B. 三国科技公司未足额支付关小羽工资的

C. 贾某与小红楼公司就经济补偿事项达成调解协议，而后小红楼拒不履行的

D. 薛某与小红楼公司经调解组织调解，双方达成调解协议，小红楼即日起与薛某解除劳动关系，但薛某就违反服务期约定的在15日内向该公司支付违约金

【案例分析】

周某与某房地产开发集团公司劳动报酬争议一案[1]

周某任某房地产开发集团公司副总经理一职。在该公司工作10多年，公司拖欠其工资20万；2008年3月，公司在周某的要求下写了一份承诺书，承诺公司在2008年4月4日前支付拖欠周某的工资共计20万元，但在这之后，公司仍然未支付拖欠周某的工资。2008年4月14日，周某向某区人民法院提出支付令申请，要求单位兑现承诺，立即支付2005年11月至2008年3月所欠工资20万元。

某区人民法院自收到周某的支付令申请书后，立案受理，开始调查。承办法官发现，申请人周某系该房地产开发集团的管理人员，而该公司由于经营不善已濒临倒闭，2008年3月30日，周某所在公司写下一份承诺书，许诺于4月4日前付清所欠周某工资20万元。某区人民法院于2008年5月对该案做出处理，并向周某所在单位发出支付令：判令其自收到支付令之日起15日内，支付周某2005年11月至2008年3月的工资共计20万元及相关诉讼费用。

本案是首例涉及新《劳动合同法》有关劳动报酬支付令以及2008年4月1日起实

[1] 本案例改编自上海市徐汇区人民法院审理的我国首例劳动报酬支付令案。

施的新修订《民事诉讼法》的案件。在解决劳动争议中引入支付令制度，始于2008年1月1日开始实施的《劳动合同法》。本案中，周某正是由于公司拖欠劳动报酬使其无法维持正常生活而向某区法院申请支付令，符合支付令案件受理条件。

第四节　确认调解协议程序

一、确认调解协议程序的概念

当劳动者和用人单位之间发生劳动争议以后，在申请仲裁或者提起民事诉讼以前，经有关组织调解，双方可能达成调解协议。为了使调解能够实际解决双方之间的争议，切实保障双方的权益，可以通过确认调解协议使调解协议具有更强的法律效力，那么确认调解协议需要满足什么条件呢？调解协议经确认以后，如果一方不履行调解协议中约定的义务，另一方当事人应当如何保障自己的权利呢？这就需要了解、掌握与确认调解协议程序有关的知识内容。

确认调解协议程序是2012年我国《民事诉讼法》修订时新增的一个特别程序，规定在《民事诉讼法》第十五章。根据全国人大法制工作委员会的解释，确认调解协议程序是指当事人之间民事权利义务纠纷经人民调解组织或者其他依法成立的具有调解功能的组织达成具有民事合同性质的协议后，由双方当事人共同到人民法院申请确认调解协议的法律效力的程序。

我国《民事诉讼法》《民诉法解释》《人民调解法》以及最高人民法院《关于人民调解协议司法确认程序的若干规定》等法律、法规与司法解释当中都有关于确认调解协议程序的法律条文。设立确认调解协议程序除了响应中共中央关于建立法治社会的理念要求外，一方面是为了使广大人民群众更加信任法治，拉近人民群众与司法的距离，当事人之间的争议经调解组织调解达成调解协议以后，只要经过法定程序予以司法确认，该调解协议书将来就能直接成为执行依据；另一方面随着经济的发展，社会的进步，法律纠纷也越来越多，建立确认调解协议程序既能使人民群众更乐于尝试并接受调解组织的调解，从而促进多元化纠纷解决机制的完善与发展，又能推动建立以诉讼为核心的民事纠纷解决体系。

二、确认调解协议的条件

依据《民事诉讼法》第一百九十四条、《人民调解法》第三十三条以及最高人民法院《关于建立诉讼和非诉讼相衔接的矛盾纠纷解决机制的若干意见》的规定，确认调解协议程序需要同时具备以下条件：

（一）调解协议性质

需要具有合同性质的调解协议。调解协议是经人民调解组织在双方当事人自愿、平等的基础上调解达成的协议，协议中规定了双方当事人各自享有的权利和应当履行的义务，它是一份具有合同性质的调解协议。

（二）经过调解组织调解达成的协议，并且已经生效

依据《人民调解法》第二十八条至第三十一条的规定，经人民调解委员会调解达成调解协议的，可以制作调解协议书。当事人认为无须制作调解协议书的，可以采取口头协议方式，人民调解员应当记录协议内容。调解协议书自各方当事人签名、盖章或者按指印，人民调解员签名并加盖人民调解委员会印章之日起生效。口头调解协议自各方当事人达成协议之日起生效。经人民调解委员会调解达成的调解协议，具有法律约束力，当事人应当按照约定履行。

（三）双方当事人共同申请

确认调解协议程序因当事人的申请而启动，且必须是由双方当事人共同申请。《最高人民法院关于建立健全诉讼与非诉讼相衔接的矛盾纠纷解决机制的若干意见》中有规定，一方当事人提出申请，另一方表示同意的，视为共同提出申请。不过目前对这一规定，还存有争议，一些学者认为其有违立法精神，应当严格按照双方当事人共同申请的标准。同时也应当注意调解协议的申请确认主体只能是达成调解协议的双方当事人，但依据《民诉法解释》第三百五十三条的规定，申请司法确认调解协议的，应当由双方当事人本人或者符合民事诉讼法第五十八条规定的代理人向调解组织所在地基层人民法院或者人民法庭提出申请。

（四）申请确认的期限

应当在调解协议生效之日起 30 日内提出申请。这一规定既给予了当事人一定的考虑期限，又能督促当事人及时申请司法确认，保障自己的权利。

（五）管辖法院

确认调解协议程序由调解组织所在地的基层人民法院或者其派出法庭管辖。如果是人民法院在立案前委派人民调解委员会调解并达成调解协议，当事人申请司法确认的，由委派的人民法院管辖。依据《民诉法解释》第三百五十四条的规定，若两个以上调解组织参与调解的，各调解组织所在地基层人民法院均有管辖权。双方当事人可以共同向其中一个调解组织所在地基层人民法院提出申请；双方当事人共同向两个以上调解组织所在地基层人民法院提出申请的，由最先立案的人民法院管辖。

此外，依据最高人民法院《关于建立健全诉讼与非诉讼相衔接的矛盾纠纷解决机制的若干意见》的规定，在不违反法律对专属管辖规定的情况下，当事人可以在书面调解协议中选择当事人住所地、调解协议履行地、调解协议签订地、标的物所在地基层人民法院管辖。

双方当事人向人民法院申请确认调解协议的，既可以采取书面方式也可以采取口头方式。采用书面方式的，应当向人民法院提交调解协议、调解组织主持调解的证明，以及与调解协议相关的财产权利证明等材料，并提供双方当事人的身份、住所、联系方式等基本信息，委托他人代为申请的，必须向人民法院提交由委托人签名或者盖章的授权委托书。采用口头方式申请的，人民法院应当记入笔录，并由当事人签名、捺印或者盖章。

三、确认调解协议案件的受理

依据最高人民法院《关于人民调解协议司法确认程序的若干规定》第四条的规定，人民法院收到当事人司法确认申请，应当在 3 日内决定是否受理。《民诉法解释》第三百五十七条则规定了人民法院裁定不予受理的情形：

（1）不属于人民法院受理范围的；（2）不属于收到申请的人民法院管辖的；（3）申请确认婚姻关系、亲子关系、收养关系等身份关系无效、有效或者解除的；（4）涉及适用其他特别程序、公示催告程序、破产程序审理的；（5）调解协议内容涉及物权、知识产权确权的。人民法院受理申请后，发现有上述不予受理情形的，应当裁定驳回当事人的申请。

依据法律规定，人民法院应当自受理司法确认申请之日起 15 日内作出是否确认的决定。因特殊情况需要延长的，经本院院长批准，可以延长 10 日。在人民法院作出是否确认的决定前，一方或者双方当事人撤回司法确认申请的，人民法院应当准许。当事人无正当理由未在限期内补充陈述、补充证明材料或者拒不接受询问的，人民法院可以按撤回申请处理。

四、确认调解协议案件的审理与裁判

（一）确认调解协议案件的审理

依据《民诉法解释》、最高人民法院《关于人民调解协议司法确认程序的若干规定》和《关于建立健全诉讼与非诉讼相衔接的矛盾纠纷解决机制的若干意见》的有关规定，人民法院审理确认调解协议效力案件实行独任制，由审判员一人独任审理，人民法院审查相关情况时，应当通知双方当事人共同到场对案件进行核实。人民法院经审查，认为当事人的陈述或者提供的证明材料不充分、不完备或者有疑义的，可以要求当事人限期补充陈述或者补充证明材料。当事人无正当理由未按时补充或者拒不接受询问的，可以按撤回司法确认申请处理。人民法院还应当面询问双方当事人是否理解所达成协议的内容，是否接受因此而产生的后果，是否愿意由人民法院通过司法确认程序赋予该协议强制执行的效力。

此外，《民诉法解释》第三百六十条规定，经审查，调解协议有下列情形之一的，人民法院应当裁定驳回申请：（1）违反法律强制性规定的；（2）损害国家利益、社会公共利益、他人合法权益的；（3）违背公序良俗的；（4）违反自愿原则的；（5）内容不明确的；（6）其他不能进行司法确认的情形。被裁定驳回申请的，当事人可以通过调解方式变更原调解协议或者达成新的调解协议，也可以向人民法院提起诉讼。

（二）确认调解协议案件的裁判

依据《民事诉讼法》《人民调解法》等法律、司法解释的规定，人民法院审理确认调解协议案件，若依法确认调解协议有效，则一方当事人拒绝履行或者未全部履行的，对方当事人可以向人民法院申请强制执行。若依法确认调解协议无效的，则当事人可以通过人民调解方式变更原调解协议或者达成新的调解协议，也可以向人民法院提起诉讼。

【知识链接】

《民事诉讼法》

第一百九十四条　申请司法确认调解协议，由双方当事人依照人民调解法等法律，自调解协议生效之日起30日内，共同向调解组织所在地基层人民法院提出。

《人民调解法》

第三十三条　经人民调解委员会调解达成调解协议后，双方当事人认为有必要的，可以自调解协议生效之日起30日内共同向人民法院申请司法确认，人民法院应当及时对调解协议进行审查，依法确认调解协议的效力。人民法院依法确认调解协议有效，一方当事人拒绝履行或者未全部履行的，对方当事人可以向人民法院申请强制执行。人民法院依法确认调解协议无效的，当事人可以通过人民调解方式变更原调解协议或者达成新的调解协议，也可以向人民法院提起诉讼。

最高人民法院《关于建立健全诉讼与非诉讼相衔接的矛盾纠纷解决机制的若干意见》

第二十一条　当事人可以在书面调解协议中选择当事人住所地、调解协议履行地、调解协议签订地、标的物所在地基层人民法院管辖，但不得违反法律对专属管辖的规定。当事人没有约定的，除《中华人民共和国民事诉讼法》第三十四条规定的情形外，由当事人住所地或者调解协议履行地的基层人民法院管辖。经人民法院委派或者委托有关机关或者组织调解达成的调解协议的申请确认案件，由委派或者委托人民法院管辖。

【自测题】

薛某、贾某、刘小备、关小羽、朱小亮某日在咖啡厅闲聊到薛某与小红楼公司解除劳动关系，违反服务期约定向其支付违约金事情。薛某谈道：“虽然签订了调解协议，但是怕公司反悔，不与我解除劳动关系了。”大家对此发表了自己的看法。

贾某：“你要是不放心，你就向法院申请确认调解协议呗。”

刘小备：“申请确认调解协议必须要明确一点，你这调解协议必须具有合同性质。”

关小羽：“不仅要经过调解组织达成的协议，而且必须是双方都签字后，生效了的。”

朱小亮：“最重要的是，你们一定要在调解协议生效之日起15日内申请确认。”

以上说法正确的人有（　　）。

A. 贾某　　B. 刘小备　　C. 关小羽　　D. 朱小亮

【案例分析】

周某与某煤矿有限责任公司劳动争议一案[1]

周某因与某煤矿公司劳动争议一案，不服判决，向法院申请再审称，案涉协议书未进行司法确认，不具有法律效力，案件适用法律错误，应当依法予以撤销。

法院经审查认为，周某因工受伤，与煤矿公司就工伤赔偿待遇费用等问题进行了协商，并在某人民调解委员会的主持下达成《人民调解协议书》。某人民调解委员会是依法设立的调解组织，依当事人申请，在双方自愿的前提下，就周某的工伤赔偿待遇等事项予以调解，不违反法律规定。该调解协议书签订后，煤矿公司依协议内容向周某支付了赔偿款，该协议已履行完毕。在周某没有证据证实《人民调解协议书》存在可撤销或者无效情形的情况下，该协议内容并不违反法律规定，为有效协议。《人民调解法》第三十三条规定：“经人民调解委员会调解达成调解协议后，双方当事人认为有必要的，可以自调解协议生效之日起30日内共同向人民法院申请司法确认，人民法院应当及时对调解协议进行审查，依法确认调解协议的效力”，本案中调解协议达成后，双方并未在法定期限内向人民法院申请司法确认，且调解协议并不以人民法院司法确认作为生效要件。周某认为未进行司法确认的调解协议书不具有法律效力，适用法律错误的再审申请理由不能成立。

[1] 本案例改编自湖北省高级人民法院（2018）鄂民申125号裁定书。

第十六章

劳动保障监察制度

【教学难点】

1. 理解劳动监察；
2. 把握劳动监察的范围；
3. 掌握劳动监察程序的主要内容；
4. 掌握劳动行政处罚的听证程序。

【内容概要】

劳动监察是指具有劳动监察权的机构以国家的名义对用人单位贯彻执行劳动和社会保障法律、法规、规章情况进行强制性的监督检查，以纠正违法行为，保障劳动者的各项劳动权利的制度。

通过本章学习，了解劳动监察制度等内容，理解劳动监察的处理程序，把握劳动监察处理劳动争议的重要方法。

第一节　劳动监察制度概述

一、劳动监察概述

（一）劳动监察的定义

劳动监察是指具有劳动监察权的机构以国家的名义对用人单位贯彻执行劳动和社会保障法律、法规、规章情况进行强制性的监督检查，以纠正违法行为，保障劳动者的各项劳动权利的制度。

劳动监察是由享有法律授予劳动监察权的国家机关以国家名义进行的行政管理活动。劳动监察机关通过检查、教育、处罚等方式保证用人单位遵守国家劳动法律法规，保障劳动者的各项合法劳动权益。

劳动监察是针对用人单位遵守劳动法律法规情况的行政监督活动。劳动者及非用人单位不是劳动监察的对象，非劳动法律法规有关事项，如市场竞争行为不是劳动监察对象。

劳动监察具有强制性。劳动监察是国家劳动行政管理部门对用人单位的强制性行政监督活动，经查证用人单位确有违反劳动法律法规行为的，用人单位将承担相应法律责任。

劳动监察的目的是保障劳动法律法规的贯彻执行，纠正违法行为维护劳动者的各项劳动权益。劳动监察不负责就业促进、劳动权益调整等问题。

（二）劳动监察的基本原则

劳动监察的基本原则是指劳动行政部门在劳动监察过程中所要遵循的基本理念。我国劳动监察主要遵循公开、公正、高效、便民原则，以事实为依据，以法律为准绳原则，教育与处罚相结合的原则。

1. 公开、公正、高效、便民原则

劳动监察属于劳动行政管理部门的工作内容之一，遵循公开、公正、高效、便民原则这一行政法领域的基本原则。公开是劳动监察除依法应当保密的内容外，其他应当一律公开进行，要求劳动监察法律依据公开、监察行为公开、监察程序和手续公开。公正要求劳动监察实事求是、不偏不倚地开展监察活动。高效是指劳动监察要及时、快速、有效地进行，要求劳动监察活动严格遵守规定时限，不得无故拖延、不作为、慢作为。便民是指劳动监察活动要以方便当事人、方便公众的方式开展，尽量减少劳动者的维权成本。

2. 以事实为依据，以法律为准绳

以事实为依据，以法律为准绳是依法行政、依法监察的必然要求，是平衡劳动者权益保护与用人单位合法权益的天平。以事实为依据要求劳动行政部门进行劳动监察过程中实事求是、注重证据收集，不得凭主观臆断、个人喜好或者单纯的舆论意见就对用人单位进行处罚。以法律为准绳要求劳动行政主管部门坚持依法监察，不得超越法律授予的职权和法定的限度对用人单位进行不正当干预，要求实体处理结果符合法律规定，监察程序符合法律规定。

3. 教育与处罚相结合原则

教育与处罚相结合原则是指劳动监察以纠正违法行为为导向，通过罚与教的结合实现针对用人单位行为的标本兼治。教育是处罚的目的，处罚是教育的保障，只处罚不教育无法有效实现预防违法的功能，只教育不处罚无法实现有效威慑，教育将形同虚设。教育与处罚相结合原则要求劳动行政主管部门对用人单位的违法行为当罚则罚，罚当其责，以罚促教，罚教结合，不能只教育不处罚，也不能只处罚不教育。

（三）劳动监察的意义

1. 保障劳动者合法权益

劳动监察及时敦促用人单位遵纪守法，可以及时预防、处理用人单位的违法行为，对保障劳动者合法权益具有至关重要的作用。首先，劳动监察可以及时预防、阻止用人单位的违法行为。其次，劳动监察可以及时处理用人单位的违法行为，对劳动者损失予以及时补救。最后，劳动监察可以降低劳动者维权成本。

2. 促进劳动关系和谐和社会发展

劳动监察通过对用人单位的及时监督与对用人单位违法行为的及时查处，可以及时维护劳动者的合法权益，促进用人单位纠正其违法行为，避免劳动者与用人单位之间的矛盾激化，对于促进劳动关系的和谐，优化企业运行，促进经济发展具有重要作用。

二、劳动监察的主体及其职责

劳动监察的主体及职责主要解决劳动监察的归属及具体内容的问题。

（一）劳动监察的主体

我国劳动监察的主体是劳动行政主管部门。国务院劳动行政部门主管全国的劳动保障监察工作。县级以上地方各级人民政府劳动行政部门主管本行政区域内的劳动保障监察工作。县级以上各级人民政府有关部门根据各自职责，支持、协助劳动行政部门的劳动保障监察工作。县级、设区的市级人民政府劳动行政部门可以委托符合监察执法条件的组织实施劳动保障监察。劳动行政主管部门中具体负责监察工作的人员为劳动保障监察员。劳动行政部门和受委托实施劳动保障监察的组织中的劳动保障监察员应当经过相应的考核或者考试录用。劳动保障监察证件由国务院劳动行政部门监制。

（二）劳动监察主体的职责

劳动监察主体的职责是指劳动监察主体的职能和责任。

1. 劳动监察的职能

劳动行政部门实施劳动保障监察，履行下列职责：（1）宣传劳动保障法律、法规和规章，督促用人单位贯彻执行；（2）检查用人单位遵守劳动保障法律、法规和规章的情况；（3）受理对违反劳动保障法律、法规或者规章的行为的举报、投诉；（4）依法纠正和查处违反劳动保障法律、法规或者规章的行为。劳动保障监察员依法履行劳动保障监察职责，受法律保护。劳动保障监察员应当忠于职守，秉公执法，勤政廉洁，保守秘密。

2. 劳动监察的方式

劳动监察的方式是指劳动行政主管部门履行其职责的手段、方法，主要包括巡视检查、专项检查、审查报送材料、调查、处罚、教育等。劳动保障监察以日常巡视检查、审查用人单位按照要求报送的书面材料以及接受举报投诉等形式进行。劳动行政部门认为用人单位有违反劳动保障法律、法规或者规章的行为，需要进行调查处理的，应当及时立案。劳动行政部门或者受委托实施劳动保障监察的组织应当设立举报、投诉信箱和电话。对因违反劳动保障法律、法规或者规章的行为引起的群体性事件，劳动行政部门应当根据应急预案，迅速会同有关部门处理。劳动行政部门实施劳动保障监察，有权采取调查、检查措施。劳动监察部门有权对用人单位的违法行为进行处罚、教育。

（三）劳动监察的监督

对于劳动监察的监督是指对于劳动行政主管部门行使劳动监察权的活动的监督，其本质是对政府行政行为的监督。劳动保障监察员滥用职权、玩忽职守、徇私舞弊或者泄露在履行职责过程中知悉的商业秘密的，依法给予行政处分；构成犯罪的，依法追究刑事责任。劳动行政部门和劳动保障监察员违法行使职权，侵犯用人单位或者劳动者的合法权益的，依法承担赔偿责任。

1. 社会监督

劳动行政主管部门的劳动监察行为依法接受社会监督。任何组织或者个人对劳动保障监察员的违法违纪行为，有权向劳动行政部门或者有关机关检举、控告。劳动行政部门或者受委托实施劳动保障监察的组织应当设立举报、投诉信箱和电话。

2. 国家监督

劳动行政主管部门行使劳动监察权是行使行政权的表现，受到国家监督。国家监督包括司法机关的监督、立法机关的监督以及上级行政机关的监督。劳动监察机关及劳动保障监察员滥用职权的行为应承担相应法律责任。

三、劳动监察的范围

劳动监察的范围是主要指劳动监察客体的范围，包括监察的对象范围和事项范围。

（一）劳动监察的对象

企业和个体工商户、职业介绍机构、职业技能培训机构和职业技能考核鉴定机构、国家机关、事业单位、社会团体是我国劳动监察的对象。

对无营业执照或者已被依法吊销营业执照，有劳动用工行为的，由劳动行政部门依照本条例实施劳动保障监察，并及时通报工商行政管理部门予以查处取缔。国家机关、事业单位、社会团体执行劳动保障法律、法规和规章的情况，由劳动行政部门根据其职责，依照本条例实施劳动保障监察。劳动安全卫生的监督检查，由卫生部门、安全生产监督管理部门、特种设备安全监督管理部门等有关部门依照有关法律、行政法规的规定执行。

（二）劳动监察的事项

劳动行政部门对下列事项实施劳动保障监察：（1）用人单位制定内部劳动保障规章制度的情况；（2）用人单位与劳动者订立劳动合同的情况；（3）用人单位遵守禁止使用童工规定的情况；（4）用人单位遵守女职工和未成年工特殊劳动保护规定的情况；（5）用人单位遵守工作时间和休息休假规定的情况；（6）用人单位支付劳动者工资和执行最低工资标准的情况；（7）用人单位参加各项社会保险和缴纳社会保险费的情况；（8）职业介绍机构、职业技能培训机构和职业技能考核鉴定机构遵守国家有关职业介绍、职业技能培训和职业技能考核鉴定规定的情况；（9）法律、法规规定的其他劳动保障监察事项。

【知识链接】

《劳动保障监察条例》第三条、第六条、第九条至第十五条。

《关于实施〈劳动保障监察条例〉若干规定》第二条至第七条。

【自测题】

1. 劳动监察职责的实施主体是劳动保障监察大队。（　　）

2. 劳动监察的对象，既可以是用人单位和其他一些劳动服务主体，也可以是劳动者。（　　）

3. 接待群众来信、来访，及时受理对违反劳动保障法律、法规或者规章的行为的举报、投诉是劳动监察主体的主要职责之一。（　　）

4. 我国劳动监察的范围：用人单位制定内部劳动保障规章制度、订立劳动合同、遵守禁止使用童工规定、遵守女职工和未成年工特殊劳动保护规定、遵守______规定、支付劳动者工资和执行最低工资标准、参加各项社会保险和______等。

【案例分析】

韩某毕业于重点大学，毕业后在某私营企业任出纳从事财务会计工作，表现突出，专业技术过硬，为企业赢得了不少的经济利益。该企业为了保证资金安全以及防止韩某不辞而别或跳槽到其他企业工作，便将韩某的学位证书、毕业证书保管在人力资源部门，并让韩某缴纳一笔3000元的“保证金”。

韩某认为该企业的做法违反了《劳动法》的规定，侵犯了自己的权利，遂就该情况向劳动行政部门的劳动执法监察大队进行投诉。劳动保障监察大队经过了解，认定该情况属实，于是便作出如下处罚：一是要求该私营企业限期归还韩某的学位证书、毕业证书，二是对该私营企业收取员工“保证金”的行为进行批评。之后，该企业按照劳动监察部门的要求向韩某退还了学位证书、毕业证书以及3000元“保证金”。

第二节　劳动监察的处理程序

一、劳动监察程序概述

（一）劳动监察程序的内涵

劳动监察的程序是指劳动监察所遵循的步骤、方式、限度等，主要包括基本处理程序、简易程序以及劳动行政处罚的听证程序。我国劳动保障监察以日常巡视检查、审查用人单位按照要求报送的书面材料以及接受举报投诉等形式进行。

（二）劳动监察的管辖

劳动监察的管辖是指劳动监察部门在处理劳动监察案件上的权限分工，分为级别管辖和地域管辖。

1. 级别管辖

劳动监察的级别管辖是指劳动行政主管部门在处理劳动监察案件时级别上的分工。我国县级或者设区的市级劳动保障部门享有劳动监察管辖权。

上级劳动行政部门依据工作需要，可以调查处理下级劳动行政部门管辖的案件。劳动行政部门对劳动保障监察管辖发生争议的，报请共同的上一级劳动行政部门指定管辖。

2. 地域管辖

劳动监察的地域管辖是指劳动行政主管部门在处理劳动监察时地域上的分工。对用人单位的劳动保障监察，由用人单位用工所在地的县级或者设区的市级劳动行政部门管辖。用人单位有多个用工地的，每个用工地的劳动监察机构均可管辖。一般情况下，由用人单位总部所在地的劳动监察机构管辖为宜。最先接到投诉的劳动监察机构如果认为案件由其他劳动监察机构处理更为适宜的，应先与其他劳动监察机构沟通，达成一致后再告知投诉人。对管辖发生争议的，报请共同的上级劳动行政部门指定管辖。

（三）劳动监察的回避

劳动保障监察实行回避制度。劳动监察的回避是劳动监察机关或者劳动保障检察员因存在法定情形不宜处理特定案件而退出该案处理的制度。《劳动保障监察条例》第十六条第二款规定，劳动保障监察员办理的劳动保障监察事项与本人或者其近亲属有直接利害关系的，应当回避。劳动保障监察员在实施劳动保障监察时，有下列情形之一的，应当回避：（1）本人是用人单位法定代表人或者主要负责人的近亲属的；（2）本人或者其近亲属与承办查处的案件事项有直接利害关系的；（3）因其他原因可能影响案件公正处理的。

当事人认为劳动保障监察员应当回避的，有权向劳动行政部门申请，要求其回避。当事人申请劳动保障监察员回避，应当采用书面形式。回避的提出有以下几种情况：（1）监察机关发现其工作人员具备回避条件，不应安排有关人员办理监察事项，已做出安排的，要做调整。（2）办理监察事项的监察人员认为自己属于本条规定的情形之一，主动提出回避。（3）被监察的部门、人员认为承办监察事项的监察人员具备回避条件，有权提出申请，要求更换承办人。（4）检举人、控告人、申诉人以及与监察事项有利害关系的公民、法人或者其他组织提出监察人员应当回避的。监察人员是否回避，最终应由监察机关负责人决定，监察机关负责人的回避由其所在人民政府负责人或者上一级监察机关负责人审查后决定。监察人员在办理监察事项过程中，凡涉及与本人或者本人近亲属有利害关系的，应自行申请回避，不得参加有关调查、讨论、决定，也不得以任何形式施加影响。应回避的监察人员必须服从决定。

回避决定应在收到申请之日起 3 个工作日内作出。作出回避决定前，承办人员不得停止对案件的调查处理。对回避申请的决定，应当告知申请人。

二、劳动行政处罚的种类

依据法律法规规定，劳动行政处罚种类主要有：警告、通报批评、罚款、责令改正（限期支付、退还）、暂扣或者吊销许可证、没收违法所得、查处取缔、责令停产整顿等。

（一）警告、通报批评

警告是行政主体对较轻的违法行为人予以谴责和告诫的处罚形式。警告的目的在于通过对违法行为人予以精神上的惩戒，申明其有违法行为，以使其不再违法。用人单位违反劳动保障法律、法规或者规章延长劳动者工作时间的，由劳动行政部门给予警告。

通报批评是指某一行政执法主体将违法行为人的有关缺点和错误在一定范围内予以公布，希望违法行为人或者其他人吸取教训、引以为戒的一种措施。

（二）罚款

罚款是指由劳动保障部门依法强制违反行政法律规定的行为人在一定期限内向国家缴纳一定数额的金钱的处罚方式。罚款的数额应由具体的法律法规规定，一般是规定最高额和最低额，并规定加重或者减轻的限额。处罚机关只能在法定幅度内决定罚款数额，不能有任何超越。作出罚款决定的行政机关应当与收缴罚款的机构分离。除法定当场收缴的情形外，劳动保障部门及其执法人员在作出劳动行政处罚时不得自行收缴罚款。依法当场收缴罚款的，必须出具统一收据，否则，当事人有权拒绝缴纳罚款。用人单位违反劳动保障法律、法规或者规章延长劳动者工作时间的，可以按照受侵害的劳动者每人100元以上500元以下的标准计算，处以罚款。用人单位骗取社会保险待遇或者骗取社会保险基金支出的，由劳动行政部门责令退还，并处骗取金额1倍以上3倍以下的罚款。罚款在劳动行政处罚中占据重要的位置。

（三）暂扣或者吊销许可证

暂扣或者吊销许可证是限制或者剥夺违法者从事某项活动的权利或者资格的处罚形式。暂扣许可证的特点在于暂时中止持证人从事某项活动的资格，待其改正违法行为后或者经过一定期限和一定努力，再发还证件，恢复其资格，允许其重新享有权利和资格。吊销许可证的特点在于撤销相对人的凭证，终止其继续从事该凭证所许可的活动的资格。《劳动行政处罚听证程序若干规定》对吊销许可证规定了听证程序，以确保慎重适用该处罚形式，保护相对人合法权益。

（四）没收违法所得

没收违法所得是劳动保障部门依法将违法行为人取得的违法所得财物，运用国家法律法规赋予的强制措施，对其违法所得财物的所有权予以强制性剥夺的处罚方式。职业介绍机构、职业技能培训机构或者职业技能考核鉴定机构违反国家有关职业介绍、职业技能培训或者职业技能考核鉴定的规定的，由劳动行政部门责令改正，没收违法所得。

（五）责令停产整顿

责令停产整顿是对违反劳动保障相关法律法规的工商企业和工商个体户责令其停止生产、停止营业的一种处罚形式。责令停产整顿不是直接限制或者剥夺违法者的财产权，而是责令违法者暂时停止其所从事的生产经营活动，一旦违法者在一定期限内及时纠正了违法行为，按期履行了法定义务，仍可继续从事曾被停止的生产经营活动，无须重新申请领取有关许可证或者执照。《劳动行政处罚听证程序若干规定》对责令停产整顿规定了听证程序，以确保慎重适用该处罚形式，保护相对人合法权益。

三、劳动监察基本程序

（一）投诉、受理与立案

1. 投诉

任何组织或者个人对违反劳动保障法律的行为，有权向劳动行政部门举报。劳动行政部门对举报人反映的违反劳动保障法律的行为应当依法予以查处，并为举报人保密；对举报属实，为查处重大违反劳动保障法律的行为提供主要线索和证据的举报人，给予奖励。劳动者对用人单位违反劳动保障法律、侵犯其合法权益的行为，有权向劳动行政部门投诉。对因同一事由引起的集体投诉，投诉人可推荐代表投诉。

投诉应当由投诉人向劳动行政部门递交投诉文书。书写投诉文书确有困难的，可以口头投诉，由劳动保障监察机构进行笔录，并由投诉人签字。投诉文书应当载明下列事项：①投诉人的姓名、性别、年龄、职业、工作单位、住所和联系方式，被投诉用人单位的名称、住所、法定代表人或者主要负责人的姓名、职务；②劳动保障合法权益受到侵害的事实和投诉请求事项。

2. 受理与立案

（1）受理、立案的条件。劳动监察部门受理并立案需同时符合以下条件：①违反劳动保障法律的行为发生在2年内的，否则劳动行政部门应当在接到投诉之日起5个工作日内决定不予受理，并书面通知投诉人；②有明确的被投诉用人单位，且投诉人的合法权益受到侵害是被投诉用人单位违反劳动保障法律的行为所造成的，不符合的，劳动保障监察机构应当告知投诉人补正投诉材料；③属于劳动保障监察职权范围并由受理投诉的劳动行政部门管辖。对不属于劳动保障监察职权范围的投诉，劳动保障监察机构应当告诉投诉人；对属于劳动保障监察职权范围但不属于受理投诉的劳动行政部门管辖的投诉，应当告知投诉人向有管辖权的劳动行政部门提出。

（2）不予受理的情形。不予受理的情形主要有3类：属于劳动争议案件、劳动侵权案件以及社会保险行政争议案件。

首先，有下列情形之一的投诉，劳动行政部门应当告知投诉人依照劳动争议处理或者诉讼程序办理：①通过劳动争议处理程序解决的；②已经按照劳动争议处理程序申请调解、仲裁的；③已经提起劳动争议诉讼的。

下列因用人单位违反劳动保障法律对劳动者造成损害，劳动者与用人单位就赔偿发生争议的，依照国家有关劳动争议处理的规定处理：①因用人单位制定的劳动规章制度违反法律、法规规定，对劳动者造成损害的；②因用人单位违反对女职工和未成年工的保护规定，对女职工和未成年工造成损害的；③因用人单位原因订立无效合同，对劳动者造成损害的；④因用人单位违法解除劳动合同或者故意拖延不订立劳动合同，对劳动者造成损害的；⑤法律、法规和规章规定的其他因用人单位违反劳动保障法律的行为，对劳动者造成损害的。

劳动者或者用人单位与社会保险经办机构发生的社会保险行政争议，按照《社会保险行政争议处理办法》处理。

（二）调查与检查

1. 调查主体及其职责

劳动保障监察员进行调查、检查不得少于 2 人。劳动保障监察机构应指定其中 1 名为主办劳动保障监察员。劳动保障监察员对用人单位遵守劳动保障法律情况进行监察时，应当遵循以下规定：（1）进入用人单位时，应佩戴劳动保障监察执法标志，出示劳动保障监察证件，并说明身份；（2）就调查事项制作笔录，应由劳动保障监察员和被调查人（或者其委托代理人）签名或者盖章。被调查人拒不签名、盖章的，应注明拒签情况。

劳动保障监察员进行调查、检查时，承担下列义务：（1）依法履行职责，秉公执法；（2）保守在履行职责过程中获知的商业秘密；（3）为举报人保密。

2. 调查与检查措施

劳动行政部门实施劳动保障监察，有权采取下列措施：（1）进入用人单位的劳动场所进行检查；（2）就调查、检查事项询问有关人员；（3）要求用人单位提供与调查、检查事项相关的文件资料，必要时可以发出调查询问书；（4）采取记录、录音、录像、照相和复制等方式收集有关的情况和资料；（5）对事实确凿、可以当场处理的违反劳动保障法律、法规或者规章的行为当场予以纠正；（6）可以委托注册会计师事务所对用人单位工资支付、缴纳社会保险费的情况进行审计；（7）法律、法规规定可以由劳动行政部门采取的其他调查、检查措施。

3. 证据登记保存制度

证据登记保存是指行政机关收集证据，在证据可能灭失或者以后难以取得的情况下，经行政机关负责人批准，予以先行登记保存，并应当在 7 日内及时作出处理决定，在此期间，当事人或者有关人员不得销毁或者转移证据。劳动行政部门调查、检查时，有下列情形之一的可以采取证据登记保存措施：（1）当事人可能对证据采取伪造、变造、毁灭行为的；（2）当事人采取措施不当可能导致证据灭失的；（3）不采取证据登记保存措施以后难以取得的；（4）其他可能导致证据灭失的情形的。

采取证据登记保存措施应当按照下列程序进行：（1）劳动保障监察机构依法提出证据登记保存申请，报劳动行政部门负责人批准；（2）劳动保障监察员将证据登记保存通知书及证据登记清单交付当事人，由当事人签收。当事人拒不签名或者盖章的，由劳动保障监察员注明情况；（3）采取证据登记保存措施后，劳动行政部门应当在7日内及时作出处理决定，期限届满后应当解除证据登记保存措施。

在证据登记保存期内，当事人或者有关人员不得销毁或者转移证据；劳动保障监察机构及劳动保障监察员可以随时调取证据。

4. 委托调查

委托调查是指劳动监察部门处理的案件所涉相关证据需要在外地取得，不宜亲自进行调查取证或者亲自调查取证成本过高，故由证据所在地劳动保障部门代为调查取证的制度。

劳动行政部门在实施劳动保障监察中涉及异地调查取证的，可以委托当地劳动行政部门协助调查。受委托方的协助调查应在双方商定的时间内完成。

5. 调查期限

调查期限是指劳动行政部门应当完成调查工作的期限。劳动行政部门对违反劳动保障法律的行为的调查，应当自立案之日起60个工作日内完成；情况复杂的，经劳动行政部门负责人批准，可以延长30个工作日。

（三）案件处理

调查终结，行政机关负责人应当对调查结果进行审查，依据不同情况，分别作出如下决定：（1）确有应受行政处罚的违法行为的，依据情节轻重及具体情况，作出行政处罚决定；（2）违法行为轻微，依法可以不予行政处罚的，不予行政处罚；（3）违法事实不能成立的，不得给予行政处罚；（4）违法行为已构成犯罪的，移送司法机关。对情节复杂或者重大违法行为给予较重的行政处罚时，行政机关的负责人应当集体讨论决定。在行政机关负责人作出决定之前，应当由从事行政处罚决定审核的人员进行审核。

行政处罚的种类：（1）警告、通报批评；（2）罚款；（3）没收违法所得、没收非法财物；（4）责令停产停业；（5）暂扣或者吊销许可证、暂扣或者吊销执照；（6）行政拘留；（7）法律、行政法规规定的其他行政处罚。行政机关中初次从事行政处罚决定审核的人员，应当通过国家统一法律职业资格考试并取得法律执业资格。

行政机关及其执法人员在作出行政处罚决定之前，不依照《行政处罚法》第三十一条、第三十二条的规定向当事人告知给予行政处罚的事实、理由和依据，或者拒绝听取当事人的陈述、申辩，行政处罚决定不能成立；当事人放弃陈述或者申辩权利的除外。

行政机关给予行政处罚应当制作行政处罚决定书。行政处罚决定书应当载明下列事项：（1）当事人的姓名或者名称、地址；（2）违反法律、法规或者规章的事实和证据；（3）行政处罚的种类和依据；（4）行政处罚的履行方式和期限；（5）不服行政处罚决定，申请行政复议或者提起行政诉讼的途径和期限；（6）作出行政处罚决定的行政机关名称和作出决定的日期。行政处罚决定书必须盖有作出行政处罚决定的行政机关的印章。行政处罚决定书应当在宣告后当场交付当事人；当事人不在场的，行政机关应当在 7 日内依照有关规定，将行政处罚决定书送达当事人。

四、简易程序

简易程序也称现场处罚程序，执法人员当场做出行政处罚决定的，应当向当事人出示执法身份证件，填写预定格式、编有号码的行政处罚决定书。行政处罚决定书应当当场交付当事人。《劳动保障监察条例》规定："劳动保障行政部门对事实清楚、证据确凿、可以当场处理的违反劳动保障法律、法规或者规章的行为有权当场予以纠正。"

适用简易程序进行处罚，要求：事实清楚、证据确凿、可以当场处理。

执法人员在行政执法的过程中发现相对人实施的违法行为后，如认定相应行为符合上述法定条件，既不必适用调查取证程序，也不必更换时间和地点，可以立即当场予以纠正。与一般程序和听证程序相比较，这一程序省略了相关步骤，有利于迅速、及时地处理较轻微的违反劳动保障法律、法规或者规章的行为。

（一）简易程序的基本流程

1. 表明身份

即执法人员当场作出行政处罚决定的，应当向当事人出示执法身份证件。这里的证件，既可以是工作证，也可以是特定的执法证，有时二者皆需要出示。

2. 确认违法事实，说明理由和依据

执法人员当场发现某人违法，如果事实清楚、证据确凿，当事人对违法事实无异议，执法人员即可当场纠正，并说明纠正的事实依据和法律依据。有时虽然违法行为的危害后果轻微，但违法者拒不承认，或者由于客观原因，执法人员的"发现"或者第三人的"指认"存在事实上的偏差或者错误。在这种情况下，执法人员应当尽量取得其他证据，以确认违法事实。要求说明纠正的理由和依据，体现了保障相对人权利的原则，有利于违法者了解法律相关规定，教育其严格遵守法律。给予当事人提出异议或者申辩的机会，也有利于监督执法人员认真执行处罚法规，公正地实施处罚。

3. 制作处罚决定书

这是对行政处罚决定的书面形式要求，其目的在于为行政处罚接受监督和审查提供证据。执法人员当场作出处罚决定的，应当填写具有预定格式且编有号码的处罚决定书。处罚决定书应当载明法定事项并由执法人员签名或者盖章。

4. 交付处罚决定书

执法人员按照法定的格式要求填写处罚决定书，应当当场交付当事人。

5. 备案

执法人员当场作出处罚决定，必须报所属劳动保障部门备案。当事人对当场处罚决定不服的，可以依法申请行政复议或者提起行政诉讼。

（二）简易程序的特征

1. 处罚较轻

适用简易程序的案件一般案情简单，处罚力度较轻，限于警告和罚款处罚。

2. 程序简易

当场处以警告或者罚款处罚的，应当按照下列程序进行：（1）口头告知当事人违法行为的基本事实、拟作出的行政处罚、依据及其依法享有的权利；（2）听取当事人的陈述和申辩；（3）填写预定格式的处罚决定书；（4）当场作出的处罚决定书应当由劳动保障监察员签名或者盖章；（5）将处罚决定书当场交付当事人，由当事人签收。

劳动保障监察员应当在 2 日内将当场作出的限期整改指令和行政处罚决定书存档联交所属劳动行政部门存档。

3. 处理方式灵活

可以口头告知当事人违法行为的基本事实、拟作出的处罚、依据及其依法享有的权利。当事人可以口头陈述和申辩。处罚决定书可以当场送达给当事人。简易程序处理案件的时限较短，效率高。

4. 注重效率与公正结合

当场处以警告或者罚款处罚的，一般无听证程序，但应当口头告知当事人违法行为的基本事实、拟作出的行政处罚、依据及其依法享有的权利并听取当事人的陈述和申辩。

五、听证程序

（一）听证的条件

行政机关作出责令停产停业、吊销许可证或者执照、较大数额罚款等行政处罚决定之前，应当告知当事人有要求举行听证的权利。这类案件通常对行政相对人的权利影响较大，通过听证可以充分了解案件相关事实和具体细节，帮助行政机关作出更加合理、适当的行政决定，在保障劳动者合法权益的同时，维护用人单位的合法权益。

（二）听证的启动

听证的启动方式有两种，即依申请启动和依职权启动。依申请启动是指在行政机关欲作出责令停产停业、吊销许可证或者执照、较大数额罚款等行政处罚决定之前，依法告知当事人听证权后，应当事人之要求而启动的听证程序。当事人要求听证的，行政机关应当组织听证。当事人不承担行政机关组织听证的费用。

依职权启动听证是指劳动监察部门依据案件需要，不经当事人之申请而主动启动的听证程序，这种行为有利于控制行政权力，保障相对人的合法权益，不为行政法所禁止。因此劳动监察部门可依据案情需要主动启动听证程序。

（三）听证程序

劳动行政处罚中的听证是指劳动保障部门为了合理、有效地作出行政决定，公开举行由全部利害关系人参加的听证会。听证的目的在于广泛听取各方面的意见，通过公开、合理的程序，将处罚决定建立在合法适当的基础上。听证程序是针对行政处罚中的特殊案件使用的一个中间程序，它穿插在一般程序中作为子程序运行。一般在审理之后、制作处罚决定之前。

听证依照以下程序组织：（1）当事人要求听证的，应当在行政机关告知后3日内提出；（2）行政机关应当在听证的7日前，通知当事人举行听证的时间、地点；（3）除涉及国家秘密、商业秘密或者个人隐私外，听证公开举行；（4）听证由行政机关指定的非本案调查人员主持；当事人认为主持人与本案有直接利害关系的，有权申请回避；（5）当事人可以亲自参加听证，也可以委托1~2人代理；（6）举行听证时，调查人员提出当事人违法的事实、证据和行政处罚建议；当事人进行申辩和质证；（7）听证应当制作笔录；笔录应当交当事人审核无误后签字或者盖章。当事人对限制人身自由的行政处罚有异议的，依照治安管理处罚法有关规定执行。

【知识链接】

《劳动保障监察条例》。

《关于实施〈劳动保障监察条例〉若干规定》。

《中华人民共和国行政处罚法》。

【自测题】

1. 我国劳动保障监察实行属地管辖原则，由用人单位用工所在地的县级或者设区的市级劳动行政部门管辖。（　　）

2. 适用劳动行政处罚中的简易程序，执法人员当场做出行政处罚决定的，行政处罚决定书应当3日后交付当事人。（　　）

【案例分析】

李某本是某私营企业的职工，由于该私营企业近几年生产效益不佳，已经拖欠职工4个月的工资，以及已经连续3年不为职工缴纳保险费用，并承诺资金充足后为职工缴纳。李某与企业发生矛盾，欲解除劳动关系，企业支付了拖欠李某4个月的工资以及缴纳了李某的保险费用。一石激起千层浪，企业内部其他职工纷纷向企业讨要薪资以及要求企业缴纳保险费用，企业以暂时没有这么多资金周转予以拒绝。企业内部职工联名投诉至劳动监察部门，该部门对该企业做出了罚款 5 万元的处罚。

根据《劳动保障监察条例》《关于实施〈劳动保障监察条例〉若干规定》以及《劳动人事争议仲裁办案规则》《民事诉讼法》等相关规定，劳动者在遭遇企业不发放工资或者不为劳动者缴纳社会保险时，劳动者除了可以向劳动监察部门进行投诉外，其还可以通过与用人单位协商、通过第三方主持调解或者向劳动人事争议仲裁委员会申请仲裁，或者经仲裁无法解决后向人民法院起诉等途径进行解决。

参考文献

［1］贾俊玲 . 劳动法与社会保障法学［M］.2 版 . 北京：中国劳动社会保障出版社，2012.

［2］《劳动与社会保障法学》编写组 . 劳动与社会保障法学［M］.2 版 . 北京：高等教育出版社，2018.

［3］郭捷 . 劳动法与社会保障法［M］.3 版 . 北京：法律出版社，2015.

［4］王全兴 . 劳动法［M］.4 版 . 北京：法律出版社，2017.

［5］姜颖 . 劳动争议处理［M］. 北京：中国劳动社会保障出版社，2009.

［6］王振麒 . 劳动人事争议处理［M］. 上海：复旦大学出版社，2011.

［7］杨景宇，李飞 . 中华人民共和国劳动争议调解仲裁法释义［M］. 北京：中国市场出版社，2008.

［8］全国人大常委会法制工作委员会 . 中华人民共和国劳动争议调解仲裁法释义［M］. 北京：法律出版社，2008.

后 记

在重庆大学法学院与重庆大学出版社组织领导下，经本书主编及写作成员的共同努力，“新时代高等院校法学专业系列教材”中的《劳动争议调解仲裁法学》教材编写终于完成。在此，诚挚地感谢重庆大学出版社及有关出版社、杂志社、单位和参考文献资料的作者们；衷心地感谢重庆大学法学院各届领导和各位同仁。

编　者

2021 年于重庆大学法学院